한 권으로 끝내는 마케팅

# 한 권으로 끝내는 마케팅

## 평생 써먹는 MBA식 마케팅 수업

글로비스 경영대학원 지음
정문주 옮김

유엑스리뷰

이 책은 일본에서 2009년 8월에 출판된 개정 3판을 증보한 개정 4판이다. 초판부터 개정 3판까지 누계 39쇄를 찍었고 약 22만 명이 읽은 베스트셀러가 되었다. 이를 토대로 새로이 시대와 사회 환경의 변화를 반영하였다.

개정 4판의 집필진은 개정 3판이 나온 뒤 오늘날까지 마케팅 실무 과제에 있어 어떤 변화가 있었는지에 관해 논의했다. 그리고 세 가지 큰 변화가 있었다는 결론에 도달했다.

첫 번째는 기술의 진화가 기업의 마케팅 전략과 소비자 행동에 크나큰 변화를 가져온 것이다. 기업이 실행할 수 있는 전략적 옵션은 비약적으로 늘었다. 한편 소비자는 일상생활 속에서 반드시 기업의 의도대로만 디지털 미디어를 사용하지 않고, 그 과정에서 행동과 라이프 스타일에 다양한 변화를 보인다. 그 결과 기업의 마케팅 전략은 갈수록 어려워지고 있으며, 각 기업의 전략 구축 능력과 전개 능력의 차이는 곧 고객 획득의 격차로 나타난다.

두 번째는 마케팅 실무자 사이에서 전문 분야가 나뉘었다는 점이다. 기술의 진화로 마케팅 수단이 다양해짐에 따라 마케팅 관련 기업은 각각의 강점을 발휘할 수 있는 분야를 차별화했다. 그리고 이들 기업의 실무자는 그 전문성을 갈고 닦았다. 이러한 전문 분야의 분화로 인해 '좁고 깊게' 능력을 익힌 실무자의 비율은 높아진 데 반해 '마케팅의 전체상을 올바르게 파악하고 있는' 층은 그리 많지 않다.

세 번째는 이 같은 변화의 결과로 마케팅 영역의 실무자와 기타 비즈니스 종사자 사이에 공통의 언어가 적어졌다는 점이다. 따라서 양자가 효과적인 논의를 통해 회사 전체에 최적의 전략을 구축하기가 어려워졌다.

이 책은 이러한 문제를 직시하며 집필하였다. 그리하여 오늘날 기업 활동에 요구되는 마케팅을 이해시키고, 모든 비즈니스 종사자의 공통 언어가 될 수 있는, 균형 잡힌 실용 교과서를 만들어 냈다고 자부한다.

### 본서의 구성 및 개정 3판과의 차이점

이 책은 크게 2부로 구성되었다.

제1부 기초편(1장~8장)에서는 마케팅의 의의와 역할에 관해 짚어본다. 이른바 '마케팅 프로세스'를 따라가면서 전형적인 마케팅의 흐름을 '시장 기회의 발견과 마케팅 과제 특정', '세그먼테이션과 타기팅', '포지셔닝', '마케팅 믹스(4P)' 순으로 해설했다. 이 주제들은 마케팅 전략을 이해하는 데 있어 아주 중요한 불변의 기반이다. 그리고 최신 사례를 들어 필요한 지식을 쌓을 수 있도록 개정했다.

제1부에서 주목할 내용은 8장의 '커뮤니케이션 전략'이다. 디지털

미디어의 진화, 특히 커뮤니케이션 미디어의 진화로 인해 기업과 소비자의 커뮤니케이션이 크게 변화했기에 반드시 재학습이 필요한 영역이라고 판단했기 때문이다. 미디어는 눈부시게 진보하고 있는데 서로 복잡하게 얽혀 있어 체계적으로 정리된 서적을 찾아보기 힘들다. 이 책이 새로운 커뮤니케이션 전략을 체계적으로 이해하는 데 일조하기 바란다.

제2부 응용편(9장~12장)은 '최신 마케팅 전략을 논하는 데 필수적인 내용'이라는 관점과 'BtoB 비즈니스에 종사하는 독자를 위해서'라는 관점으로 네 가지 주제를 선택했다.

이번에 새로 추가된 부분이 11장 '고객 경험과 고객 여정'이다. 앞서 언급한 환경의 변화로 인해 현재 마케팅 실무에서 이에 대한 개념은 매우 중요해지고 있다. 고객의 큰 행동 변화로 이제는 기업의 관점에서 고객을 통제하는 것이 아니라, 고객 중심, 즉 고객과 기업의 터치포인트touchpoint(접점) 전체를 고려해서 고객에게 최적의 브랜드 경험을 제공해야 한다는 내용이다. 11장과 밀접하게 관련 있는 9장 '브랜드 전략'에서는 개념을 재정리했다. 10장 '마케팅 리서치'는 리서치 기법을 상황에 맞게 구사하는 법을 마스터할 수 있도록 구성했다.

개정 3판과 마찬가지로 BtoB 비즈니스와 관련된 이들은 특히 12장의 'BtoB 마케팅'을 참조하기 바란다. 12장에서는 '마케팅 자동화'라는 새로운 키워드를 추가했다.

제2부 응용편에서 다룬 각론의 근저에는 기초편에서 소개한 개념이 깔려 있다. 기초편을 이해하지 않고는 응용편을 제대로 이해하기 어렵다. 따라서 이 책을 읽을 때는 우선 제1부 기초편을 읽어 마케팅의 기본을 이해한 뒤에 제2부 응용편에서 흥미 있는 주제를 택해 읽기를 권한다.

한 명이라도 더 많은 비즈니스 종사자가 이 책을 읽어 실무에 도움을 받을 수 있으면 좋겠다.

마지막으로 이 책을 준비하면서 출판사 소속 하버드 비즈니스 리뷰 편집부의 히지오카 아야(肱岡彩)에게 전반적으로 다양한 조언을 받았다. 또한 글로비스 출판 팀의 오시마 가즈키(大島一樹)는 프로젝트 매니지먼트 및 최종 원고 완성과 관련해 큰 신세를 졌다. 이 자리를 빌려 감사의 말을 전하고 싶다.

집필진을 대표하여
글로비스 경영대학원 교수 하나자키 노리유키

# 제2부 응용편

제1부
# 기초편

# BASIC

# 제1장 · 마케팅의 의의와 프로세스

**POINT** ////

마케팅은 시장의 변화를 민감하게 읽어 '고객이 사게 하는 시스템'을 조직 내에 구축하는 역할을 한다. 이 시스템의 중심에는 고객 니즈와 고객 만족이 자리 잡고 있어야 한다. 마케팅 전략은 다음의 일련의 프로세스를 통해 책정된다. ①환경 분석, ②마케팅 과제 특정, ③세그먼테이션segmentation(시장 세분화)과 타기팅Targeting(표적 시장 선정), ④포지셔닝positioning 결정, ⑤마케팅 믹스 검토, ⑥실행 계획에 적용 등이다.

**CASE** ////

할리우드 영화를 주제로 한 테마파크 유니버설 스튜디오 재팬Universal Studios Japan, USJ은 2016년 도쿄 디즈니랜드Tokyo Disneyland의 입장객 수가 전년도 수치를 밑도는 것과는 대조적으로 전년도 대비 5퍼센트 증가한 1,460만 명의 입장객을 끌어들이며 사상 최대의 입장객 수를 기록했다. 지금은 대성황을 이루고 있지만, 2004년에는 사실상 경영 파탄을 겪은 바 있다. 그러한 위기를 극복하고 급격한 실적 회복을 이룬 것은 스스로 '소비자 관점의 기업'으로 변화했기 때문이다.

1994년 간사이(關西) 지역 내 대규모 테마파크 개설을 위한 기획 및 조사를 목적으로 '오사카(大阪) 유니버설 기획'이 설립되었다. 오사카 유니버설 기획은 1996년에 미국의 MCA Music Corporation of America(현 유니버설 스튜디오)와 테마파크 USJ의 기획, 건설 및 운영에 관한 기본 계약을 체결했다. 이에 따라 오사카 시가 출자하는 제3섹터*로 주식 회사 USJ가 설립되었고, 2001년에 테마파크 USJ가 탄생했다.

개장을 앞두고 USJ는 TV, 라디오 등 온갖 매체를 통해 할리우드 영화를 주제로 한 테마파크의 개장을 알리는 프로모션 활동을 대대 적으로 펼쳤다. 그 덕에 개장 첫해에는 입장객 수 1,100만 명을 기록 하며 화려한 출발을 자랑했다. 그러나 개장 최초 연도 마지막 달부터 는 입장객 수가 목표치에 미달했다. 다음 해에는 성수기인 봄 휴가철 과 황금연휴에도 성과가 좋지 않았다. 엎친 데 덮친 격으로 테마파크 내 음식점이 유통 기한을 넘긴 식자재를 사용했다. 그리고 식수기의 오염수 문제, 작은 화재 등의 문제가 잇달아 발생했다. 실적은 단숨에 악화됐고 2004년에 USJ는 경영 파탄의 위기를 맞았다.

곤경에 처한 USJ는 그해 새 사장으로 글렌 검펠Glenn Gumpel을 영 입해 경영 기반을 재건했다. 이어 2010년에는 마케팅으로 정평이 난 프록터 앤드 갬블P&G에서 성과를 올리던 모리오카 쓰요시(森岡毅)를

---

* 공공 부문(제1섹터)과 민간 부문(제2섹터)이 공동으로 출자한 민관 합동 법인을 말한다.

한 권으로 끝내는 마케팅

스카우트해 USJ의 개혁을 맡겼다.

모리오카는 USJ의 핵심이 될 전략 콘셉트를 '영화 테마파크'에서 '세계 최고의 엔터테인먼트'로 전환하는 대대적인 개혁을 단행하기로 했다.

놀이공원, 테마파크 업계는 폭넓은 고객 타깃을 끌어모아야 한다. 그중에서도 최대 고객은 저연령층과 그 가족이다. 아이들이 좋아할 만한 환경을 만들어 가족 단위의 고객을 모으는 것이 매출 증가의 지름길인 것이다. 업계 1위를 자랑하는 도쿄 디즈니 리조트TDR는 저연령층부터 성인까지 전 세대에게 환영받는 친근한 캐릭터를 내세워 부동의 인기를 누린다.

그에 반해 USJ는 할리우드 영화 콘텐츠를 중심으로 TDR과의 차별화를 꾀했다. 나아가 영화를 실제 상황처럼 재현한 박진감 있는 즐길 거리로 성인층의 영화 팬들을 공략했다. 하지만 개장 다음 해부터 줄곧 입장객 수가 700~800만 명 선의 추이를 보이며 초반의 뜨거운 반응은 되살아나지 않았다.

기존의 '영화 테마파크' 전략을 변경하는 것에 대해 사내에서는 'TDR과의 차별성이 없어져 입장객이 더 떨어져 나갈 것'이라는 반대 의견이 많았다. 그러나 모리오카는 TDR이 500km나 떨어져 있어서 '교통비 3만 엔의 강'이 흐르고 있으니 격심한 경쟁을 벌이지 않아도 된다고 판단했고, 개혁을 밀어붙였다. 이는 주된 타깃의 '영화 팬을 중심으로 한 18~29세 연령층'을 '4세부터 고교 졸업생까지의 저연령층과 대학생, 가족층'으로까지 확대하는 커다란 방향 전환이었다.

　USJ는 우선 가장 중요한 타깃인 저연령층과 가족층을 끌어들이기 위한 새로운 구역인 '유니버설 원더랜드'를 건설했다. 새 구역에는 기존의 이미지를 뒤엎을 장치가 필요했다. 이전에도 저연령층에 친숙한 캐릭터를 파크 내 곳곳에 배치했다. 하지만 새 구역에 집중적으로 배치함으로써 즐길 거리, 먹거리, 이벤트와의 시너지 효과를 노렸다. 그리고 저연령층이 가능한 한 많은 경험을 할 수 있도록 '기능은 자녀 세대에 맞추고 디자인은 어머니에 맞추어' 고객 경험 가치에 집중한 구역으로 꾸몄다.

　2012년에 새 구역을 개장하자 기존에 외면하던 가족층으로부터도 호응을 얻었고, 이는 USJ의 새로운 매력이 되었다. 하지만 유니버설 원더랜드만으로는 확대된 타깃층의 마음을 끌기에 충분하지 않았다. 그래서 핼러윈 호러 나이트와 위저딩 월드 오브 해리 포터 등 신규 이벤트 및 새 구역을 차례로 선보였다. 이는 곧 성공을 거두어 젊은 여성 고객을 불러들였고 나아가 외국인 관광객으로부터도 호평을 받으며 입장객 수는 매년 100만 명씩 늘었다.

　개혁의 보람을 맛본 모리오카는 이전부터 문제시되던 입장료를 손보기 시작했다. 일본 내 놀이공원, 테마파크의 입장료는 여타 선진국보다 저렴하다. 한편 고객이 싫증을 느끼지 않게 하려면 시설이나 즐길 거리의 새 단장은 필수적이다. USJ도 예외가 아니어서 대규모 단장에 거액의 설비 투자를 했다. 대성공을 거둔 해리포터에는 약 450억 엔을 쏟아부었다. 당시 연간 매출의 대략 반을 넘는 금액이었다. 다시 말해 놀이공원, 테마파크 업계는 개장 당시의 설비 투자에 그치지 말고 지속해서 거액의 설비 투자를 해야 하는 비즈니스이다. 즉 그에 따른 현금을 조달할 만큼 매출을 올려야 한다는 뜻이다.

놀이공원, 테마파크 업계의 매출 규모를 살펴보면 10억 엔 미만인 기업이 전체의 64.9퍼센트를 차지한다. 소수의 대기업과 다수의 중소기업으로 이루어진 구조인 것이다. 그런데 매출에서 업계 1위인 TDR이 오랜 기간 입장료를 낮게 책정해 왔기 때문에 중소 시설은 그에 준하는 가격을 설정할 수밖에 없었다. 그런 이유로 여러 놀이공원, 테마파크는 설비 투자에 지속해서 자금을 돌릴 수 없는 악순환에 빠져 경영 파탄을 맞았다. 그런 상황을 방치하면 소비자 측의 선택지는 줄어들게 되고 경쟁 여건이 사라진 업계는 매력이 떨어져 결국은 업계의 존속마저 위태로워질 수 있다. 모리오카는 TDR 다음의 규모를 가진 USJ가 입장료를 선진국 수준으로 올리는 것이 사명이라고 판단했다. 그래서 개장 당시 5,500엔이었던 1일 자유이용권의 가격을 매년 인상해 2018년에는 7,900엔까지 올렸다. 가격 인상으로 얻은 이익으로 설비 투자를 지속해 고객 만족도가 높은 테마파크를 만드는 길을 선택한 것이다. 뒤이어 TDR도 가격을 인상했고, 간사이 지역의 '히라카타 파크'도 가격 인상을 시행했다.

이처럼 효과적인 방침을 차례로 내세운 모리오카는 TV 광고와 관련해서도 새로운 방법을 시도했다. 소비자가 USJ에 온다는 것은 입장료 외에 교통비 등도 지출해야 한다는 뜻이다. 멀리서 올 경우, 가족 전원의 교통비만 해도 수만 엔이 들 수 있다. 따라서 그 돈을 들여서 라도 가고 싶다는 생각을 불러일으킬 만한 매력을 광고에서 드러내야 한다고 생각한 것이다.

기존의 TV 광고 중 크리스마스 이벤트에 관한 예를 들어 보자. 그 광고는 '낮과 밤을 다른 형태로 즐길 수 있습니다.'라는 이벤트의 볼거리를 선전하는 내용이었다. 이는 이벤트의 매력을 직접적으로 전달하는 정공법이다. '밤에는 화려한 일루미네이션이 펼쳐지겠지.'라고 상상하게 만들기만 하고 끝난다. 그후 2010년 TV 광고는 '자녀와 마음껏 즐길 수 있는 크리스마스가 얼마 남지 않았다'는 부모의 아쉬운 심리를 절묘하게 표현한 카피를 통해 정서적으로 호소하는 광고로 바뀌었다. 그 결과 크리스마스 시즌의 입장객 수는 전년 대비 배로 늘었다.

또한 매스 미디어(mass media(신문, 잡지, 영화, 텔레비전 등 많은 사람에게 대량으로 정보와 사상을 전달하는 매체)를 이용한 홍보뿐 아니라 SNS를 이용한 프로모션도 시작했다. 구체적으로는 SNS상에서 팔로우하거나 공유한 사람에게는 입장권을 선물하는 등 소비자와의 쌍방향 커뮤니케이션에 나서 SNS 세대에도 접근한 것이다.

놀이공원, 테마파크 업계는 소비자에게 생활필수품을 제공하는 존재가 아니다. 오락과 즐거운 경험에 소비자가 지갑을 열게 하려면 강력한 브랜드 파워와 매력적인 콘텐츠가 반드시 뒤따라야 한다. USJ

는 '소비자 관점'에서 테마파크의 위상을 재고함으로써 소비자가 진정으로 원하는 엔터테인먼트를 창출할 수 있었다.

이론 ////

기업의 수익은 제품, 서비스를 고객에게 판매함으로써 발생한다. 그 활동 안에서 마케팅은 고객이 제품, 서비스를 사게 하는 시스템을 만들고, 그 시스템이 제 기능을 하게 하는 중요한 역할을 맡는다.

1장에서는 마케팅의 기본 개념과 함께 전략 입안(立案)과 실행의 전체 과정 그리고 경영상의 의미를 살펴본다.

# 1. 마케팅의 개념

마케팅이란 고객 니즈와 고객 만족도를 중심에 두면서 고객이 '사게 하는 시스템'을 만드는 활동이다. 그 궁극적 목적은 고객이 대가를 지불할 만하다고 느끼는 가치를 효율적으로 제공해 고객 만족을 달성하면서 동시에 기업의 이익을 최대화하는 데 있다. '고객 니즈를 충족시키고 고객 만족을 달성한다.'라는 명제가 그 어느 때보다 중요해진 배경에는 다음과 같은 환경의 변화가 있다.

- 오랜 경기 침체기를 지나면서 소비자의 안목이 까다로워졌다.
- 현대는 정보 과다의 시대지만, 소비자의 정보 처리 능력이 그에 비례해 높아진 것은 아니다. 소비자가 확실히 인식할 수 있는 정보를 제공해야 구매 행동으로 이어진다.
- 스마트폰의 보급으로 인해 누구나 쉽게 정보를 얻을 수 있게 되어 기업의 디지털 마케팅 활동이 활발해졌다.
- 젊은 세대의 TV 외면, 인터넷 선호 경향이 두드러지면서 매스 마케팅mass marketing(불특정 다수를 대상으로 제품을 홍보하고 판매를 촉진하는 활동)의 한계가 분명해졌다. 그들은 흥미를 느낀 제품이나 서비스에 관한 정보를 스스로 찾아 나선다. 그 결과 TV 광고나 텔레마케팅 등 기업이 일방적으로 정보를 발신하는 아웃바운드 마케팅만으로는 소비자의 관심을 끌기 어려워졌다. 소비자가 자신의 흥미와 관심을 바탕으로 웹 사이트상에 준비해 놓은 콘텐츠 등을 찾아오게 만드는 인바운드 마케팅을 활용할 필요가 커졌다.
- SNS의 활용이 활발해진 영향으로 인스타그램 등에서 '좋아요'를 받을 수 있어야 소비가 늘어난다. SNS를 통해 제삼자의 시선을 의식하는 새로운 소비 심리가 커지고 있다.
- 인터넷 옥션 시장의 확대와 함께 CtoC(소비자와 소비자 간의 전자 상거래) 시장이 급속히 성장해 소비자가 직접 판매자가 되는 현상이 나타나고 있다. 따라서 기업은 CtoC 시장을 고려한 마케팅 활동을 할 필요가 있다.

- IT의 급속한 진화로 정보의 국경이 무너져 글로벌한 정보 수집이 가능해졌다. 기업은 국내 소비자의 니즈뿐 아니라 전 세계 소비자의 니즈에 부응할 수 있어야 한다.

우리는 이러한 환경의 변화에서 기존의 마케팅 방법으로는 버티기 어렵다. 특히, 공급자의 사정을 우선시해 판매하려는 발상은 고객에게 외면받고 실적이 악화될 뿐 아니라 기업의 존속까지도 위태로워질 수 있다. 기업이 지속해서 성장하려면 반드시 수익을 가져다주는 고객을 창출하고 유지해야 한다. 공급자 측의 사정을 우선시한 발상이 아니라 고객의 입장에 서서 마케팅 방법을 개선하고, 기업에 오랫동안 이익을 가져다줄 수 있도록 장기적인 관계를 쌓는 것이 중요한 것이다.

사례를 통해 소개한 USJ는 '소비자 관점의 기업'을 내세웠는데, 이는 단순한 캐치프레이즈catchphrase(광고, 선전 등에서 타인의 주의를 끌기 위한 문구나 표어)가 아니다. CMO(최고 마케팅 책임자)로 진두지휘에 나선 모리오카는 휴일에 가족과 함께 자비로 USJ를 방문해 자녀들을 위한 즐길 거리가 충분한지 알아봤다. 그리고 길고 긴 행렬 속에 섞여 줄을 서야 하는 고객의 심리를 몸소 느꼈다. 직접 현장에 나가 소비자의 눈높이에서 USJ를 분석함으로써 수많은 새로운 시도를 기획해 낸 것이었다.

시장의 성장과 경쟁 상황의 변화에 따라 변하는 고객의 니즈를 정확하게 파악해 임기응변으로 대응하지 않으면 기업은 살아남기 어렵다. 테마파크 같은 장치 산업은 고객을 늘려 매출을 늘리고, 매력 증대에 재투자하는 선순환을 만들어야 한다. 그렇지 않으면 설비와 콘텐츠가 낡고 방문객이 줄어드는 연쇄적 악순환에 빠지고 만다. 신규 투자가 불가능해진 복수의 테마파크는 바로 그런 이유로 망했다.

소비자 관점으로 전환해야 할 필요성은 이 업계에만 해당되는 이야기가 아니다. 소비자 관점의 시책으로 성공한 기업이라 할지라도 알지 못하는 사이에 자사의 사정을 우선시하고 고객의 심리를 잘못 읽을 때가 있다. 모든 업계와 기업은 '고객이 원하는 바가 무엇인가?', '고객의 선택을 받으려면 무엇을 해야 하는가?'라는 발상으로 '고객이 사게 하는 시스템'을 고민해야 한다(도표 1-1 참조).

도표 1-1 마케팅이란 무엇인가?

| 단적으로 말하자면 | '사게 하는 시스템 만들기' |
|---|---|
| 목적 | 억지로 판매하거나 규제 등에 기대지 않고도 효과적, 지속적으로 현금을 창출할 수 있는 상황을 만드는 것 |
| 출발점 | 고객(=기업에 현금을 가져다주는 상대) |
| 중요하게 여길 사항 | 고객 니즈, KBF(구매 결정 요인), 고객 만족 |
| 바람직한 자세와 스킬 | 분석력, 상상력, 고객 지향(생산과 판매 활동의 모든 일을 고객 위주로 하는 경영 방식), 전체적 일관성, '전 사원이 마케팅에 기여할 수 있다.'라는 자세 |
| 마케팅을 이해하지 못해 발생하는 전형적인 오류 | '물건만 잘 만들면 팔리는 건 당연지사'<br>'팔리지 않는 것은 영업 부문의 열의 부족 때문'<br>'지명도가 낮아 팔리지 않는 것뿐' 등 |

한 권으로 끝내는 마케팅

## | 니즈와 원츠

마케팅을 할 때는 고객이 무엇을 바라는지, 자사는 어떤 가치를 제공해야 하는지를 늘 염두에 두어야 한다. 고객을 끌려면 고객의 욕구를 채우는 제품·서비스를 창출해 고객 만족을 높일 수 있도록 노력해야 한다.

고객의 욕구를 나타내는 개념으로는 니즈needs와 원츠wants가 있다. 니즈란 의식주와 같이 생리적인 부분부터 사회적, 문화적, 개인적인 부분에 이르는 다양한 사항에 대해 인간이 느끼는 '채워지지 않은 상태'를 말한다. 그에 반해 원츠는 니즈를 채우기 위해 제품화된 것을 원하는 감정, 즉 '구체적인 제품·서비스에 대한 욕구'를 뜻한다. 가령 '먹거리를 필요한 기간 동안 안전하고 가능한 한 맛있는 상태로 보존하고 싶다.'라는 것은 니즈이다. 그리고 제품의 형태로 나타났을 때 '냉장고가 있으면 좋겠다.'라고 생각하는 것은 원츠에 해당한다.

마케팅의 중심 과제는 고객의 본질적인 니즈를 파악한 다음 구체적인 원츠로 연결하는 것이다. 이때 표면적인 니즈를 충족시키는 것처럼 보이더라도 겉으로 드러나지 않은 본질적인 니즈는 충족되지 않는 경우가 많다는 점에 주의해야 한다. 예를 들어 요즘 냉장고와 냉동고는 소비자의 니즈를 대부분 충족시키는 것처럼 보인다. 하지만 완벽히 충족시키는가 하는 점을 따져보면, 당연히 아직도 개선의 여지가 있다. 만약 기술 혁신을 통해 손쉽게 진공 상태를 만들 수 있다면, 먹거리를 보다 자연에 가까운 상태로 장기간 보존할 수 있는 장치를 개발할 수 있을 것이다. 가격까지 적절하면 대부분의 수요는 새로운 제품으로 몰릴 것이다.

원츠가 분명해졌다 해도 만족해서는 안 된다. 한발 더 나아가 어떤 가격을 제안할 수 있을지 생각해야 한다. 이를테면 '가위'라는 원츠가 분명했다 하더라도 '안전하게 사용할 수 있다.', '잘 잘린다.' 등 고객이 평가하는 부가 가치를 깊이 따져보는 것이 중요하다. 원츠와 기업의 가치 제안value proposition이 반드시 잘 맞아떨어지는 것은 아니다. 자사의 가치 제안을 얼마나 강력한 원츠로 변환시킬 수 있는지에서 마케팅 담당자의 실력이 드러난다고 할 수 있다.

## 2. 마케팅 전략 책정 프로세스

마케팅을 할 때는 고객의 니즈를 수렴한 뒤 개발 및 생산, 판매 등의 다양한 활동을 연동시켜 고객에게 가치 있는 제품·서비스를 제공한다. 이에 관한 청사진을 그리기 위해 마케팅 전략을 수립하는데 이때 일련의 프로세스를 따른다. 여기서는 전략 책정 프로세스를 크게 다음의 여섯 단계로 나누어 살펴본다(도표 1-2 참조).

①환경 분석: 사업에 영향을 미치는 안팎의 다양한 요인으로 구성된 마케팅 환경을 분석해 시장의 기회와 위협을 정리함과 동시에 자사의 강점과 약점을 재확인한다.

②마케팅 과제 특정: 마케팅 과제를 철저히 찾아내고 특히 주력할 과제와 마케팅 목표를 명확히 한다.

③세그먼테이션, 타기팅: 시장을 분화하고 어떤 고객 세그먼트에 초점을 맞출지를 결정한다.

④포지셔닝: 경쟁 제품과 차별화하고 고객의 마음을 움직일 수 있는 자사 제품의 제공 가치를 결정한다.

⑤마케팅 믹스: 제품 전략, 가격 전략, 유통 전략, 커뮤니케이션 전략을 어떻게 효과적으로 수립하고 실행할지 결정한다.

⑥실행 계획 책정: 마케팅 믹스를 실현하기 위한 행동 계획을 책정하고 예측 손익 계산서를 작성한 후 그 전략 시나리오에 따라 오퍼레이션Operation(마케팅의 효율 및 효과를 향상하려는 행위 전반) 및 모니터링 시스템을 정비한다.

도표 1-2 마케팅 전략 책정 프로세스

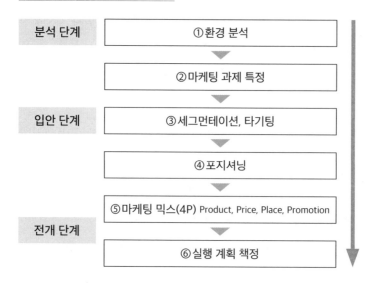

위의 내용은 일반적인 전략 책정의 흐름과 거의 같다. 마케팅 특유의 관점이 포함된 ①~⑤의 각론에 관해서는 다음 장 이후에 자세히 설명한다. 여기서는 앞서 살펴본 USJ의 사례를 이용해 마케팅 전략 책정의 프로세스를 개괄한다.

## ① 환경 분석

마케팅의 출발은 마케팅 환경을 분석하고 그 속에서 시장의 기회와 위협을 추려낸 뒤, 자사의 강점과 약점을 고려해 시장 공략의 방향

한 권으로 끝내는 마케팅

성을 도출하는 것이다. 모든 기업에 적용되는 시장 기회(시장이나 산업의 환경 변화에 따라 기업이 수익을 얻는 데 유리한 기회)가 아니라 자사에 매력적이고 경쟁사가 모방할 수 없는 강점을 발휘할 수 있는 시장 기회를 찾아야 한다.

## USJ를 둘러싼 마케팅 환경

【외부 환경 – 기회·위협】

- 업계 1위인 도쿄 디즈니랜드·도쿄 디즈니씨Tokyo DisneySea 는 간토(關東), 자사 USJ는 간사이(關西)에 위치해 있다. 양자 간 물리적 거리가 상당하므로 간사이 서쪽 지역을 주요 상권으로 흡수할 수 있다.
- 업계에 영화를 주제로 한 테마파크가 존재하지 않는다.
- 도쿄 디즈니랜드와 도쿄 디즈니씨는 미키마우스를 비롯해 아이들이 좋아할 만한 캐릭터를 다수 보유하고 있다.
- 수도권보다 작은 상권인 간사이에 위치한다.
- 다른 테마파크뿐 아니라 영화관, 동물원, 수족관 등 문화 시설의 선택지가 많다.
- 일본의 테마파크 입장료는 다른 선진국보다 싸다.
- 업계 1위인 도쿄 디즈니랜드·도쿄 디즈니씨의 가격이 기준이 되어 입장료 인상이 쉽지 않다.

- 세계적으로 지명도 높은 할리우드 영화의 콘텐츠를 놀이기구, 음식, 상품 판매, 공원 내 장식 등에 이용할 수 있다.
- 영화를 재현한 듯한 박진감 넘치는 놀이기구가 많아 영화를 좋아하는 남성에게 인기가 많다.
- 기존의 TV 광고는 막대한 비용이 들었지만, 먼 곳에서 오는 입장객을 늘리는 데는 소구력이 약했다.
- 개장 당시부터 있던 직원들 사이에는 '영화를 주제로 한 테마파크'를 고수해야 한다는 생각이 강하다.
- 저연령층 자녀가 친밀감을 느낄 수 있는 캐릭터 및 놀이기구, 시설 정비가 충분하지 않다.
- 간사이 지역 고객에 대한 의존도가 70퍼센트다. 교통비가 수만 엔 든다는 사실이 심리적 장애로 작용해 간토 지역에서 오는 입장객이 적다.

[도출한 시사점·가설]

영화를 주제로 한 테마파크의 개념을 수정해 저연령층 자녀와 그 가족, 젊은 여성층 등 보다 폭넓은 타깃에 주목하면 매출을 개선할 수 있지 않을까?

## ② 마케팅 과제 특정

환경 분석 직후에 상세한 시장 분석 및 구체적인 시책 검토에 들어가는 것이 아니라 마케팅 활동을 통해 무엇을 실현할지를 다시 한번 명확하게 짚는다. 우선 환경 분석 과정에서 추려낸 기회와 위협, 자사 상황을 염두에 두고 자사의 과제를 도출한다. 그런 뒤 자사의 경영 방침, 경영 자원, 사업 특성 등에 기인하는 제약 조건을 고려해 우선순위를 생각한다. 그리고 먼저 해결해야 할 과제 및 마케팅 목표를 설정하는 순서로 진행한다. 이후의 전략 책정 프로세스에서는 여기서 특정한 과제 및 목표를 주목하면서 가장 효과적이라고 생각하는 시책을 검토한다.

### USJ의 과제와 목표

'영화를 주제로 한 테마파크'라고 소구함으로써 도쿄 디즈니랜드·도쿄 디즈니씨와의 차별화를 꾀했다. 하지만 레저 산업 가운데 영화의 시장 규모가 10퍼센트 정도라 기존 노선을 고수해서는 매출 확대를 기대하기 어렵다는 사실을 알았다.

기업 존속을 위해서는 매출 규모를 빠르게 확대해야 한다. 유원지·테마파크 업계에서 영화 콘텐츠라는 좁은 시장을 두고 싸우는 데는 한계가 있다.

한편 사내에서는 영화 외의 콘텐츠를 도입하는 데 반대하는 직원이 많았다. 그러한 고집이 개혁에 커다란 장벽으로 작용했다. 모리오카는 그들의 고집으로 채운 공원이 아니라 소비자 니즈로 채운 공원이라는 방향성을 정했다. 그리고 직원들의 지혜와 기술을 집약해 USJ가 제공하는 가치를 높이기로 했다.

### ③ 세그먼테이션과 타기팅

마케팅 과제를 특정하고 자사에 적합한 마케팅 기회를 발견했으면 다음 단계에서는 그 시장에 어떻게 접근할지를 검토한다. 시장 전체에 균등하게 접근할지, 쉽게 뛰어들 수 있을 것 같은 곳부터 공략할지, 시장 공략의 방법을 생각하는 것이다.

한정된 경영 자원을 유효하게 사용하려면 자원 배분에 차등을 주는 것이 좋다. 일반적으로는 시장을 일정 기준에 따라 세그먼트를 나누고(세그먼테이션), 경쟁에서 우위를 유지할 수 있는 세그먼트를 선택한다(타기팅). 그리고 그곳에 집중함으로써 자원을 효과적으로 활용하고 경영 효율을 높인다.

타깃으로 삼는 세그먼트는 그 사업을 유지할 만한 최소한의 규모를 확보하고 있어야 한다. 통상 유원지·테마파크 업계에서는 입장객을 늘리지 못하면 거액의 투자를 지속하기 어렵다. 그래서 폭넓은 타깃을 설정해야 한다. 기존의 영화 팬이라는 타깃은 결과적으로 폭이 너무 좁았다. USJ는 새로운 콘텐츠를 도입하는 한편 영화 콘텐츠와의 시너지 효과를 노렸다. 타깃을 넓힘으로써 세계관이 모호해질 것이라는 우려도 있었지만, 기존 타깃과 새로운 타깃은 공존할 수 있었다.

### ④ 포지셔닝

포지셔닝의 목적은 타깃 시장에서 자사 제품이 경쟁 제품보다 매력적이라는 인식을 고객에게 심어 주는 데 있다. 고객 니즈를 충분히 인식한 뒤, 경쟁 상대가 확고한 지위를 차지하지 못해 자사 제품이 독특하고 매력적인 존재로 받아들여질 수 있는 포지션을 도출해 낸다.

유원지·테마파크 업계는 차별화가 비교적 용이하지만, 설비에 거액을 투자해야 하므로 한번 설정한 포지셔닝을 변경하기가 상당히 어렵다. USJ는 '영화를 주제로 한' 테마파크에서 '영화를 축으로 한 세계 최고의 엔터테인먼트' 테마파크로 포지셔닝을 변경하고 애니메이션과 게임, 아티스트를 폭넓게 기용해 영화와 직접적으로 관계없는 이벤트도 실시했다.

사내외 일부에서 콘셉트가 흔들리고 도쿄 디즈니 리조트와의 동질화를 우려하는 목소리도 나왔다. 그러나 포지셔닝 전략을 통해 폭넓은 고객층의 지지를 받게 되었다.

### ⑤ 마케팅 믹스

마케팅 믹스marketing mix란 타깃 시장에서 마케팅 목표를 달성하기 위해 제어 가능한 다양한 수단을 조합하는 것을 말한다. 일반적으로 제품Product 전략, 가격Price 전략, 유통Place 전략, 커뮤니케이션Promotion 전략을 총칭한 4P를 가리키는 경우가 많다. Place는 채널 전략, Promotion은 프로모션 전략이라 부르기도 하는데 여기서는 유통 전략과 커뮤니케이션 전략이라는 용어를 쓰기로 한다.

현재 4P는 마케팅에서 가장 중요한 개념이라 할 수 있다. 예를 들어 아무리 매력적인 제품을 만들더라도(제품 전략) 그 정보가 고객에게 정확하게 전달되지 않으면(커뮤니케이션 전략) 판매로 이어지지 않는다. 제품 정보가 전달되어 고객이 흥미를 느꼈다 하더라도 그 제품을 어디서 구할 수 있는지 모른다면(유통 전략) 구매하려 해도 할 수 없다. 또한 고객이 매장에서 제품을 손에 쥐었더라도 그 가격이 기대치에서 크게 벗어난다면(가격 전략) 구매를 단념할 것이다.

4P를 검토할 때는 각각을 개별적으로 다루지 말고, 각 요소를 잘 조합해서 마케팅 목표를 달성하도록 해야 한다. 4P의 각 요소는 독립된 것이 아니라 상호 밀접하게 연관되어 있다. 예를 들어 장기간 저가 노선을 펼치는 동시에 방대한 광고 투자를 지속하겠다는 전략이라면 정합성 결여로 기업의 건전한 성장을 저해하는 요인이 될 수 있다. 앞 단계에서 결정한 타깃 고객 및 포지션을 고려해서 네 가지 요소가 정합성을 가지도록 종합적인 관점에서 검토해야 한다.

익스프레스 패스의 가격 인상은 확실히 부정적 이미지를 불러일으켰다. 하지만 계절이나 트렌드에 맞춘 새로운 놀이기구 및 이벤트 기획과 그것에 적합한 건축물 설치 그리고 음식 메뉴 및 제품의 개발·제공 등 부정적 이미지를 해소할 수 있는 다수의 시책을 내놓았다. 또한 TV 광고에서는 정공법의 설명이 아니라 정서적 편익에 소구하는 형태로 폭넓은 시청자의 마음에 호소했다. 한편 시대의 흐름을 정확

하게 파악해 SNS를 통한 프로모션 활동을 도입함으로써 젊은 층의
지지도 얻었다.

가격 인상이라는 부정적 측면이 있었는데도 2010년 이후 입장객
이 매년 100만 명씩 늘어나는 사실을 보면 4P 전략의 시너지 효과가
있었다고 할 수 있다.

## USJ의 마케팅 믹스

【제품 전략】

- 영화, 애니메이션, 게임 같은 콘텐츠의 캐릭터를 반영한 놀
  이기구, 이벤트, 상품, 음식을 종합적으로 제공했다.
- SNS에서 화제가 될 만한 음식 메뉴와 상품에 주력했다.
- 멀리서 온 입장객이 이용하는 공식 호텔에서는 캐릭터가
  장식된 방 또는 수수께끼 풀이 놀이를 할 수 있는 방을 제
  공해 테마파크와의 시너지 효과를 노렸다.

【가격 전략】

- 테마파크를 내실화하기 위해 1일 자유이용권의 요금을 올
  렸다.
- 도쿄 디즈니 리조트는 무료 익스프레스 패스(줄 서지 않고 먼
  저 놀이기구를 탈 수 있는 티켓)를 유료화했다.

【유통 전략】

- 세계 최고의 엔터테인먼트를 한데 모은 테마파크를 만드는 데 집중했다.

【커뮤니케이션 전략】

- TV 광고의 질을 바꿨다. 놀이기구나 이벤트에 관한 설명이 아니라 정서적 편익에 호소할 수 있는 내용으로 소구했다.
- SNS를 이용해 쌍방향 정보 제공에 힘썼다.

### ⑥ 실행 계획 책정

마케팅 믹스를 실시할 때는 예측 손익 계산서를 바탕으로 전략 시나리오를 작성하고, 구체적인 행동을 할 수 있도록 행동 계획을 책정해야 한다. 이와 동시에 모니터링 시스템을 정비해 진척을 확인하고 궤도를 수정하는 것이 중요하다.

전략 책정을 통해 타깃부터 4P의 구체적인 시책까지 모두 분명해졌다 하더라도 당장 실행에 옮길 수 있는 것은 아니다. 우선은 자금이 뒷받침될지를 검토해야 한다. 수치로 나타내지 않은 마케팅 계획은 실행에 맞지 않는 주장에 불과해서 실행 가능 여부를 판단할 수 없다.

4P를 실현하기 위해 '누가', '무엇을', '언제까지', '어떻게' 할 것인가? 어느 정도의 비용이 드는가? 또는 어느 정도의 비용이 허락되는가?

하는 점 등을 명확히 해야 한다. 따라서 매출 예측(판매 개수 및 단가), 필요한 비용, 이익 예측을 명확히 밝힌 예측 손익 계산서를 작성해 '얼마에', '어느 정도의 수량을', '언제까지 팔면 될지'를 구체적으로 정해야 한다.

이때 단기 목표와 중장기 목표의 정합성에도 유의한다. 일정 시장 점유율을 달성하는 데 1년을 목표로 잡을지, 장기 목표를 잡을지에 따라 가격 설정과 광고비 등의 예산 분배가 크게 바뀌게 된다.

목표를 구체적이고 명확하게 세우는 것도 중요하지만, 목표 달성을 위한 접근과 방침도 분명히 해야 한다. 예를 들어 목표 매출 달성을 위해 품질과 이미지를 약간 떨어뜨리더라도 잘 팔리도록 가격을 낮게 책정해 고객 수를 늘리는 전략을 세울지, 품질과 이미지를 유지한 채 수량보다 객단가(고객 1인당 평균 매입액)를 높이는 전략을 취할지를 정해야 한다는 것이다. 이 결정에 따라 효과적인 접근법도 달라진다.

나아가 목표 설정의 근거도 명확히 해야 한다. 이는 최종적으로는 경영진의 결정 사항인데, 목표가 비현실적이면 처음부터 목표 달성에 대한 의욕이 생기지 않고, 무턱대고 일한들 목표를 달성하지 못해 헛수고라는 느낌이 들어 사기 저하만 초래한다. 비현실적인 목표를 달성하기 위해서 세운 전략에는 무리가 따르기 쉬우며 광고비 낭비 및 과잉 재고를 초래하게 된다.

전략 시나리오가 생기면 그에 따른 행동 계획을 세우고 실시 상황을 확인하기 위한 컨트롤 시스템을 정비한다. 행동 계획에는 담당 부문 및 담당자가 행동으로 옮길 수 있는 구체적인 오퍼레이션을 규정한다. 이때 회사 전체의 마케팅 목표를 각 부문별로 세분화하는데, 각자가 해야 할 행동을 떠올릴 수 있도록 보다 구체적인 목표치와 지표를 설정하는 것이 핵심이다. 목표를 실현하기 위한 방법론은 다양하므로 적절한 지표를 설정하지 않으면 그때그때 임기응변식으로 대응하다가 전체의 정합성을 해칠 우려가 있다.

중요 지표가 정해지면 가능한 한 수치화한다. 매출은 양과 금액, 이익은 이익률과 절대 액수, 시장 점유율은 점유율과 변화율 같은 방식으로 세세하게 설정하는 것이 바람직하다. 마케팅에서도 다른 기업 활동과 마찬가지로 PDCA(Plan(계획)-Do(실행)-Check(평가)-Action(개선)) 사이클을 돌릴 필요가 있기 때문이다. 계획한 수치와의 차이를 늘 확인하면서 진척 상황을 관리하면 궤도 수정의 방향과 타이밍을 판단할 수 있다.

## 정보 시스템의 정비

마케팅 전략의 계획 책정 및 실시는 시장 환경, 경쟁 동향, 판매 상황 등의 다양한 정보를 바탕으로 이루어진다. 또한 리서치로 얻은 정보를 토대로 활동의 정밀도를 높이거나 효과를 검증한다.

하지만 현실적으로는 마케팅 교과서에 나오는 정보를 다 입수하기 어려운 경우도 많다. 잠재 시장의 규모와 점유율이 모호해서 자사 제품의 상대적인 강점을 파악할 수 없다거나 제품별 수익성, 채널별 수익성을 파악할 수 없는 사례도 빈번하다. 특히 복수의 채널을 거치는 복잡한 유통 구조를 취하는 기업은 어떤 고객이 무엇을 높이 평가해서 자사 제품을 사는지, 매출에 대한 기여도가 높은 채널이 무엇인지를 파악하기가 대단히 어렵다.

하지만 그러한 기업에서도 정보 시스템을 정비해 정보를 효과적으로 활용할 수 있게 하면 경쟁 우위를 점할 수 있다. 그 전형적인 예가 종합 슈퍼마켓 체인인 이토요카도Ito-Yokado와 편의점 세븐일레븐을 산하에 둔 세븐&아이 홀딩스이다. 이들은 일찌감치 포스 시스템POS system(판매가 이루어짐과 동시에 판매 활동을 관리하는 시스템)을 도입해 수·발주 관리와 재고 관리에 활용했다. 포스 시스템은 실시간에 가까운 형태로 가설을 검증할 수 있고, 수주 오류로 인한 판매 기회의 상실과 재고 폐기로 인한 손실을 줄였다. 또한 그렇게 해서 얻은 소비자 정보를 무기로 제조사에 대한 협상력을 강화하는 데 성공해 시장에서 굳건한 지위를 확립했다.

필요한 정보를 신속하고도 확실하게 수집해 데이터를 분석·활용할 수 있는 시스템을 정비하는 일은 마케팅 활동에서 매우 중요하다. 사실에 근거한 데이터는 활동의 우선순위를 매기거나 적절한 자원 배분을 할 때 중요한 판단 근거가 된다. 고객 데이터베이스와 판매 지원 툴 등 다양한 정보 시스템을 활용하면 고객 니즈 파악에 용이하고 보다 나은 마케팅 활동을 설계할 수 있다.

한 권으로 끝내는 마케팅

# 3. 마케팅의 기업 내 기능

마케팅은 큰 관점에서 시장을 파악하고 기업 경영에 도움을 주는 기능을 한다. 기업은 경영 이념이라는 틀 안에서 외부 환경과 자사의 경영 자원을 고려해 전략을 책정하는데, 외부 환경 중에서 가장 주의해야 하는 요소는 시장 환경이다. 시장은 날마다 변하며 시장에서 외면당한 기업은 수익을 확보할 수 없다. 시장의 구조적 변화를 재빨리 읽어 내 기업이 나아갈 방향을 도출한 뒤, 경영 전략과 사업 활동에 반영하는 역할을 하는 것이 마케팅이다.

## | 기업 전략과의 관계

마케팅 전략은 전사(全社) 전략 또는 사업 전략과 브랜드 전략에 따라 책정·실행해야 한다. 예를 들어 맥주 제조사가 새로운 맥주를 개발하는 과정에서 효모를 이용한 건강 보조 식품을 개발했다고 가정하자. 이를 본격적으로 시장에 도입해야 할까? 만약 그 회사가 사업 영역으로 맥주에만 집중한다고 하면 건강 보조 식품의 제품화는 포기하고 타사에 권리를 매각하는 등의 조치를 할 것이다. 반대로 이를 기회로 삼아 사업 영역을 '효모를 활용한 먹거리와 건강' 등으로 변경하고 건강 보조 식품을 신사업으로 육성한다는 선택도 생각할 수 있다. 어떤 길을 택하든 단순히 마케팅의 관점에서만 판단할 수는 없기에 전사 전략과의 정합성이라는 맥락에서 생각해야 한다(도표 1-3 참조).

기업의 전략은 통상 경영 이념과 비전을 상위 개념으로 두고, 그에 따라 전사 전략, 사업 전략 또는 브랜드 전략, 기능 전략이라는 계층 구조를 형성한다. 마케팅 전략의 구조도 이와 같다. 즉 전사 차원, 사업 차원, 제품 차원 등 각 차원에서 모두 마케팅 활동이 이루어지는 것이다.

제품 차원의 관점에서는 자사가 취급하는 제품에 관해 '누구에게 무엇을 얼마나 팔지, 그것을 어떻게 인지시키고 어떻게 공급할지'를 종합적으로 따진다. 하지만 제품의 수가 늘어나면 개별 제품 기준에서는 최적의 마케팅 전략이더라도 사업 단위 또는 기업 전체에서 볼 때 영업 조직과 연계되지 못하거나 제품별 네이밍 및 부대 서비스에 심한 편차 등 기능의 중복과 부정합이 발생하기 쉽다. 따라서 사업 차원 또는 전사 차원에서 마케팅 방침을 결정하여 시너지 효과를 내면서도 제품 간 조정을 할 필요가 있다. 전사 차원의 마케팅 전략에서는 기업 브랜딩 등 회사 전체와 관련한 사항을 다룬다.

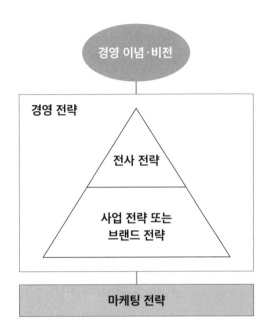

## 사업 영역과 제공 가치

하버드 대학교에서 교편을 잡았던 마케팅의 대가 시어도어 레빗Theodore Levitt은 1960년에 사업의 정의를 고객 중심이 아니라 자사가 제공하는 제품 중심으로 파악하는 것은 위험하다고 경종을 울린 바 있다. 그 예로 든 것이 바로 미국의 철도 사업이다. 그는 항공편의 보급과 자동차 사회의 도래에 밀려 1950년대에 철도가 사양길을 걸은 원인은 '철도 사업'으로 사업의 정의를 잘못 내렸기 때문이라고 진단했다.

기업이 제공할 수 있는 가치의 범위는 사업 영역을 어떻게 정의하는지에 따라 달라진다. 만약 미국의 철도 사업이 수송 수요의 증가에 주목해 스스로 종합 운수 사업이라 판단했다면 항공 수송부터 철도 수송, 육상 수송을 망라하는 복합 기업(자기 본래의 업종과는 관련이 없는 업종의 기업을 차례로 매수·합병하여 급속히 거대해지는 특이한 형태의 기업)이 탄생했을지도 모른다.

실제로 고객을 중심에 놓고 어떤 가치를 제공해야 좋을지 따지다 보면 제공 가능한 서비스의 폭이 넓어진다. 가령 한큐(阪急) 전철*은 사업의 발전과 동시에 '우리는 철도 회사가 아니라 선로 주변 지역을 발전시켜 주민의 생활을 풍요롭게 만드는 회사다.'라는 유연한 발상을 했다. 그리하여 택지, 동물원, 영화관, 가극 극장, 야구장, 심지어 백화점 등 선로 주변 지역의 토지 이용에 힘써 승객 창출에 성공했다. 이처럼 제품 중심이 아니라 고객 입장의 가치를 중심으로 생각함으로써 보다 많은 시장 기회를 잡는 것이 중요하다.

사업 영역이나 제공 가치는 시장 환경의 변화에 맞추어 유연하게 수정해야 한다.

예를 들어 아마존Amazon은 온라인 서점으로 시작했지만, 점차 성장함에 따라 음악, 가전, 일상용품 등으로 제품군을 늘렸다. 그리고 '온라인 소매'라는 사업 영역은 유지한다. 한편, 전자 상거래electronic commerce, EC나 웹상의 서비스가 사회에 정착하고 이를 운영하는 기업·단체가 폭발적으로 늘어나자 서버와 데이터 저장 등의 리소스를 종량 과금제로 제공하는 아마존 웹 서비스Amazon Web Services, AWS를 개시했다. 현재는 바로 이러한 '클라우드 서비스cloud service(여러 가지 소프트웨어나 자료를 서비스 사업자의 서버에 두고 어떤 장치로도 활용할 수 있게 한 서비스)' 분야에서도 굳건한 지위를 가지게 되었다.

---

\* 교토, 오사카를 중심으로 한 긴키 지역에 노선을 가진 민간 전철 회사.

## | 마케팅의 기능과 타부문과의 관계

　기업은 생산, 영업, 개발, 재무, 인사 등 다양한 기능의 집합체이다. 그 모든 기능은 반드시 안팎의 고객을 의식해서 이루어져야 하고 마케팅 부문과 연계 및 협업해야 한다. 회사에 돈을 벌어다 주는 고객이 모든 활동의 원점이라고 생각하면 고객이야말로 기업 내 각 기능을 제어하는 기준이 된다. 그런 고객의 기대를 명확히 파악하고 그 기대를 충족시키기 위해 각 기능을 통합하는 것이 마케팅의 기능이다(도표 1-4 참조).

　예를 들어 연구 개발Research and Development, R&D 부문은 제품 개발을 맡는다. 그들은 '자사 기술로 어떤 제품을 만들 수 있는지'를 숙지하고 있다. 그에 따라 기술 시즈seeds(기업이 보유한 기술이나 노하우 중 사업화·제품화의 가능성이 있는 것) 중심으로 발상하기 쉽고, 팔릴 가능성이 없는 제품을 개발하기도 한다. 하지만 아무리 기술적으로 뛰어나더라도 고객이 가치를 느끼지 못하면 회사에 이익을 가져다줄 수 없다. '고객에게 선택받는 물건을 만들어 그들이 사게' 하려면 고객이 원하는 제품을 잘 아는 마케팅 부문과 잘 연계해야 한다.

　제조 부문도 마케팅과 무관하지 않다. 장기적인 생산 능력 문제부터 제품 포장에 관한 사소한 문제에 이르기까지 항상 마케팅 부문과 밀접하게 연계해야 한다. 예를 들어 제조 계획을 입안할 때는 시장 분석을 바탕으로 한 판매 예측 데이터가 필요하다. 시장의 움직임을 무시하면 재고 더미가 쌓이거나 반대로 판매 기회를 놓치게 된다. 제조 비용과 제조 합리화를 검토할 때도 제품 사양과 가격 설정 등의 마케팅 정보는 필요하다. 이처럼 제조 현장에서도 당장의 제조 업무보다는 고객을 먼저 생각하고 행동해야 한다.

관리 부문도 일상 업무에서 사내 고객의 니즈에 귀 기울이는 마케팅적 발상이 필수다. 사내 고객들은 인사 부문이 사내 제도의 책정과 채용 활동을 할 때 사원, 채용 담당자, 지원자 등의 니즈와 희망 사항을 올바르게 파악하고 그에 따른 필요한 프로그램과 대응을 준비하기를 원하기 때문이다.

이처럼 모든 부문이 마케팅적 발상으로 움직이는 조직을 만들려면 마케팅을 독립된 하나의 기능으로 구별할 것이 아니라 일상 업무에 마케팅 의식을 침투시켜야 한다. 그래서 최근 CMO(최고 마케팅 책임자)라는 직책이 늘고 있다. 그들은 마케팅 활동을 원활하게 하기 위해 CEO(최고 경영 책임자)와 각 부문 책임자 간의 협상 및 중장기 전략 책정과 마케팅 부문 전체를 총괄하는 역할을 맡는다. 최고 마케팅 책임자는 전문적인 지식과 경험을 갖추고 전략적으로 각 부문과 관계자들을 움직일 수 있는 존재로서 이들을 중시하는 기업이 느는 추세이다.

도표 1-4 마케팅 부문의 역할

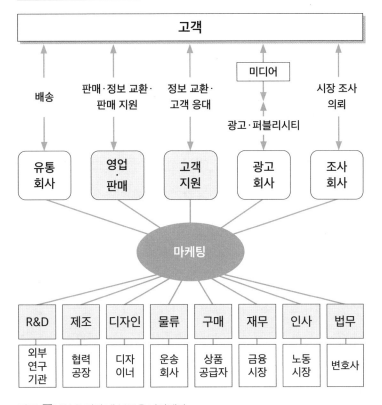

각주: ☐부분은 기업 내 부문을 나타낸다.

## | 조직 전략과 마케팅

조직 구조와 인사 제도는 마케팅 전략의 범주에는 포함되지 않지만, 실행할 때 무시할 수 없는 요소이기도 하다. 자사 방침, 조직 문화 및 여러 제도와 잘 부합되는지 여부는 전략을 세울 때 하나의 제약 조건이 된다.

특히 마케팅 전략과 인사 전략이 연동되어 있지 않으면 현장에서 혼란이 일어날 우려가 있다. 예를 들어 목표를 이익 중시에 두더라도 개인 및 부문의 실적을 매출이나 시장 점유율로 평가하면 현장 사람들은 무엇을 지표로 삼아 행동해야 할지 알 수 없게 된다. 마케팅 전략이 실행 단계에서 차질을 빚는다면 조직이나 여러 제도와의 정합성에 문제가 있는 경우가 많다. 또한 마케팅 담당자를 평가·보상할 때 실적을 정확히 측정해서 그에 맞는 보상(보너스, 승진, 표창 등)을 하는 시스템이 없으면 보다 나은 마케팅 활동을 펼치려는 동기가 생기기 어렵다.

마케팅 전략을 효과적으로 실행하려면 조직 구조, 직무 설계, 인사 시스템, 인원 배치 등 시스템과의 정합성에도 유의하는 것이 좋다. 때에 따라서는 전략 수행상 기존의 여러 제도를 변경해야 할 수도 있다.

## 마케팅 부문은 경영자의 등용문

미국에 본거지를 둔 가정용품 제조사 프록터 앤드 갬블The Procter & Gamble Company, P&G은 혁신적인 마케팅 기법을 신속하게 도입하는 기업으로 유명한데, 마케팅 조직 구축이라는 관점에서도 주목할 만하다.

그들은 1930년대에 사내 경쟁을 통한 활성화를 촉진하기 위해 브랜드 매니지먼트 조직을 도입해 대성공을 거두었다. 각 브랜드 그룹(P&G는 사업부보다 더 작은 단위다)은 그 조직적 틀 안에서 정합성을 갖춘 브랜드 전략에 힘썼다. 브랜드 매니저들은 '결과 중시, 사내 승진만을 전제로 한 인사 평가 제도'하에 철저한 비밀주의를 고수하면서 직접 입안한 마케팅 계획을 실행했고 성과를 겨루었다.

그 후 P&G는 사외 경쟁이 치열해지자 사내 경쟁을 완화한 조직 체제로 변화했다. 이처럼 환경 변화에 발맞춰 유연하게 조직을 재구축할 수 있는 것도 하나의 큰 강점이다.

P&G는 제너럴 일렉트로닉General Electric Company, GE과 함께 다수의 경영자를 세상에 배출한 것으로도 유명하다. 그리고 그들의 대부분은 마케팅 부문에서 브랜드 관리에 관여했다. P&G가 배출한 경영자로는 GE의 제프리 이멜트Jeffrey R. Immelt 전 회장, 마이크로소프트의 스티브 발머Steve Ballmer 전 CEO, 보잉BA의 제임스 맥너니James McNerney CEO 등이 있다.

맥너니 CEO는 P&G 시절에 '의견보다 데이터 중시', '고객에 대한 봉사' 등 기초적인 사고방식을 주입받았는데, 그것이 P&G와는 마케팅 접근법이 다른 사업 분야에서도 도움이 됐다고 말한 바 있다. GE의 이멜트 전 회장도 P&G에서 배운 고객 대응 기법과 시장 분석 기법이 이후 커리어의 토대가 되었다고 밝혔다. 그래서 미국에는 'P&G에서 배우고 다른 회사에서 벌어라.'라는 말까지 있을 정도다.

P&G는 1980년대에 제조와 판매의 연계를 촉진하는 효율적 소비자 대응Efficient Consumer Response, ECR 등의 정보 시스템을 재빠르게 가동해 IT 시대

마케팅의 기선을 잡았다. P&G의 마케팅 부문이 항상 마케팅 기법의 최첨단을 달리며 인재를 키우고 수많은 우수한 경영자를 배출할 수 있었던 것은 결코 우연이 아니다. 경영에서 마케팅이 얼마나 중요한지를 보여 주는 증거라고도 할 수 있다.

## 제2장 · 환경 분석과 시장 기회의 발견

환경 분석의 목적은 외부 환경과 내부 환경을 분석해 시장 내 기회와 위협을 명확히 하고 자사의 기회와 전략의 방향성을 찾는 데 있다. 시장 기회는 마케팅 환경 속에 '이미 있는' 것이 아니라 발견한 사실을 바탕으로 '창출하는' 것이다. 그 기회를 잘 활용하려면 자사의 마케팅 과제를 찾고 마케팅 목표를 명확히 세워야 한다. 구체적인 시책 검토는 그 후에 하도록 한다.

일본의 가전제품은 2인 이상 가구의 보급률이 95퍼센트를 넘는 제품이 많아 교체 수요 중심의 성숙 시장mature market이다. 또한 장기적으로 보면 저출산, 고령화로 인한 수요 감소가 예상되는 동시에 매년 수많은 신제품이 등장했다 사라지는 매우 치열한 경쟁 환경 속에 있다.

이런 가운데 전기 청소기 시장은 건실하게 판매 대수를 늘려 2009년 700만 대였던 판매 수가 2014년에는 960만 대를 기록했다. 한때 시장의 60-70퍼센트를 차지하던 캐니스터형(호스가 연결된 형태로 바닥에 끌고 다니는 형식)은 매년 판매 대수가 감소 중이다. 하지만 경량 스틱형 또는 자동차 안이나 키보드 먼저 청소에도 쓸 수 있는 콤팩트한 핸디형이 인기를 끌며 전체 성장을 이끌었다.

그중에서도 인상적인 기록을 세운 것이 이불 전용 청소기인 레이캅이다. 한국인 내과 의사 이성진이 집 먼지 알레르기에 주목해 개발한 제품이다. 일본에서는 2012년에 레이캅 재팬Raycop Japan을 설립해 본격적으로 판매를 시작했다. 2016년 말에는 누계 판매 대수가 450만 대를 넘는 수준까지 성장했다. 대기업과 신흥 기업에 이르기까지 국내외 여러 제조사가 이 회사가 개척한 새로운 시장에 뛰어들었지만, 레이캅 재팬은 부동의 1위 자리를 지켰다.

교체 수요 중심의 성숙 시장에서 그것도 수많은 일본 제조사가 치열한 경쟁을 펼치는 가운데에서 신흥 기업인 이 회사는 어떻게 시장기회를 잡게 되었을까?

이성진이 레이캅을 개발하게 된 계기는 소아과 아토피 환자를 돕겠다는 생각에 있었다. 알레르기의 원인 중 하나로 눈에 보이지 않는 집 먼지와 진드기가 있고, 이불은 번식의 장소가 되기 쉽다.

'편안하고 쾌적한 잠자리를 제공해 건강에 도움을 준다.'를 제품콘셉트로 잡고 일본 시장 진출 초기에는 '진드기 퇴치 전용 클리너'를 내세워 판매했다. 레이캅의 최대 특징은 'UV(자외선) 살균', '두드리기', '흡입' 등 3단계를 조합한 특허 기술인 '광 클린 메커니즘'이다. UV 램 프로 살균하면서 진동 패드로 이불을 두드려 진드기와 집 먼지를 흡입하는 방식이다.

기존에 일본에는 이불 전용 청소기라는 제품 분야가 없었다. 이불 청소에 청소기를 쓴다 해도 일반적인 캐니스터형에 이불용 노즐을 장착해 사용하는 수준이었다. 그래서 출시 초기에는 양판점에서도 잘 취급해 주지 않아 이 제품을 어떻게 사용하는지, 어떤 효과가 있는지를 소비자에게 알리는 데 애를 먹었다고 한다.

그러던 어느 날 이성진은 하네다(羽田) 공항에서 모노레일을 타고 이동하다가 창밖으로 아파트 단지 베란다에 이불이 널려 있는 광경을 보았다. 그리고 '일본에는 이불을 관리하는 문화가 있다'는 사실을 깨달았다. 게다가 앞으로는 건물의 고층화, 주민의 고령화로 인해 이불을 햇빛에 말리기 어려워질 가능성이 있었다. 꽃가루와 미세 먼지 때문에 이불을 옥외에서 말리기를 주저하는 사람도 많았다. 이런 점을 종합해 레이캅이 햇빛 건조를 대신하기에 최적이라는 확신을 얻었다.

따라서 소비자에게 던지는 메시지를 '이불이 깨끗하면 상상외로 상쾌하다.'로 잡고 쾌적한 수면을 위한 클리너라는 점을 강조했다. 이는 '가능한 한 이불을 말려서 깨끗하게 관리하고 싶지만, 바쁘고 체력적으로 힘이 들어서 햇빛에 말리거나 이불 먼지떨이로 턴 뒤 걷어 들이기가 쉽지 않다.'라고 느끼던 사람들의 니즈에 적중했다. 그리하여 진드기 전용 클리너가 아니라 이불 전용 청소기로 대중의 인식에 자리 잡게 되었다. 이렇게 레이캅은 가정용 청소기 시장에서 새로운 '세컨드 청소기' 수요를 창출해 시장 규모를 확대했다.

하지만 일본 시장에서는 완전히 새로운 카테고리의 제품인 탓에 마케팅 전략상 '브랜드 인지'와 '판매 개척'이 중요한 과제로 떠올랐다. 회사는 가전제품 판매점과 접촉해 조금씩 매장 내 공간을 확보했고, 내점객에게 직접 상품을 설명했다. 나아가 이성진은 TV 쇼핑 시장의 큰손인 자파넷 다카타Japanet Takata의 창업자 다카타 아키라(高田明)를 직접 만나 협상했다. 그리고 다카타는 직접 쇼핑 프로그램에 출연해 레이캅을 소개했다. 상품을 정확히 설명할 수 있어 누구나 쉽게 사용법을 확인할 수 있는 TV 쇼핑의 효과는 엄청났고, 그 결과 폭발적인 성공을 거뒀다.

이불 청소기라는 새로운 제품 카테고리를 창출한 레이캅 재팬은 그 후로도 끊임없이 제품군 확대에 힘을 쏟았다. 큰 성공 이후, 고객들은 '정말로 진드기를 줄일 수 있느냐?'는 의문을 제기했다. 진드기를 사멸하려면 섭씨 50도 이상의 상태를 30분 이상 유지해야 하기 때문이다. 이에 대해 회사는 약 70도의 열풍을 이불에 쏘여 내부 수분을 제거하는 드라이 에어 블로우 기능을 탑재한 레이캅 RP를 2015년에 출시했다. 레이캅 RP는 이불을 햇빛 건조한 후 느낄 수 있는 폭신폭신한 감각을 선호하는 일본 소비자의 니즈에 부응하는 제품이었다. 2017년에는 탈취 기능을 갖춘 무선 레이캅 RX와 최경량 기종인 레이캅 RN을 출시해 선도 기업의 지위를 탄탄하게 다졌다.

좋든 싫든 모든 개인, 기업, 기타 단체는 주위 환경으로부터 유형, 무형의 영향을 받으며 활동을 이어간다. 사회에는 다양한 환경 요인 이 존재하고 끊임없이 변화가 일어나고 있다. 그러한 환경 변화를 늘 민감하게 살피고 자신의 강점과 약점을 새로운 환경 안에서 재평가 할 수 있는 유연한 능력이 있어야 경쟁에 뒤처지지 않는다. 그래서 정 확한 환경 분석은 중요하다.

환경 분석을 할 때는 먼저 일어난 사실을 근거로 현재 상황을 정확 히 파악한다. 그리고 필요한 정보를 선택하고 그것을 깊은 통찰력으 로 해석한다. 이를 바탕으로 시장의 기회와 위협을 도출한 다음에는 자사의 기회와 마케팅 전략의 방향성을 명확히 한다(도표 2-1 참조).

도표 2-1 자사의 시장 기회 발견 프로세스

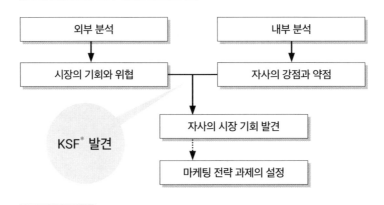

---

\* 　KSF: 핵심 성공 요인Key Success Factor

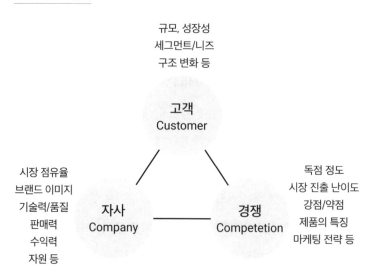

# 1. 환경 분석

환경 분석은 크게 외부 분석과 내부 분석으로 나뉜다. 그중 외부 환경에 대한 분석인 고객Customer 분석과 경쟁Competetion 분석, 내부 환경에 대한 분석인 자사Company 분석 등 세 가지를 3C 분석이라 한다(도표 2-2 참조).

## | 외부 분석

외부 분석은 기업의 통제권 밖에 있는 외부 환경을 분석하는 것으로 크게 ①거시 환경 분석, ②고객 분석, ③경쟁 분석으로 나뉜다. 일반적으로 환경은 거시 환경을 가리킨다. 마케팅의 관점에서는 거시 환경의 영향을 받는 소비자의 동향을 고객 시장 환경이라 본다. 그러한 환경 변화에 대응한 경쟁 기업의 동향도 외부 환경에 포함한다. 환경 분석이 쉽지 않은 것은 기업을 둘러싼 이 같은 다양한 환경 요인이 서로에게 영향을 주면서 시시각각 변화하기 때문이다.

### ① 거시 환경 분석

거시 환경이란 기업을 둘러싼 외부 환경으로서 기업이 통제할 수 없으나 기업 활동에 영향을 미치는 것을 말한다. 구체적으로는 **인구 동태**(연대, 성별, 세대 구성 등), **경제**(경제 성장률, 개인 소비, 산업 구조 등), **개별 업계 동향**(매출, 업계 구조, 원료 공급 상황 등), **생태학적 환경**(자연환경, 공해 등), **기술**(신기술 등), **정치·법률**(법률 개정, 규제, 세제, 외압 등), **문화**(라이프 스타일, 풍습 등), **사회 환경**(교통, 치안 등) 같은 요인이 있다.

예를 들어 보육 비즈니스에 진출하려는 기업이라면 최소 다음에 제시하는 거시 환경을 파악해 둘 필요가 있다.

인구 동태: 소아 인구, 출생률 동향, 세대 구성, 맞벌이 가구 수 등

경제: 여성 취업률, 가계 동향, 보육원 수 등

정치: 보육원 인허가, 고용 관련 법규, 중앙 정부나 지자체의 보조금 등

문화: 여성의 사회 진출 정도, 육아 휴직에 대한 인식, 미혼모를 용인하는 분위기 등

업계: 전국의 보육 서비스 실태(숫자, 수입과 지출, 지역적 차이 등), 업계가 안고 있는 문제 등


레이캅의 사례를 보면 거시 환경 중 라이프 스타일, 가정환경 같은 측면의 변화 그리고 미세 먼지의 영향으로 이불의 햇빛 건조에 대한 의식 변화 등이 새로운 시장 형성에 영향을 미쳤다. 또한 인구 동태의 관점에서는 고령화의 영향으로 이불을 말리는 행위 자체가 부담이라는 점도 수요 환기로 이어졌다.

그 외에 거시 환경 중에서도 기술 환경과 정치·법률 환경은 특히 기업 경영에 큰 영향을 줄 수 있다.

우선 기술 환경의 변화는 산업 구조의 인프라infrastructure(사회 기반 시설)를 바꾸고, 제품 개발에 자유도를 주며, 나아가 사람들의 생활 양식에까지 지대한 영향을 미친다. 기업 입장에서는 기술 동향을 예의주시해서 자발적으로 마케팅에 도입하도록 노력해야 한다.

예를 들어 오늘날 자동차에는 놀랄 만큼 많은 컴퓨터 제어 기술이 도입되고 있다. 엔진과 변속기, 브레이크는 말할 것도 없고 에어백, 에

어컨, 내비게이션, 충돌 제어와 자동 운전에 이르기까지 두드러진 진화를 이룬 것이다. 지금으로부터 이십 수 년 전에 이 정도로 자동차를 제어하려 했다면 롤스로이스를 훌쩍 뛰어넘는 고가로 가격이 뛰었을 것이고, 차체도 대형 트레일러처럼 컸을 것이다. 그런 자동차를 살 사람은 없다.

또한 휴대폰 단말기도 급격한 진화를 이루었다. '전화' 기능이 중심이었던 휴대폰에서 스마트폰으로 바뀌면서 이메일, 인터넷 단말기, 디지털카메라는 물론 TV, 게임기, 음악 플레이어, 전자 지갑 등의 기능까지 겸비하게 되었다. 거기다 놀랄 만큼 크기가 작다. 고객은 늘 인터넷에 접속해 있어 온라인과 오프라인을 오가며 각종 서비스와 물품의 구매 의사를 결정하는 등 구매 프로세스에도 극적인 변화가 나타나고 있다.

법률이나 행정 환경도 마케팅 전략에 영향을 미친다. 소규모 소매점을 보호하기 위해 만들어진 백화점 법*과 대규모 소매 점포 입지법**은 시대의 흐름 속에서 크게 완화되었다. 은행·증권·보험과 같은 금융 관련 업계도 시대에 맞는 법 제도 변경과 원스톱 서비스에 대한 니

---

* 1956년 제정. 대형 슈퍼마켓 체인이 없었던 당시에는 백화점이 소매 업계의 유일한 대기업이었기에 이들을 억제해 중소 상인을 보호하려 했다. 백화점 신·증축에 통산성의 허가가 필요하고 영업 시간 및 영업 일수 등을 규제하는 내용이었다. 훗날 대규모 소매 점포 입지법에 흡수되었다.

** 1974년 시행. 대형 점포와 중소 상점의 공생, 소비자 이익 보호를 위해 소매업의 근대화를 꾀하고 대형 소매점의 사업 활동을 조정하는 내용이다.

즈 증가 등의 영향으로 업계가 재편되고 새로운 사업의 형태가 창출되었다. 한때 각 업계를 보호·육성하기 위해 필요하다고 정부가 판단하고 제도화한 각종 규제는 자유 경쟁 속에서 서서히 완화되거나 철폐되었다.

이러한 규제 완화로 대표되는 법률 및 행정 환경의 변화가 기업 마케팅 전략에 대해 긍정적으로 작용할지 부정적으로 작용할지는 한마디로 단언할 수 없다. 예를 들어 국립 대학의 독립 행정 법인화 및 주식회사의 대학 사업 진출에 따라 브랜드 파워가 약한 중견 사립 대학은 경쟁 격화로 인해 경영 압박이 심해질 것이라는 지적이 있었다. 하지만 반대로 민간 기업의 경영 기법을 도입함으로써 기존의 업계 판도를 바꾸고 도약의 기회로 삼을 수도 있다. 바꿔 말하면 변화를 예측하고 대응을 게을리하지 않은 기업은 크든 작든 절호의 시장 기회를 얻을 수 있지만, 변화에 대비하지 않고 과거 방식에 안주하는 기업은 큰 시련을 겪게 되는 것이다.

> 보충: PEST 분석
>
> 대표적 거시 환경인 정치·법률 환경Political environment, 경제 환경Economic environment, 사회 환경Social environment, 기술 환경Technological environment에 관한 분석을 머리글자를 따서 PEST 분석이라고 부른다.

## ② 고객 분석

고객, 다시 말해 잠재적으로 구매 의사와 능력이 있는 사람들을 분석하는 일은 마케팅, 나아가 기업 활동의 출발점이다. 기업은 고객에 관한 다음과 같은 분석을 해야 한다.

구매 인구: 예상되는 잠재 고객이 얼마나 되는가? 고객의 지역 분포는?

고객 니즈: 고객은 무엇을 원한다고 생각하는가? 고객은 어디에 불만을 느끼는가?

구매 의사 결정 프로세스: 구매 시 중시하는 요소는? 정보는 어디서 모으는가? 구매까지 어느 정도의 기간이 걸리는가? 언제, 어디서 구매하는가? 어떻게 구매하는가? 대체품과 얼마나 비교하는가?

구매 의사 결정자: 구매 의사 결정자는 누구인가? 구매 시 누구의 의견을 듣는가?

구매 행동에 영향을 주는 요인: 가격, 보급도(많은 사람이 사면 자신도 구매), 브랜드

앞서 언급한 보육 비즈니스를 예로 들면 지갑을 쥔 구매 의사 결정자가 누구인가(엄마, 아빠, 조부모 등), 육아 정보는 어디서 입수하는가(조부모, 육아 서적, 병원, 세미나 외) 등을 모르면 마케팅 전략을 세울 수 없을 것이다.

사례로 든 레이캅은 '매일 이불을 청결히 관리하고 싶지만, 말리는 작업은 하기 싫다'는 고객의 불만을 제대로 짚었다. 향후 이러한 불만이 있는 고객의 수요가 일단락되면 교체 및 신규 고객의 니즈를 어떻게 파악할지가 과제로 떠오를 것이다. 근본 가치는 남기면서도 고객의 의견에 귀를 기울여 새로운 불만을 찾아내고, 개량품과 신제품을 투입할 필요가 있을 것으로 본다.

기업이 시장을 어떻게 파악하고 타깃 시장을 선정하는지는 다음 장에서 다루기로 한다.

### ③ 경쟁 분석

거시 환경과 고객 분석은 주로 시장의 수요라는 관점에서 외부 환경을 파악하기 위한 것이지만, 그 외에도 경쟁 타사로부터 어떻게 시장을 뺏을지(또는 지킬지)에 관한 관점이 필요하다. 따라서 경쟁 타사의 **전략**(차별화, 가격 등), **성과**(매출, 점유율, 이익, 고객 수 등), **경영 자원**(영업 담당자 수, 생산 능력 등) 등의 분석이 제삼의 외부 분석으로 중요하다.

이때 주의해야 할 점은 시장을 어떻게 파악하는지에 따라 분석 대상으로 삼는 경쟁 타사가 바뀐다는 점이다. 기린 맥주의 예를 들어 보자. 맥주 시장(발포주 포함)에서는 다른 대기업 3사, 수입 맥주 회사 및 지방 맥주 회사와 경쟁 중이다. 그리고 조금 더 크게 RTD ready to drink(뚜껑을 열어 그대로 마시는 음료) 및 RTS ready to serve(잔에 따르지 않고 바로 마실 수 있는 술) 시장에서는 추하이(증류주와 다른 음료를 섞은 저

알코올 음료)와 와인 제조사까지 경쟁에 합세하고 있다. 이처럼 경쟁상 과제를 생각한다면 의미 있는 경쟁 상대의 선별은 중요하다.

레이캅의 경우는 두말할 필요 없이 의식해야 할 최대 경쟁 상대 는 다른 전기 청소기 업체다. 해외 업체인 다이슨Dyson이나 도시바 Toshiba, 샤프Sharp 등이 이불 전용 청소기를 시장에 선보였다. 하지만 '이불을 통해 쾌적한 수면을 실현하는 제품'이라는 카테고리를 놓고 생각하면, 살균 스프레이나 이불 세탁이 가능한 세탁 건조기(또는 이 기능을 갖춘 코인 빨래방)까지도 경쟁 상대로 의식하면서 잠재 고객에게 자사 제품의 가치를 전달해야 한다.

또한 경쟁 분석을 할 때, 지금 당장은 시장에 진출해 있지 않아도 앞으로 진출할 가능성이 높은 잠재적 경쟁 상대(예: 외국계 자본), 또는 대체 기술(예: 공중파 방송을 대체할 인터넷 TV) 등도 주의 깊게 동향을 파악하는 것이 좋다.


## | 내부 분석

내부 분석이란 자사가 통제 가능한 경영 자원에 관해 분석하는 것 을 말한다. 구체적으로는 경영 전략, 기업 문화, 제품 특성, 시장 점유 율, 기존 마케팅 전략의 장·단점, 인적 자원, 경영자의 리더십, 자금력 등에 관해 분석해 자사의 강점과 약점을 명확히 해야 한다.

예를 들어 원래 필름 제조사였던 후지필름FUJIFILM은 2006년에 화장품 시장에 뛰어들었다. 주력 브랜드인 아스타리프트Astalift는 출시 4년 만에 매출 100억 엔을 돌파했고, 2014년에는 스킨케어 화장품 분야에서 업계 5위 안에 드는 상품으로 성장했다. 사진용 필름 시장이 급속히 축소되는 가운데 신규 사업 창출에 기업의 사활이 걸린 상황이었지만, 이러한 전환은 결코 운에 의존한 도박이 아니었다. 기존에 사진 필름 분야에서 키운 테크놀로지 등의 기술적 자산이 새 사업의 커다란 강점이 될 것이라는 분석에 따라 이루어진 것이었다.

자사의 약점을 보완하기 위해 아웃소싱outsourcing(기업 업무의 일부 프로세스를 경영 효과 및 효율의 극대화를 위한 방안으로 제3자에게 위탁해 처리하는 것)을 활용하는 기업도 늘고 있다. 이런 경우, 내부 분석 시에 아웃소싱 대상의 네트워크도 자사 경영 자원에 포함해서 생각하는 것이 기업의 실태를 더 정확하게 파악할 수 있다. 인터넷 판매 기업이라면 물류를 담당하는 파트너의 능력까지 포함해서 분석하는 것이 좋다는 뜻이다.

자사의 강점과 약점은 사실 파악하기가 무척 어렵다. 리서치 등을 활용해 경쟁 상대와 비교하거나 고객의 평가를 확인하면서 객관적으로 판단해야 한다.

## 보충: SWOT 분석

SWOT 분석(Strengths-Weaknesses-Opportunities-Treats Analysis)은 '외부/내부', '바람직한 경향/바람직하지 않은 경향'이라는 두 축으로 가로세로 좌표를 만들어 분석하는 경우가 많다. '내부이면서 바람직한 경향'이 '강점(S)', '내부이면서 바람직하지 않은 경향'이 '약점(W)', '외부이면서 바람직한 경향'이 '기회(O)', '외부이면서 바람직하지 않은 경향'이 '위협(T)'에 해당한다.

SWOT 분석을 할 때는 있는 그대로의 현 상황을 파악하는 것뿐 아니라 약점을 강점으로 바꾸거나 위협을 기회로 바꿀 수 있을지를 긍정적으로 따져서 자사의 시장 기회로 연결하는 자세가 바람직하다.

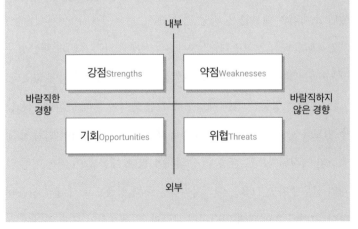

## | 환경 분석 시 유의점

환경의 변화를 파악할 때 유의해야 할 첫 번째는 표면적 상황에 머물지 말고 그 안에 숨은 변화의 본질을 꿰뚫어 봐야 한다는 것이다. 가령 거품 경제가 무너진 뒤, 가격 파괴 현상이 일어나 한동안은 저가품 또는 정가 제품이라도 할인하는 상품이 소비자의 지지를 받았다. 하지만 자산 가치가 하락한 일부 자산가와 달리 대부분의 소비자는 구매력이 큰 폭으로 떨어지지 않았다. 따라서 새로운 경제 환경에 익숙해짐에 따라 '싼 게 비지떡'인 제품을 선택하지 않고 '양질의 제품을 적당한 가격에' 사는 방향으로 변화했다. 이는 새로운 환경에 적응해 가는 과정에서 소비자가 시행착오를 거치며 학습을 반복하면서 제대로 된 제품을 찾는 방향으로 가치관을 바꾸었다는 뜻이다. 이 같은 변화의 본질을 제대로 꿰뚫어 보지 못한 채 저가라는 점만 전면에 내세웠던 소매업의 대부분은 과당 경쟁(같은 업종의 기업 사이에서 일반적인 자유 경쟁의 범위를 넘어 손해를 보면서까지 지나치게 하는 경쟁)과 채산성(수입과 지출이 맞아서 이익이 있는 성질) 악화로 인해 폐업할 수밖에 없었다.

두 번째는 성공을 거둔 때일수록 환경 분석을 통해 변화에 대응할 수 있도록 준비해야 한다는 것이다. 대기업일수록 조직이 변화에 대응하기 어려워지므로 한층 더 유의해야 한다. 예를 들어 일본 여행 업계의 선두주자인 JTB는 패키지여행을 주력 상품으로 내세워 성공해 왔다. 그러나 1990년대 인터넷의 보급과 전 세계적인 규제 완화의 흐름으로 JTB의 입장에서 커다란 환경 변화가 일어났다. 이 때문에 고객은 개별적으로 저가 항공권을 구매하고 숙박 시설을 예약하게 되었다. 또한 여행의 목적도 단순한 관광, 비즈니스를 넘어서 '국제회의 참석'이나 영업 성과에 주어지는 '포상 여행' 등으로 다양해졌다. 전국적으로 똑같은 세트 상품으로 규모를 키우고 비용 우위(경쟁 기업보다 더 낮은 생산 비용을 들여 동일한 혜택을 생산함으로써 경쟁 우위를 달성하는 일)를 구축하는 모델이 더는 통하지 않게 된 것이다. 그래서 JTB는 2006년에 15개 지역 회사로 기업을 분사해 지역 니즈에 맞추는 방향으로 사업 운영 방식을 전환했다. 게다가 이후 스마트폰을 비롯한 디지털 기술의 진척으로 인해 고객의 여행 선택 방식은 다시 크게 바뀌었다. JTB는 2018년 4월에 분사했던 15개의 여행 계열사를 통합하는 등 경영 개혁에 나서며 지속해서 환경 변화에 대응했다.

세 번째는 언뜻 보기에 위협으로 느껴지더라도 그것을 기회로 포착해 약점을 강점으로 탈바꿈시키는 다면적 사고를 하라는 것이다. 여기에 관해서는 다음 내용에서 설명한다.

## 2. 시장의 기회와 위협

### | 기회와 위협의 분석

시장의 기회와 위협은 통상 외부 분석을 통해 도출된다. 그런데 타사에 기회로 작용하는 외부 환경이 반드시 자사에도 기회가 되는 것은 아니다(도표 2-3 참조). 일반적인 시장 기회에 자사의 강점이 잘 합치될 때(또는 약점이라 여기던 요소를 강점으로 전환해 시장 기회와 직결될 수 있을 때) 자사에 크나큰 기회가 발생한다.

반대로 시장 전반의 위협이 자사에 기회가 될 때도 있다. 예를 들어 불황이라는 경제 환경도 모든 기업에 위협을 초래하는 것은 아니다. 불황이라는 환경 덕분에 다이소는 백 엔 숍이라는 사업을 크게 키울 수 있었다.

### | 기회와 위협의 양면성

시장 전반의 기회가 모든 기업에 동등하게 적용될 수는 없다고 했는데, 기회와 위협에는 양면성이 있다는 점도 잊어서는 안 된다. 다시 말해 같은 기업이라도 어떻게 받아들이는지에 따라 기회가 위협이 되기도 하고, 위협이 기회가 되기도 한다.

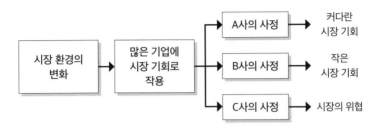

규제 완화는 위협이 기회가 되는 좋은 예다. 기존의 질서를 무너뜨리는 규제 완화는 업계 내 규범 덕에 우위를 차지해 온 대기업에는 통상 위협이 된다. 하지만 관점을 바꾸면 규제 완화를 통해 행동의 제약이 풀리고, 더욱더 자유롭게 움직일 수 있게 되므로 그 점에서는 다양한 기회가 숨어 있다고 볼 수 있다. 전자 담배 아이코스iQOS는 축소 추세를 보이는 담배 시장에서 급성장하며 전국 판매 개시 후 불과 1년 만에 시장 점유율 10퍼센트를 차지했다. 아이코스는 광고에 제약이 따르고 흡연 장소 제한마저 강화되는 '위협'이 많은 시장에서 '담배 연기로 남에게 피해를 주기는 싫지만, 흡연으로 기분 전환하기를 원하는' 고객의 니즈를 충족시킬 수 있으면 '기회'가 되리라 판단했다.

그런 의미에서 '기회'와 '위협'은 하나의 현상을 둘러싼 동전의 앞뒷면이라 할 수 있다. 기업은 어떤 현상을 발견했을 때 성급하게 그것을 '위협'으로 받아들이지 말고 '기회'로 바꿀 수 있을지를 생각해야 한다. 그러한 발상의 전환을 할 수 있는지는 평소에 환경의 변화를 파악하고 준비해 왔는지 여부에 달려 있다. 자사의 강점과 약점을 파악하고 환경 변화가 위협을 초래하기 전에 이를 감지해 사전에 리스크 회피 전략을 구축한 뒤, 경쟁사보다 일찍 이를 사업화하는 힘이야말로 기업의 성패를 가르는 것이다.

또한 기회와 위협을 찾아낼 때는 앞서 언급했다시피 반드시 환경의 변화를 본질까지 파고들어 분석해야 한다. 결혼식 산업의 매출이 제자리 상태라고 가정하자. 이를 단순하게 받아들여서 시장이 성숙하고 매력을 잃었다고 생각해서는 안 된다. 우선 그 원인이 결혼식을 올리는 커플 수의 감소인지, 아니면 평균 단가의 하락인지를 찾는다. 그리고 원인이 평균 단가의 저하라면 다음으로는 왜 그러한 현상이 일어나는지를 분석한다. 이처럼 파고들다 보면 특정 세그먼트의 잠재 니즈를 깊이 연구함으로써 고부가 가치, 고가의 결혼식 사업을 창출할 수 있다는 시사점을 도출할 수도 있다.


## | 자사의 약점을 강점으로 바꾸기

시장의 위협을 기회로 바꾸는 방법이 또 하나 있다. 관점을 바꾸어 '자사의 강점과 약점'을 새롭게 보는 것이다(도표 2-4 참조).

예를 들어 어떤 가전제품 시장이 성장할 것 같은데, 자사에는 유통 채널이 없다고 가정해 보자. 유통 채널이 없다는 것은 커다란 약점 같지만, 과연 그럴까? 실제로는 통신 판매 등 새로운 사업 형태의 채널이 있을지도 모른다. 게다가 경쟁 상대는 기존의 유통 채널을 보유하고 있기에 바로 그 점이 제약으로 작용해 새로운 사업 형태를 활용할수 없을 가능성도 있다. 레이캅이 그 전형적인 예다. 기존의 유통 채널이 있다 해도 지금까지 존재하지 않았던 상품이기 때문에 쉽게 좋은 평가를 받기 어렵다는 것이 약점이었다. 하지만 극복하기 위해 TV 쇼핑이라는 새로운 채널을 이용하였고 막대한 효과를 발생시켰다. 이새로운 채널을 통해 회사는 상품을 정확하게 설명할 수 있었고, 고객은 누구나 사용법을 쉽게 확인할 수 있었다.

도표 2-4 관점을 바꿈으로써 약점을 강점으로 탈바꿈시키기

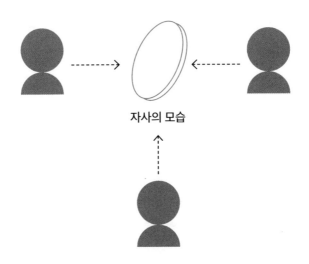

**자사의 모습**

## | 시장 기회 창출하기

자사의 시장 기회는 발견한 사실 속에 '있기도' 하지만, 그 사실을 기업이 적절히 파악함으로써 '만들어 낼 수도' 있다. 특히 기업의 강점을 살리는 잠재 니즈를 발굴할 수 있다면 시장 기회의 창출로 연결하기 쉽다.

이를테면 2008년 서브프라임subprime(우대 금리보다 좋지 않은 조건의 비우량 금리) 문제로 시작된 세계적 불황 속에서 실적을 늘린 기업의 예로 유니클로Uniqlo 등의 의류 사업을 펼치는 패스트 리테일링Fast Retailing을 들 수 있다. 주력 사업인 유니클로의 실적이 늘어난 요인은 고객이 지갑을 열지 않는 상황 속에서 가성비가 높은 상품을 제공한 것이었다. 이를 상징적으로 보여 주는 것이 보온 소재를 사용한 속옷인 히트텍의 대성공이다. 과거 여성은 아줌마 내복, 남성은 쫄쫄이 바지라는 부정적인 인상이 강했던 방한용 속옷보다 패션 감각이 돋보이는 상품으로서 히트텍을 시장에 내놓아 새로운 수요 창출에 성공한 것이다.

패스트 리테일링은 2009년 초에 불황을 한층 더 잘 활용해 새로운 브랜드 GU에서 990엔 청바지를 판매했고, 세상을 깜짝 놀라게 했다. 심각해지는 불황 속에서 이처럼 저렴한 가격은 젊은이들의 압도적인 지지를 이끌어 냈고 그 즉시 판매 수는 배로 뛰었다.

GU는 2006년에 전략적 부문으로 만들어진 브랜드다. 유니클로보다 더 저렴한 가격대의 제품을 판매했는데(유니클로에서 3,990엔에 판매되는 청바지가 1,990엔이다), 상품 구색 등에 개성이 적었고, 유니클로와는 다른 생산 체제를 가동했기에 품질도 유니클로에 못 미쳤다. 따라서 '유니클로의 싼 게 비지떡 버전'이라는 시각이 많았다.

이후 품질 문제는 사내 체제의 재구축을 통해 어느 정도 해결했지만, 기폭제가 될 만한 신상품을 내놓지 못하고 있었다. 그때 등장한 것이 990엔 청바지였다. 원래는 1,490엔에 판매할 예정이었지만, '그 가격으로는 새로운 가치를 창출할 수 없다. 990엔으로 가야 한다. 990엔에 팔아도 돈을 벌 수 있는 시스템을 구축해야 한다.'라는 결단을 내렸다.

고객이 놀랄 만한 가격대에 상품을 선보인 뒤 완판하는 것은 유니클로에서 키운 패스트 리테일링의 기술이었다. 그러한 강점을 최대한 살리면서 인력이 적게 드는 점포 레이아웃 및 오퍼레이션을 도입했다. 당시의 GU는 단계적이기는 했지만, 기존의 '약점'을 없애고 환경이 변하자마자 새로운 고객 니즈를 창출한 좋은 사례이다.

## 3. 마케팅 과제 특정

    일반적인 시장 기회와 위협에 자사의 강점과 약점을 겹쳐놓을 때 자사의 시장 기회를 창출할 수 있다. 그 기회를 잘 활용하려면 마케팅 활동을 통해 무엇을 실현하고 싶은지(마케팅 목표)를 명확히 해야 한다. 또한 그러려면 어떤 과제가 있는지 찾아낸 다음 각각의 중요성을 고려하여 우선순위를 정해야 한다. 이러한 단계를 밟아야 과제를 극복하기 위한 시책(4P)을 짜내기 쉽고 그 유효성도 높아진다.

    가령 인터넷에서 문구 등을 판매하는 아스쿨ASKUL은 중소기업 고객에 초점을 맞추어 '내일(아스) 온다(쿠루). 즉 주문한 다음 날 배송된다.'라는 콘셉트를 내세웠다. 중소기업 고객의 소량 주문에 대해 다음 날 반드시 배송하겠다는 목표를 내건 것이다.

    그런데 모회사인 문구 제조사 플러스는 기존에 직판 경험이 없었다. '상품 구색이 부족하다.', '배송 시스템을 보유하고 있지 않다.', '오퍼레이션 시스템의 속도감이 떨어진다.' 등 다양한 문제가 있었다. 회사는 이러한 문제들을 마케팅 과제로 인식했다.

    모든 것이 완벽한 상태에서 출발할 수는 없다고 생각한 아스쿨은 우선 '속도'를 중요하게 여기고 과제 해결에 힘쓰기로 했다. 상품 개수를 500개로 줄이고 배송 지역도 한정했다. 그런 다음 수주에서 납품에 이르는 효율적인 오퍼레이션 체제를 구축했고, 다음날에는 확실히 고객이 상품을 받을 수 있게 만들었다. 그리고 이 시스템을 정비한

후에 PB 상품을 개발해 상품 라인업을 늘렸고, 물류 센터를 갖추어 배송 가능 지역을 확대하는 등 서서히 서비스를 진화시켰다.

중요 과제를 특정하는 것 외에 제약 조건에도 주의를 기울일 필요가 있다. 예를 들어 모회사의 방침, 경영 자원 부족, 관계자와의 과거 역사 등 사내 요인은 물론이고 그밖에 생각지도 못한 규제의 존재를 뒤늦게 알았다, 기술적·물리적으로 어렵다는 사실을 알았다, 사업 특성에 기인하는 문제가 가장 큰 장벽이다.... 등 온갖 장애물을 만날 가능성이 있다. 막상 실행하려는 단계에서 처음부터 기세가 꺾일 수도 있으니 이러한 제약 조건을 미리 파악하고, 고려해서 마케팅 전략을 짜야 한다.

# 제3장 · 세그먼테이션과 타기팅

POINT ////

마케팅 전략 책정에 필요한 환경 분석을 했으면 그다음은 시장에 효과적으로 접근하기 위해 세그먼테이션과 타기팅을 한다. 세그먼테이션은 공통된 니즈에 주목하면서 시장을 의미 있는 집단으로 나누는 것이다. 어떤 변수를 사용하여 세그먼트를 추출할지가 관건이다. 타기팅은 그 중 타깃으로 삼을 세그먼트를 선택하는 일이다. 특정 세그먼트로 압축하는 일은 그 후 마케팅 시책의 전개와 매출, 수익성 등에 커다란 영향을 준다. 따라서 자사와 경쟁사, 시장 환경을 모두 고려해 전략적으로 의사 결정에 임해야 한다.

CASE ////

일본의 오토캠핑 애호가의 수는 1990년대 초 2천만 명으로 절정기를 이루었다. 그러나 90년대 후반부터 줄곧 감소해 2008년에는 705만 명까지 떨어졌다. 그 후 조금 회복세를 보여 2016년에는 830만 명에 이르렀다. 이렇게 축소 추세를 보이는 시장에서 1993년에 25억 엔이었던 매출을 2016년에 90억 엔 이상으로 끌어올린 곳이 니가타현(新

潟県) 산조시(三条市)에 본사를 둔 아웃도어 용품 제조판매사인 스노
우피크Snow Peak다.

사장인 야마이 도루(山井太)는 1986년에 부친이 경영하는 아웃도
어 레저용품 제조사인 야마코에 입사한 당시부터 '오토캠핑' 영역에
주력했다. 과거 캠핑족은 대부분 철로 주변 토지 개발의 일환으로 조
성된 캠핑장에 철도를 이용해 방문했다. 그러나 1960년대 고도 경제
성장 시대에 자동차가 보급되면서부터는 자신의 승용차를 이용해 캠
핑장을 찾는 인구가 서서히 늘었다. 70년대에 들어서는 자동차를 타
고 캠핑장 안까지 들어와 차 옆에 텐트를 치고 캠핑을 즐기는 오토캠
핑이 보급되었다. 그러다 80년대 후반 SUV(스포츠형 다목적 차량)의 인
기에 힘입어 아웃도어 레저를 즐기는 인구가 늘자 야마이는 '아웃도어
=등산'을 떠올리던 업계의 고정관념을 깨고 오토캠핑 수요를 단숨에
개척했다. 그리고 1996년에 사장으로 취임함과 동시에 회사명을 스노
우피크로 변경했다.

야마이는 매년 30~60일을 캠핑에 투자할 정도로 아웃도어를 사
랑하며 직원들도 하나같이 열광적인 아웃도어 애호가들이다. 회사의
경영 이념 중에도 '우리는 우리 자신이 사용자라는 생각으로 서로가
감동할 수 있는 상품 및 서비스를 제공한다.'라는 문장을 보면, 자신
들이 정말 원하는 제품을 개발한다는 점을 알 수 있다. 날카로운 사용
자의 시선으로 개발한 스노우피크의 제품은 타사와의 철저한 차별화
로 탄탄한 팬층을 확보하고 있다.

예를 들어 아웃도어용 텐트 중 비교적 잘 팔리는 제품을 꼽자면, 전에는 9,800엔짜리와 만 9,800엔짜리 두 종류가 전부였다. 그리고 저렴한 제품은 '텐트'처럼 생기기는 했지만, 비가 오면 바로 물이 새고 바람이 불면 쓰러지기 일쑤였다. 만 9,800엔짜리 제품도 크게 다르지 않았다. 야마이는 '더 튼튼한 텐트와 캠핑용품을 만들겠다.'라는 강력한 의지로 품질 향상에 집중해 최고의 텐트를 만들었다. 그 결과 16만 8,000엔이라는, 기존 텐트의 열 배 가까운 가격을 책정했지만, 고품질 텐트를 원하던 소비자의 뜨거운 호응을 얻어 첫해에 약 100세트를 팔며 하이앤드 캠핑용품 시장을 창출했다.

스노우피크 제품에 열광하는 사용자들은 스노우피커라 불린다. 연간 30만 엔 이상 구매하는 로열 스노우피커는 2016년 6월 당시 만 3,000명에 달했다. 모든 사용자에게는 포인트 카드를 발행한다. 전체 포인트 카드 회원 중에서 로열 스노우피커가 차지하는 비율은 7퍼센트에 불과하지만, 매출로 따지면 전체의 1/4이나 된다. 누계 구매 금액이 100만 엔에 이르는 블랙카드 소지자는 도시에 거주하는 고소득자가 많다. 핵심 고객들은 기업 경영자나 관리직이 많고, 나이는 3, 40대가 중심이며, 2~3세 정도의 자녀와 가족 단위로 캠핑을 즐긴다. 자녀가 캠핑을 즐기는 모습을 보며 '내 아이의 활기찬 얼굴'에서 기쁨을 느끼는 것이다.

스노우피크는 새로운 고객 군을 개척했을 뿐 아니라 제품을 통해 캠핑의 스타일까지 바꿨다. 가령 텐트는 설치에 드는 시간을 단축했고, 접었을 때의 부피를 줄여 자동차 트렁크에 들어가는 크기로 설계했다. 반면에 텐트 내부를 넓게 제작함으로써 잠만 자는 것이 아니라 생활 및 주방 공간으로도 쓸 수 있는 공간을 창출했다. 이처럼 고품질 추구에만 그치지 않고 철저하게 사용자의 눈높이에서 접근함으로써 새로운 캠핑 스타일을 제안하고 고객 경험의 가치를 높이려 했다.

열성 팬을 끌어들일 수 있었던 또 하나의 요인은 스노우피크 웨이 Snow Peak Way라는 캠핑 이벤트를 개최했다는 점이다. 스노우피크 웨이는 직원들이 고객과 함께 캠핑을 즐기는 이벤트로서 스노우피크 제품의 매력을 전함과 동시에 고객에게서 제품에 관한 솔직한 의견을 듣는 장이다. 그 외에도 일상에서 고객과의 소통을 강화할 방법으로 스노우피크 클럽이라는 SNS를 이용해 고객의 목소리에 귀를 기울여 대화를 나눈다.

이러한 고객 응대 자세를 통해 알 수 있듯이 야마이는 "이 회사의 진짜 오너는 고객입니다."라고 말할 정도로 자사 브랜드에 커뮤니티의 가치를 부여하고 있다. 커뮤니티에 대한 의식이 높아진 계기는 첫 스노우피크 웨이에서 얻은 고객의 피드백이었다. 참가자 대부분이 '스노우피크 제품의 품질은 좋지만, 가격이 비싸다.', '매장의 상품 구색이 다양하지 않다.' 등의 의견을 냈다. 그래서 2000년에 대규모 유통 개혁을 단행하여 도매상을 통하지 않고 소매점과 직접 거래하는 방식으로 돌아섰다. 또한 2003년에는 직영점을 내기 시작했고, 매장에 스노우피크의 직원을 상주시켜 대면 접객을 보완했다. 그 결과, 고객에

게 '의견을 내면 스노우피크는 진지하게 들어 준다.'라는 생각이 들게
했고 '세상에서 가장 고객 친화적인 회사'라는 이미지를 만들었다.

2015년 스노우피크는 '어반 아웃도어(도시 한가운데에서 자연을 즐기
는 한층 가벼운 아웃도어)'를 표방한 신규 사업을 성장 전략의 하나로 내
세웠다. 그리고 어반 아웃도어의 사업 영역을 확대하기 위한 중간 단
계로 의류 제품 개발에도 주력했다. '아웃도어와 도심 어디서든 입을
수 있는, 스노우피크만의 의류 카테고리'가 테마다. 스노우피크는 업
계 밖 기업과의 파트너십에도 힘을 쏟아 고객층을 확대하며 순조롭게
사업을 성장시키고 있다.


**이론** ////

기업을 경영할 때 가장 기본적인 의사 결정 사항은 어떤 고객에게
어떤 제품을 제공하느냐 하는 점이다. 세그먼트를 선택한다는 것은
특정 고객과 기타 스테이크 홀더stakeholder(이해관계가 있는 개인이나 그
룹) 또는 특정 기술 분야와 관련을 맺는다는 뜻이다. 그리고 동시에 경
쟁 상대를 선택한다는 의미이기도 하다.

세그먼트의 선택은 크게 세그먼테이션과 타기팅이라는 두 가지 과
정으로 이루어진다. 각각에 관해 상세하게 살펴보자.

# 1. 세그먼테이션

## | 시장과 세그먼트

먼저 '시장'과 '세그먼트'의 차이를 짚어 두자(도표 3-1 참조). '시장'
이란 니즈와 원츠(1장 참조)가 있는 사람들의 집합 전체를 말한다. 사
람의 니즈는 겉으로 드러나지 않는 경우도 있어서 도입기 제품은 물
론이고 성숙화한 제품도 생각지 못한 잠재 시장이 숨어 있을 가능성
이 있다. 또한 같은 제품이라도 그 시장이 필연적으로 정해지는 것은
아니다. 예를 들어 고급 햄의 경우, 그 제품을 '식품'으로 볼지 '선물용
상품'으로 볼지에 따라 잠재적 시장 규모에 커다란 차이가 생긴다.

세그먼트란 그 시장 안에서 공통의 니즈를 가지고 있으며 제품을
인식하는 방법, 가치관, 사용 방법, 구매 행동 등이 비슷한 소비자 집
단이다. 예를 들면 승용차 시장 안에서도 고급 차 제조사인 메르세데
스 벤츠Mercedes-Benz, BMWBavarian Motor Works가 노리는 세그먼트와
경차 제조사인 스즈키SUZUKI MOTOR, 다이하츠Daihatsu Motor가 노리
는 세그먼트는 각각에 속한 소비자 특성과 니즈가 명확히 다르다.

## | 세그먼테이션의 의의

모든 소비자에게 맞는 제품을 만인에게 파는 것이 기업에 효율적이라고 생각할 수 있지만, 실제로는 반드시 그렇지도 않다. 사람의 니즈는 다양해서 모두에게 잘 맞는 제품을 만들려면 제품 콘셉트가 모호해지거나 가격이 비현실적으로 오를 수 있기 때문이다.

각자의 니즈에 맞춘 제품을 제공하는 것은 오트 쿠튀르haute-couture* 같은 특수한 비즈니스 외에는 경제적으로 맞지 않다. 남이 가지고 있으니 나도 있으면 좋겠다는 소비자의 바람에도 부응할 수 없다. 또한 경영 자원(예산, 인원 등)의 제약이라는 문제도 있다. 아무리 좋은 제품이라도 시장 전체를 상대로 하다가는 경영 자원이 금세 고갈되고 만다.

그래서 나온 것이 세그먼테이션을 이용한 타깃 마케팅이라는 개념이다. 불특정 다수의 소비자를 마케팅 전략상 동질의 소집단으로 나눈(세그먼테이션) 다음 일정 마케팅 활동에 똑같이 반응하는 특정 세그먼트를 노려(타기팅), 마케팅 자원을 집중적으로 투자하는 것이다.

---

\* 　매년 파리에서 열리는 고급 여성복 패션쇼를 말한다. 대량 생산되는 기성복의 상대적 개념으로 디자인과 사이즈가 고객 개인에게 특정되는 특징이 있다.

도표 3-1 시장과 세그먼트

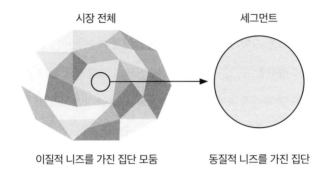

| 시장 전체 | 세그먼트 |
|---|---|
| 이질적 니즈를 가진 집단 모둠 | 동질적 니즈를 가진 집단 |

## | 세그먼테이션 변수

세그먼테이션을 할 때는 보통 소비자의 속성 및 가치관, 구매 행동, 사용 패턴 등에 관한 리서치를 실시한 뒤(10장 참조), 다양한 분석 기법을 사용해 몇 가지 공통 항목으로 그룹을 나누고 각 그룹의 성질과 특징을 밝혀야 한다.

그럼 어떻게 그룹을 나누면 의미 있는 세그먼테이션이라 할 수 있을까? 사실 세그먼트를 나눌 때는 세그먼테이션 변수의 설정이 가장 어렵고 중요하다. 이는 마케팅 담당자의 수완이 드러나는 부분이기도 하다. 일반적으로는 니즈와 구매 행동 등을 토대로 시행착오를 반복하면서 다양한 변수 중 최적의 변수를 발견한다.

마케팅 실무에서는 흔히 다음의 변수들을 조합해 사용한다(도표

한 권으로 끝내는 마케팅

3-2 참조). 몇몇 변수를 동시에 또는 단계적으로 사용할 수도 있다.

### ① 지리적 변수

지리적 변수로는 기후, 도시화의 진전도, 정부 규제, 문화, 소비자의 행동 범위 등이 있다. 예를 들어 온난한 장소와 한랭지, 대도시와 지방은 생활 방식이나 제품 사용법 등이 서로 다르다. 한랭지에 필수적인 방한용 의류가 온난한 장소에서는 불필요할 수 있다. 전철 등 교통이 발달한 도시는 그러한 교통 수단이 없는 지방과는 자동차 사용 상황이 다를 것이다.

전 세계를 상대로 비즈니스를 전개할 때는 특히 지리적 변수에 주의해야 한다. 의약품 등은 국가별로 개별 안전 기준이나 수출입 규제가 있으므로 지역에 따라 마케팅 믹스를 바꿀 필요가 있다.

### ② 인구 동태 변수(데모그래픽 변수)

인구 동태 변수는 특히 소비재 마케팅에서 중시된다. 구체적인 변수로는 연령, 성별, 가족 구성, 직업, 소득 수준, 교육 수준을 이용하는 경우가 많다. 또한 지리적 변수와 밀접하게 연관된 인종이나 종교 등의 변수도 이에 해당한다. 업계에 따라서는 질병이나 체격 등이 유효한 변수가 되기도 한다.

이 변수를 이용해 세그먼테이션하면 시장 규모 및 그 동향을 비교적 파악하기 쉽고, 나중에 설명할 심리적 변수나 행동 변수보다 분류가 명확하다는 장점이 있다.

단, 인구 동태 변수만으로 나누면 좋은 결과를 얻을 수 없다. 가령 젊은 남성을 위한 스포츠 시계를 판매했는데, 실제 사용자에 같은 연령대의 여성도 다수 포함되어 있음이 드러나 나중에 여성도 쓰기 좋은 유니섹스 사이즈로 통일해 다시 출시한 예가 있다. 최근에는 개인의 라이프 스타일과 가치관이 다양해지면서 인구 동태 변수만으로는 같은 니즈를 가진 그룹을 추출할 수 없는 경우가 많아진 것이다.

또한 같은 인구 동태에 속한 집단이라 하더라도 시계열(어떤 관측치 또는 통계량의 변화를 시간의 움직임에 따라서 포착하고 계열화한 통계 계열)로 봤을 때 종종 그 소비 행동이 크게 다른 탓에 마케팅 믹스를 변경할 수밖에 없는 경우도 많다. 예를 들어 같은 연령대라도 스마트폰을 비롯한 디지털 기기가 보급된 뒤에 태어난 사람들과 그 이전 사람들의 소비 행동에 차이가 나타난다.

| 변수 | 세그먼테이션의 예 | 해당하는 제품 예 |
|---|---|---|
| **지리적 변수**<br>지방<br><br>기후<br>인구 밀도 | 간토, 간사이 등<br><br>온난 한랭, 계절 등<br>도시, 교외, 지방 등 | 컵라면(같은 상품명이라도 수프 맛 등을 바꿈)<br>꽃가루 알레르기 대책 상품<br>도시 중심으로 전개: 스타벅스 커피 |
| **인구 동태 변수**<br>연령<br><br>성별<br>가족 구성<br>소득<br><br>직업 | 소년, 청년층, 중년, 고령자 등<br><br>남, 여<br>기혼, 미혼 등<br>연봉 천만 엔 이상,<br>3백만 엔 이하 등<br>학생 / 회사원 / 자유업 등 | 10대(특히 여고생) 취향: 시세이도 의 '시브리즈'<br>여성용: 그린 스무디<br>1인 가구를 위한 이사용 가방<br>고급 차: 메르세데스 벤츠의 '벤츠'<br><br>개인 사업주용 회계 소프트웨어: 'freee' |
| **심리적 변수**<br>라이프 스타일<br>개성 | 환경·건강지향형, 도회형 등<br>새것 선호, 보수적 등 | 전기 자동차: 닛산의 '리프'<br>잡지: '모노매거진' 등 |
| **행동 변수**<br>얻으려는 이익<br><br>사용률 | 경제성, 기능성, 명망 등<br><br>헤비 유저heavy user(구매빈 도가 높은 사람), 논 유저non user 등 | 고급 손목시계:<br>롤렉스, 프랭크뮬러 등<br>화장품 샘플 세트 |

### ③ 심리적 변수(사이코그래픽 변수)

소비자는 라이프 스타일(화려한 생활을 좋아하는 등), 소속 집단에 대한 태도(권위주의적 등), 계층(상류 계층 등) 또는 개성(개방적 등) 등의 변수에 따라 서로 다른 집단으로 분류된다. 이것이 심리적 변수이다. 예를 들어 같은 고급 차라도 국산 차를 선택하는지 외제 차를 선택하는지는 인구 동태적인 차이라기보다 오히려 라이프 스타일에 근거를 둔 심리적 차이일 것이다. 개인이나 단체의 주장이나 의견을 적은 오피니언opinion 잡지나 신문 등은 소속 집단에 대한 태도 및 계층과 같은 심리적 변수가 커다란 요인으로 영향을 미친다. 또한 금융 상품을 선택할 때 주식에 투자하는지, 예·저금을 중시하는지는 '리스크와 리턴에 대한 개인의 성향 차이'에 기인한다고 생각할 수 있다. 최근에는 심리적 변수를 활용해 더욱더 세밀한 니즈를 찾아낸 다음 마케팅 믹스에 반영하려는 소비재 제조사가 늘고 있다.

### ④ 행동 변수

행동 변수란 제품에 대한 구매자의 지식·태도 등으로 소비자를 분류하는 것이다. 과거 구매 상황(구매 경험의 여부 등), 사용 빈도(헤비 유저 등), 얻으려는 이익(명성, 가성비 등), 구매 패턴(구매 의사 결정자 등)과 같은 변수가 이에 해당한다. IT와 전자 상거래의 발달에 따라 고객의 구매 이력 등을 정확하게 파악할 수 있게 되면서 심리적 변수와 행동 변수의 활용도 늘고 있다.

법인 고객을 대상으로 한 비즈니스에서는 행동 변수 중에서도 특히 구매 패턴이 중시되는 경우가 많다. 예를 들어 대기업이나 관청은 구매에 앞서 지난 경험과 형식적인 절차를 중시하는 경향이 강하지만, 벤처 기업은 형식에 크게 구애받지 않고 새로운 물건을 써 보려는 경우가 많다. 고액 제품이라도 현장에 구매 권한을 주는 기업이 있는가 하면, 저렴한 제품이라도 본사 구매부를 통해야 하는 기업도 있다. 각 고객의 구매 패턴을 고려해 타깃과 마케팅 믹스를 바꾸어야 한다.

이쯤에서 3장에서 살펴봤던 스노우피크의 사례를 활용해 보자. 세그먼테이션 변수를 활용해 이 기업의 대표적인 고객 이미지를 분석해 보는 것이다.

우선 지리적 변수는, 소득 수준이 높은 사람이 많이 모이는 도시가 중심이다. 도시의 사람들은 자동차를 이용하여 캠핑을 떠나므로 고객의 행동 범위가 넓어 캠핑장에 가까운 지역으로 한정할 필요가 없다.

다음으로 인구 동태 변수를 보면, 연령은 3, 40대가 중심이고, 자녀의 나이 2~3세부터 가족 단위의 캠핑을 즐기기 시작하는 예가 많다. 의사 결정자는 아버지가 많고, 가족 전원이 레저를 중시하는 가치관이 핵심이 될 것이다.

심리적 변수로 가치관에 주목하면 자녀가 캠핑을 즐기는 모습을 보고 '내 아이의 활기찬 모습'을 기뻐하며 가족으로서의 일체감을 느끼려 한다. 그후 자녀가 성장하고 나면 부부끼리 캠핑을 하러 가거나 같은 제품 사용자들과 모임을 만들어 다니기도 한다. 또한 장기적으로 보아 다양한 형태로 캠핑을 즐길 거라면 다소 비싼 금액을 지불하더라도 상관없다고 생각한다.

또한 그들의 구매 행동에 주목하면 직접 정보를 수집하기보다는 가족 모임이나 SNS 등을 통해 신뢰할 수 있는 제삼자의 의견을 참고하다가 마지막에는 매장에서 전문 지식이 있는 점원의 도움을 받아 구매 판단을 내린다.

이처럼 고객 프로파일을 명확히 해 두면 그들의 니즈에 맞는 제품이 무엇인지, 어떤 마케팅 시책을 펼쳐야 할지에 관한 다음 검토 단계가 쉬워진다.

단, 세그먼테이션이 반드시 최대한의 변수를 활용해 세분화해야하는 것은 아니다. 예를 들어 연봉이 일정 금액 이상인 독신 여성이 수도권 아파트를 대출받아 구매했고, 애완동물을 키우며, 요가를 좋아한다고 가정하자. 이렇게 조건을 세분화할수록 당연히 대상자의 수는 줄어든다. 이렇게 되면 충분한 매출이나 이익을 확보할 수 있는 규모를 얻지 못하거나, 그 고객에게 접근하기 위한 적절한 수단이 없을 수 있다. 또한 고객의 반응을 판정·분석할 수 없는 등의 문제가 발생해 마케팅 접근법이 불가능해진다.

## 2. 타기팅

세그먼테이션에 의해 각 집단의 차이를 파악했으면 이제 자사가 노리는 대상층을 정하는 타기팅 단계로 넘어간다. 그리하여 한정된 자사 경영 자원을 유효하게 활용하고 경쟁 우위를 점할 수 있는 가치를 제공해야 한다. 그러기 위해서는 '어떤 접근으로 시장을 공략할지'와 '자사 입장에서 가장 매력적인 세그먼트는 어디인지'를 분명히 밝혀야 한다.

### | 시장 공략법

특정 세그먼트로 압축하기 전에 어떤 접근으로 시장을 공략할지 방침을 정해야 한다. 시장 공략법은 크게 세 가지로 나눌 수 있다(도표 3-3 참조).

#### ① 비차별적 마케팅
하나의 제품과 하나의 마케팅 믹스를 이용해 시장 전체 또는 최대 세그먼트를 타깃으로 삼는 마케팅 기법이다. 시장 구성자가 많든 적든 일상적으로 사용하거나 관심을 가지는 제품일 때 자주 이용된다.
이 기법은 비용(생산 비용, 마케팅 비용 등)을 억제할 수 있다는 점에서 우수하지만, 경쟁사와의 가격 경쟁을 초래하기 쉽다. 최대 세그먼트의 평균화된 니즈밖에 채울 수 없어 시장 기회를 놓칠 때도 많다. 이에 대한 성찰에서 차별적 마케팅과 집중적 마케팅이 발달했다.

### ② 차별적 마케팅

복수의 세그먼트에 각기 다른 제품, 마케팅 믹스를 준비하는 이른바 풀 라인업Full Line-up 전략이다. 도요타TOYOTA 자동차가 전형적인 사례다. 도요타는 모든 운전자의 기호와 니즈에 맞게끔 사이즈와 타입, 가격이 다른 다양한 차종을 갖추고 각각에 대응할 채널과 판매 방법을 준비했다.

이 기법의 장점은 세밀하게 세그먼트별로 제품을 제공함으로써 전체 매출을 최대화할 수 있다는 것이다. 하지만 비용은 높아진다. 이론상, 기업은 비용 증가분이 매출 증가분과 비슷해지는 시점까지 대상 세그먼트를 넓힘으로써 이익을 최대화할 수 있지만, 그 판단이 쉽지는 않다.

### ③ 집중적 마케팅

특정 세그먼트에 특화해서 그쪽에 모든 경영 자원을 집중하여 독자적 지위를 구축하는 전략이다. 규모 확대는 쉽지 않으나, 집중을 통해 그 세그먼트에 대한 지식이 쌓이고 전문성이 높아진다. 이 기법은 기업 체력이 작고 차별화 전략을 쓰기 어려울 때 자주 이용된다.

예를 들어 오키나와현(沖縄県)을 주 무대로 현내 시장 점유율 1위를 장악하고 있는 오리온 맥주나 특정 지역만을 노리는 슈퍼마켓 체인, 부동산 서비스 등이 이에 해당한다.

도표 3-3 타기팅 접근법

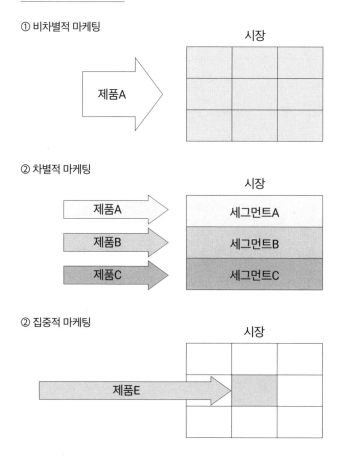

① 비차별적 마케팅

② 차별적 마케팅

② 집중적 마케팅

출처: P. 코틀러(Philip Kotler), G. 암스트롱(Gary Armstrong), 온조 나오토(恩蔵直人) 《코틀러, 암스트롱, 온조의 마케팅 원리》. 마루젠(丸善) 출판. 2014년을 토대로 글로비스 작성.

## | 타깃 선정의 조건

기본적인 접근법을 정한 뒤에는 자사에 가장 매력적인 세그먼트를 구체적으로 선택한다. 이때는 다음의 6R에 유의하면서 자사 경영 자원 및 환경 요인 등의 제약 조건을 고려해 종합적인 판단을 내려야 한다(도표 3-4 참조).

### ① 6R

#### 효과적인 시장 규모Realistic Scale

당연한 얘기지만, 시장 규모는 큰 게 좋다. 적어도 그 사업이 성립할 최소한의 규모를 확보할 수 있는 세그먼트여야 한다.

#### 성장성Rate of Growth

일반적으로 시장의 생성 및 초기 단계에 매출이나 시장 점유율의 성장 기회가 크다. 하지만 당장 규모가 작다 하더라도 기술의 진화 등으로 인해 새로운 용도가 발생해 머지않아 수십 배로 확대될 수도 있다. 따라서 시장의 성장성에 관해서도 꿰뚫어 보아야 한다.

#### 경쟁 상황Rival

규모가 크거나 향후 성장 가능성이 큰 시장은 다른 기업에게도 매력적이기 때문에 다수의 기업이 뛰어들어 치열하게 경쟁한다. 이렇게 되면 목표 시장 점유율을 획득하기 위해 개발 및 마케팅에 엄청난 투자를 해야 하고, 수익성이 저하될 수 있다. 따라서 세그먼트의 매력을 검토할 때는 규모와 성장성뿐 아니라 수익성 등도 따져야 한다.

이미 상당한 점유율을 확보한 경쟁 상대가 있을 때도 세그먼트 공략은 어려워진다. 가령 일상 소비재 제조사인 P&G는 과거 일본 시장에 진출했을 때, 규모가 크고 성장 여지가 있는 유망 시장이며 P&G가 글로벌 리더로서 실력을 갖추었다는 조건에도 불구하고 시장 점유율을 쉽게 늘리지 못했다. 가오(花王), 라이온lion 같은 탄탄한 제조사가 이미 시장을 장악하고 있었기에 고전을 면치 못한 것이다. P&G는 나중에 경쟁 상대를 의식하면서 일본 시장에 맞춘 마케팅 믹스(제품 디자인, 유통 채널, 브랜딩 등)를 실시한 후 점유율 1위를 차지할 수 있었다.

### 고객의 우선순위/파급 효과Rank/Ripple Effect

세그먼트별로 중요도를 검토해 우선순위를 정하는 것이 좋다. 가령 주위에 대한 영향력이 강한 세그먼트가 있다면 그쪽에 우선 접근해야 한다. 신상품의 수용 속도는 고객의 기호나 성격 등에 따라 차이가 나타난다. 따라서 오피니언 리더opinion leader(집단 내에서 다른 사람의 사고방식, 태도, 의견, 행동 등에 강한 영향을 주는 사람)나 입소문의 발신자가 존재하는지도 고려해야 한다.

### 도달 가능성Reach

설사 매력적인 세그먼트라 하더라도 지리적으로 멀거나, 고객 리스트를 입수할 수 없거나, 유효한 정보 전달 방법이 없으면 적절한 마케팅 활동을 할 수 없을지도 모른다. 인터넷의 보급으로 고객에게 접근할 때 제약 조건이 많이 줄기는 했지만, 그 세그먼트에 확실히 접근할 방법이 있는지 꼭 확인해야 한다.

### 반응의 측정 가능성Response

광고 효과, 상품에 대한 만족도 등 그 세그먼트를 위해 실행한 시책의 유효성을 측정하고 검증할 수 있는지도 세그먼트 선정에 중요한 사항이다. 잘 팔리는 이유 혹은 안 팔리는 이유를 찾거나, 어떤 시책이 특정 세그먼트에는 유효하지만 다른 세그먼트에는 유효하지 않음을 검증하기 위해서다. 마케팅을 할 때는 고객의 상태나 동향을 항상 꿰뚫어 보면서 필요에 따라 방법을 수정하거나 변경 사항을 추가해야 한다. 그러기 위해 세그먼트의 반응은 반드시 검증해야 한다.

도표 3-4 세그먼테이션과 타기팅

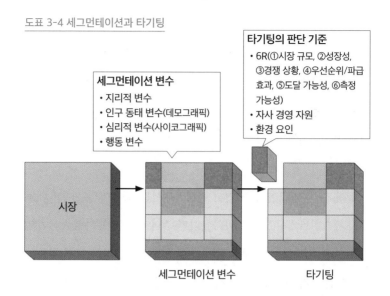

**타기팅의 판단 기준**
• 6R(①시장 규모, ②성장성, ③경쟁 상황, ④우선순위/파급 효과, ⑤도달 가능성, ⑥측정 가능성)
• 자사 경영 자원
• 환경 요인

**세그먼테이션 변수**
• 지리적 변수
• 인구 동태 변수(데모그래픽)
• 심리적 변수(사이코그래픽)
• 행동 변수

시장

세그먼테이션 변수               타기팅

## ② 자사의 경영 자원

세그먼트가 아무리 매력적이더라도 자사 경영 자원의 제약 등으로 인해 적절한 마케팅 믹스를 실시할 수 없다면 그 세그먼트를 선택해서는 안 된다. 재무 자원, 기술력, 고객 베이스, 생산 능력, 경영 노하우, 판매 조직, 유통 시스템 등의 관점에서 자사의 강점과 약점을 평가하고 그 세그먼트에서 자사의 우월성을 발휘할 수 있을지 여부를 검토한다.

### ③ 환경 요인

세그먼트를 선택할 때, 정부 기관의 규제나 사회단체들의 간섭 등의 환경 요인도 고려해야 한다. 아무리 매력적인 세그먼트라 해도 그 집단에 제품·서비스를 제공함으로써 윤리적 또는 사회적인 문제가 발생한다면 기업의 사회적 책임을 지게 되어 브랜드와 기업 이미지가 손상될 수 있다.

문제가 될 법한 환경 요인이 현시점에서는 보이지 않는다고 해도 유사 세그먼트에서 문제가 나타났다면 주의해야 한다. 가령 A 국가의 환경 기준이 느슨하다 해도 인접한 B 국가에서 엄격한 환경 기준이 채택되면 머지않아 A 국가에서도 같은 기준이 도입될 가능성이 크다. 기업은 충분히 정보를 수집하고 동향을 주시할 필요가 있다.

## | 타깃의 변경·확대

마케팅 전략은 타깃 고객을 중심으로 짜야 한다. 따라서 타깃 세그먼트 선정은 이후 전략 프로세스의 방향성을 결정짓는 중요한 의사결정이며 오랫동안 전략에 영향을 미친다. 특히 시장 내 자사의 포지셔닝이나 브랜드 이미지가 정착되어 있거나 채널 구축에 커다란 투자를 했다면 타깃은 쉽게 변경할 수 없다.

마케팅 과제에 대해 우선은 포지셔닝 및 마케팅 믹스의 수정부터 해결해야 하지만(뒤에서 다룬다), 상황에 따라서는 타깃층의 확대·변경을 먼저 검토하는 편이 좋을 때도 있다(도표 3-5 참조).

도표 3-5 전략의 변경

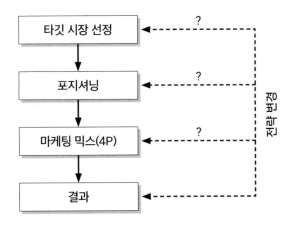

스노우피크의 사례를 살펴보자. 2013년 시점의 오토캠핑 인구는 750만 명으로 일본 총인구의 약 6퍼센트밖에 되지 않았다. 이에 대해 야마이 사장은 '정말로 자연을 원하는 사람은 캠핑족이 아닌 나머지 94퍼센트의 인구'라고 생각하고 그들을 타깃으로 한 '어반 아웃도어'라는 콘셉트를 발표했다. 스노우피크는 핵심 가치로 '인간성 회복'을 내세웠고, 새로운 콘셉트는 비(非) 캠핑족에게 도심에서 자연을 즐기게 하자는 것이었다. 비 캠핑족을 아웃도어로 끌어내기 위해 의류 제품 개발 등에도 주력했다. 그 결과, 어반 아웃도어 사업과 어패럴 사업 모두 순조롭게 성장 중이다.

최근에는 특히 환경 변화로 인해 고객 니즈가 급변하는 모습도 자주 찾아볼 수 있다. 고객의 변화를 파악하기 위해 정기적인 조사를 하거나 세그먼트 및 타깃 고객을 재평가하는 일도 중요해지고 있다.

## 디지털 시대의 세그먼테이션과 타기팅

일본의 스마트폰 보급률이 70퍼센트를 넘어섰다. 이제 사람들은 언제든 인터넷을 이용할 수 있다. 그 결과, 과거에는 파악할 수 없었던 내용, 즉 '구매 전'과 '구매 후' 등 '구매 이외'의 의식과 행동을 파악할 수 있게 되었다. 구글의 검색 이력에는 사용자가 어떤 물건과 사건에 흥미와 관심을 느끼는지에 관한 내용이 사용자 ID와 링크된 데이터로 축적된다. 구글 검색을 통해 자사 사이트에 들어온 사용자가 어느 페이지에 얼마나 오래 머물렀으며, 그 뒤 어느 페이지로 이동했는지에 관한 데이터도 축적된다. 또한 웹 사이트에서 제품·서비스를 사면 사용자 ID와 관련한 구매 이력이 쌓이고, 소셜 미디어에 남긴 이용 후기도 기록으로 남는다. 이처럼 디지털 시대는 고객의 행동을 이해하기 위해 빅데이터를 활용한다. 또한 스마트폰을 늘 이용하기 때문에 고객의 행동을 실시간으로 파악할 수도 있다. 더불어 소셜 미디어상의 커뮤니케이션을 분석하면 특정 행동에 대한 고객의 심리를 이해할 수도 있다.

기존의 세그먼테이션은 어떤 의미에서는 마케터가 일방적으로 시장을 동질적 집단으로 분류한 뒤 '전체에서 시작해 부분을 향해' 작업하는 방식이었다. 각 타깃 고객에 관해서는 상품 거래가 이루어져야만 비로소 이해가 시작되는 경우도 많았다. 그에 반해 디지털 시대의 세그먼테이션은 처음부터 '개인'을 이해할 수 있다. 즉 고객 한 사람 한 사람의 구매 전 행동 데이터, 구매 행동 데이터, 구매 후 행동 데이터를 분석해 유사한 속성의 개인을 묶음으로써 어떤 세그먼트를 형성할 수 있을지 검토할 수 있다는 것이다. 이처럼 기존의 마케팅과 디지털 시대의 마케팅은 세그먼테이션의 형성 방법이 정반대다.

타기팅도 '집단에서 개인으로' 패러다임의 전환이 일어나고 있다. 기존의 타기팅은 자사에 가장 매력적인 세그먼트를 6R을 토대로 선별하는 방식이었다. 다시 말해 '대상으로 삼지 않을 소비자를 정하는' 행위가 중요했던 것이다. '개인'을 더욱 상세하게 이해할 수 있는 디지털 시대의 타기팅에서는 인터넷을 통한 접근에 반응한 사람이 타깃이 된다. 인터넷 광고에 반응하고 구매까지 이어진 사람의 구매 이력을 알면 평소 어디에 흥미, 관심을 느끼는지 파악할 수 있어 커뮤니케이션 메시지를 최적화할 수 있다.

이처럼 빅데이터를 축적·이용하는 시대에는 기업의 데이터 분석력이 사업의 성패를 좌우한다. 매일 엄청난 기세로 축적되는 빅데이터에서 무엇을 밝혀낼지, 분석의 목적은 무엇인지, 그러기 위해 어떤 데이터가 필요하고 어떻게 분석하면 좋을지 등을 디자인할 수 없으면 소비자를 이해할 수 없어 적절한 세그먼테이션 및 타기팅도 불가능해진다. 데이터 분석을 얼마나 잘하는지에 따라 마케팅 성과에 큰 차이가 생기는 것이다.

## 제4장 · 포지셔닝

POINT ////

포지셔닝이란 '타깃 고객에게 자사 제품을 어떻게 인지시킬지'를 정하는 일이다. 고객의 니즈를 충족시킬 수 있는 뛰어난 제품이 있어도 그 가치가 제대로 전달되지 않는다면 아무 의미가 없다. 마케팅의 성패는 해당 제품의 매력이 아니라, '가장 매력적인 제품이라고 인식시키는 데' 달려 있다.

CASE ////

블루보틀 커피Blue Bottle Coffee는 2002년 미국 오클랜드Oakland에서 탄생한 커피 체인점이다. 2015년 도쿄 고토구(江東区) 기요스미시라카와(清澄白河)에 해외 진출 1호점을 냈다. 경쟁이 치열한 커피 업계에서 새로 등장한 이 커피 체인점은 어떻게 타깃 고객에게 소구했을까?

커피 마니아였던 클라리넷 연주자 제임스 프리먼James Freeman은 커피의 신선도를 중시했지만, 갓 로스팅한 원두를 구하기 어려웠다. 그래서 직접 로스팅한 커피를 농산물 직거래 장터에 내다 팔았고, 그 후 친구 집 창고를 빌려 블루보틀 커피를 창업했다. 서드 웨이브 커피third wave coffee*의 대표 격으로 평가받는 블루보틀 커피는 사실 오래전부터 일본에 존재한 커피숍과 공통점이 있다. 원두의 산지를 중시하며 혼합(블렌딩)하지 않은 단일 원두를 직접 로스팅해 핸드드립으로 내려 제공하는 것이다. 프리먼는 일본의 커피점에서 큰 영향을 받았다고 밝힌 바 있다.

해외 외식 체인점이 일본에 처음 진출할 때는 보통 통행량이 매우 많은 지역에 1호점을 내서 브랜드 인지도를 단숨에 높이는 기법을 쓴다. 맥도날드McDonald's나 스타벅스Starbucks도 1호점의 입지는 도쿄 긴자(銀座)였다. 하지만 블루보틀 커피는 1호점의 입지로 도심에서 조금 떨어진 기요스미시라카와를 골랐다.

1호점은 대규모 프로모션을 하지 않았음에도 구글 벤처스, 인덱스 벤처스, 인스타그램과 트위터의 창업자, 전직 구글 임원 등 저명한 투자가들이 잇따라 투자했다는 정보에 힘입어 소셜 미디어를 중심으로 화제를 불러일으켰다. 이에 언론의 취재가 쇄도했고 대중에게 널리 알려졌다. 1호점 오픈 당시에는 커피 한 잔에 3시간 대기라는 장사진이 연출되기도 했다.

블루보틀 커피의 일본 1호점은 창고와 로스팅 공방을 겸한 로스터리 카페roastery café 스타일이었다. 매장에 들어서면 전 세계에서 들여

---

\* 인스턴트커피 붐이 퍼스트 웨이브, 스타벅스를 비롯한 셀프식 커피 체인점의 유행이 세컨드 웨이브다. 블루보틀은 셀프식이면서도 커피머신이 아닌 핸드드립 커피를 제공한다는 점에서 서드 웨이브라 불렸다.

온 원두 자루가 쌓여 있다. 로스팅 기계에서는 고소한 향기가 진동하고, 직원이 한 잔씩 정성껏 커피를 내리는 모습을 눈앞에서 볼 수 있다. 고객이 '시드 투 컵Seed to Cup(커피 체리의 수확부터 가공, 로스팅되어 한 잔의 커피로 완성되기까지의 과정)'을 경험할 수 있는 공간이라는 콘셉트로 설계된 것이다.

이들은 전 세계의 커피 농가와 직접 계약을 맺어 가장 맛있는 원두를 조달하고, 가장 좋은 상태를 유지하다가 로스팅 후 48시간 이내에 바리스타가 한 잔씩 드립해 제공한다. 이렇게 함으로써 최상의 커피를 맛보게 하는 것이다.

체인점이다 보니 모든 매장에서 같은 맛의 커피를 제공해야 하지만, 사람 손에 의존하는 만큼 맛에 차이가 날 우려가 있다. 이에 대해서는 특별히 설계된 드리퍼, 커피를 추출하는 물의 양, 물을 붓는 시간을 정한다. 또한 추출 후 커피 농도를 계측할 수 있는 기기를 갖추고, 일련의 흐름을 레시피대로 운용하도록 하여 균일한 맛을 내는 데 최선을 다한다. 맛의 균일화를 가장 중요하게 여긴다면 기기로 추출하는 것이 좋지 않냐고 생각할 수 있지만, 프리먼는 반드시 사람의 손으로 내려야 한다고 고집했다.

블루보틀 커피 재팬의 이사 이가와 사키(井川沙紀)에 따르면 로스팅과 바리스타 교육 등을 담당하는 커피 전문가가 로스팅 거점마다 한 명씩, 전체 다섯 명이 있다. 그들은 '평소 식생활에서 첨가물을 전혀 섭취하지 않는 등 맛의 전문가로서 자기 관리에 철저한 생활을 한다.'고 한다. 여타 대기업의 셀프식 커피 체인점의 경우 메뉴나 토핑의 선택지를 다양하게 갖추고 고객의 니즈에 넓게 대응하는 방식이 많다. 하지만 블루보틀 커피는 커피 종류나 음식 메뉴를 최소화하여 그들이 정말 맛있다고 생각하는 엄선된 커피와 그에 맞는 음식 메뉴만을 제공한다. 폭넓은 고객을 노리는 경쟁 상대들과는 다른 접근이다.

매장 디자인도 까다롭다. 1호점의 외관은 흰 벽에 블루보틀 커피의 상징인 푸른 병을 페인트로 그렸다. 원래 창고였던 건물의 분위기를 살린 내부는 장식이 없는 테이블과 등받이가 없는 의자를 배치해 전체적으로 단순미를 살렸다. 수많은 요소가 요구되는 부가 가치의 시대이기에 오히려 본질을 추구하기 위해 여분의 것들을 소거해 버리는 프리먼식의 '뺄셈' 사고방식이 매장 디자인에도 반영된 것이다.

매장을 체인으로 운영할 때는 디자인을 통일하고 같은 집기를 사용해야 경제적이고, 강력한 브랜드 메시지도 드러낼 수 있다. 그러나 블루보틀 커피는 출점 지역의 특성이나 고객의 니즈에 맞춰 점포를 디자인하고 지역별 콘셉트를 다르게 한다.

일본의 커피 소비량은 1인당 연간 약 580잔에 이르러 원두 수입국 중에서는 세계 4위권에 들 정도로 커피 문화가 탄탄하게 자리 잡고 있다. 최근에는 '커피를 제공하는 외식 업계'를 넓게 볼 때, 스타벅스와 도토루 커피Doutor Coffee 양대 강자에 맥도날드와 편의점 등 여타 업종까지 포함되어 생존 경쟁이 격렬해지는 추세다. 특히 맥도날드와 편의점 커피는 기존 업계의 가격대보다 훨씬 저렴하므로 업계의 경쟁 환경에 커다란 변화를 초래했다.

업태는 다르지만, 네슬레의 경우 '네스카페 앰버서더'라는 서비스를 제공하기 시작했다. 커피 캡슐 배달을 신청하면 커피머신을 무상으로 대여해 준다. 직장이나 가정에서 저렴한 가격에 다채로운 커피 메뉴를 즐길 수 있게 한 것이다. 서비스 형태는 달라도 카페에서 마시는 커피를 사무실이나 가정에서 마실 수 있다면, 커피를 좋아하는 고객으로서는 하나의 선택지가 될 것이니 업계의 또 하나의 경쟁자라 할 수 있다.

블루보틀 커피가 일본에 진출한 뒤, 경쟁 상대들도 잇달아 영향을 받기 시작했다. 이를테면 도토루 니치레스 홀딩스는 '칸노 커피'라는 체인점을 선보였다. 로스팅 공방뿐 아니라 연구 개발 시설까지 갖춘 새로운 콘셉트의 커피 전문점이었다. 이들은 '재료를 최우선시하는 서드 웨이브의 최첨단. 재료, 가공, 블렌딩 기술에 이르는 모든 과정에 최고를 고집하는 새로운 콘셉트 브랜드.'를 내세웠다. 스타벅스 커피는 전 세계 커피 농가에서 조달한 희귀 원두를 제공하는 리저브 바 Reserve Bar를 선보였다. 리저브 바는 매장 수가 적고, 일반 매장과 달리 내부를 고급스럽게 꾸몄으며, 한 번밖에 못 마시는 희귀 커피임을 강조했다. 그런 뒤 로스팅 공방과 카페를 겸한 리저브 로스터리를 출점했는데, 이곳은 특이한 원두를 조달해 갓 로스팅한 커피를 한 잔씩 내리는 방식으로 운영했다.

가치관이 다양해진 시대에 대량 생산형 셀프식 커피 체인과의 차이를 분명하게 드러낸 블루보틀 커피는 당초 지명도가 낮았음에도 불구하고 서드 웨이브 커피의 선구자로서 경쟁이 치열한 커피 전문점 업계에 새로운 바람을 일으켰다.

**이론** ////

제품이 아무리 매력적이라 하더라도 소비자가 그 가치를 인정하지 않거나 올바르게 이해하지 못하면 구매로 이어지지 않는다. 따라서 자사 제품이 어떤 점에서 매력적인지, 경쟁 제품과 어떻게 다른지를 명확히 함으로써 소비자가 구매할 가치가 있음을 이해시켜야 한다. 그러기 위한 활동이 포지셔닝이다. 여기서부터는 포지셔닝의 개념과 순서에 관해 알아본다.

## 1. 포지셔닝의 기본

포지셔닝이란 타깃으로 정한 고객에게 자사 제품이 어떤 점에서 매력적인지를 인지시키기 위한 활동이다.

경쟁 제품군 중에서 자사 제품을 선택하게 하기 위해서는 고객에게 얼마나 매력적인 가치를 제공하는지를 명확히 제시하고, 그것을 인식시켜야 한다.

포지셔닝을 생각할 때는 다음의 사항을 기억해야 한다. 제품이 얼마나 잘 팔리는지는 '타사 제품보다 뛰어난 제품인지 아닌지'보다는 '고객이 매력적인 제품이라고 인식하는지 아닌지'에 달려 있다는 점이다. 기업은 자칫 자신들의 관점에서 최고의 품질을 추구하려 한다. 하지만 고객이 제품의 어떤 점을 높이 평가하고 가치로 인식하는지에 관한 관점이 부족하면 아무리 노력해도 바라는 결과는 얻을 수 없다.

특히 시장에 대한 신규 진출이 용이하고 경쟁 관계의 변화가 매우 빠른 업계에서는 경쟁 상대와의 차이를 어떻게 고객에게 인식시키는지가 중요하다. 커피 전문점 업계도 그 전형적인 사례 중 하나이다. 사례로 든 블루보틀 커피는 과감하게 매스 마켓mass market(대량 판매 시장)을 타깃에서 제외하고 대기업 커피 체인점과는 확연히 다른 포지셔닝을 택했다.

맛에 대한 철저한 고집과 충분한 관리 체제는 먹거리의 안전성과 투명성을 원하는 고객에게 정확하게 전해졌다. 또한 제공하는 커피의 종류와 매장 디자인, 패키지 디자인까지 단순함을 추구함으로써 블루보틀 커피의 독자성이 두드러졌다. 다채로운 부가 가치로 다양한 고객 니즈를 잡으려 하는 경쟁 상대와는 대조적인 포지셔닝이었다. 일률적인 매장 디자인과 집기를 사용하지 않고 지역별로 고객 니즈와 지역 특성을 우선시해 기업의 메시지를 강요하지 않는 수법도 구매자 우위 시대를 살아가는 고객의 공감을 샀다.

포지셔닝은 마케팅 믹스의 방침을 최종적으로 결정짓는다. 가령 젊은 여성을 타깃으로 한 패션 브랜드를 만들려 할 때, 더 이상의 정보가 없으면 구체적으로 어떤 시책을 펼칠지 불분명하다. 유행을 중시하는 이미지를 내세울지, 청초하고 보수적인 이미지를 내세울지, 자연스럽고 여유로운 이미지를 내세울지 등 소비자에게 어떤 느낌을 주는지에 따라 브랜드 네임, 매장 디자인, 취급하는 상품, 가격대, 커뮤니케이션 방법 등 모든 것이 변하게 된다.

이처럼 포지셔닝에 따라 그 후의 마케팅 믹스가 설계되므로 이에 관한 결정은 마케팅 전략상 매우 중요한 의사 결정이다.

## 2. 전략적 포지셔닝 결정법

포지셔닝을 검토할 때 자사 제품의 독창성을 인식시키는 간결한 표현을 생각해 내는 접근법이 있다. 이는 그 제품의 콘셉트가 기존 시장에 없을 때 특히 유효하다.

예를 들어 1979년에 소니SONY가 처음 워크맨을 출시했을 때, 개발 전만 해도 사내에는 '녹음 기능이 없는 테이프 리코더가 팔릴 리 없다.'라는 부정적인 의견이 있었다. 그 의견대로 단순히 '녹음은 안 되지만, 소형이라는 장점이 있는 테이프 리코더'라는 포지셔닝을 택했다면 팔리지 않았을 것이다. 하지만 실제로는 '걸으면서 음악을 들을 수 있다'는 새로운 가치를 내세운 포지셔닝을 택했고, 워크맨은 대대적인 히트를 기록했다.

이처럼 제품 콘셉트가 소비자에게 전혀 새로울 때는 다른 제품과 비교하기보다는(예: 테이프 리코더 또는 오디오 세트 등과의 비교) 새로운 가치관과 콘셉트를 그대로 포지셔닝으로 제안하는 것이 유효한 방법이다. 또 다른 예로는 트위터의 포지셔닝을 들 수 있다. 기존의 서비스와 비슷한 점을 들어 '짧은 블로그'나 'SNS의 일종'이라 하지 않고 '독특한 커뮤니케이션 서비스'라는 포지셔닝으로 등장했다.

세상에 존재하는 대다수의 제품·서비스는 그리 엄청나게 기발하지 않다. 이때 정공법이라 할 수 있는 접근법은 몇 가지 축을 그래프에 그린 뒤 자사와 경쟁사의 제품을 그 안에 배치해 보는 것이다. 이것은 같은 제품 카테고리 안에서 자사 제품의 우월성을 호소하고 싶을 때 효과적이다. 다른 제품과의 차이를 명확히 함으로써 자사 제품의 우월성이 확연히 드러나기 때문이다. 그래프에 생긴 공백이 신제품 아이디어로 이어지기도 한다. 또한 같은 카테고리에 자사 제품이 여럿 존재할 때는 각 제품의 특징이 어떻게 다른지 확인·정리할 수 있다.

## | 소비자가 인식할 특징 추출하기

소비자가 다수의 제품 중에서 최종적으로 어떤 제품을 살 때 결정타가 되는 요인을 KBF Key Buying Factor(구매 결정 요인)라고 한다. 예를 들어 비슷한 티셔츠가 많이 있는데, 디자인이나 사이즈 등을 잘 살피다가 최종적으로 가장 저렴한 것을 골랐다면 그 사람의 KBF는 '가격'이다.

가격에 민감한 고객층을 타깃으로 삼으려면 '저렴함'을 내세운 포지셔닝이 좋을 것 같지만, 실제로는 고객이 가격만을 따져서 물건을 고르는가 하면 그렇지 않다. 블루보틀 커피의 사례를 들어 설명하면 이렇다. '커피의 맛(원두와 내리는 방법에 대한 고집)'이 KBF인 고객이 있는가 하면 '새로 유행하는 카페의 분위기'가 KBF인 고객도 있다. 즉 포지셔닝을 할 때는 KBF를 의식하면서 동시에 그에 소구하는 자사 제품의 특징을 찾아내야 한다.

포지셔닝을 검토할 때는 전략적으로 유효한 두 가지 특징을 압축해서 도표 4-1처럼 두 축의 그래프(포지셔닝 맵)로 표현하는 경우가 많다. 자사 제품의 특징을 소비자에게 호소하려 할 때는 가능한 한 많은 요소를 전달하고 싶어한다. 디지털 카메라를 예로 들면 '가볍다', '화소 수가 많다', '싸다', '디자인이 좋다', '사용법이 간단하다', '메모리 용량이 크다'…… 등 수많은 요인이 떠오를 것이다.

하지만 정보가 넘치는 현대 사회에서는 소구하는 요소가 너무 많으면 오히려 소비자의 인상에 남지 않는다. '무턱대고 자사 제품이 좋다는 점만 강조할 뿐'이라는 인상을 주거나 '좋아 보이기는 하는데 결국은 어디가 더 나은지 모르겠다.'처럼 특징이 모호해질 뿐이다.

마케터는 소구하려는 특징을 고려하면서 소비자가 자사 브랜드나 제품을 어떻게 인식하고 있는지, 소비자가 무엇을 필요로 하는지를 정확하게 파악하여 가장 소구하고 싶은 요소에 과감하게 집중해야 한다.

도표 4-1 남성 회사원을 노린 제품의 포지셔닝 예

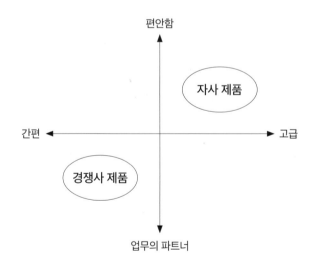

## 3. 포지셔닝의 순서

두 축의 맵을 가지고 생각할 때, 포지셔닝의 순서는 다음과 같다.

1단계: 축으로 삼을 수 있는 속성의 목록을 만든다.

첫 번째 단계는 자사 제품의 특징을 추출하는 것이다. 단, 제품 특성에 너무 집착하면 기능 위주로 흐를 수 있으므로 주의해야 한다.

포지셔닝의 축이 되는 제품 속성은 제품에 붙일 수 있는 이미지라면 무엇이든 상관없다. 예를 들어 커피를 기능적인 면으로만 생각하면 '풍미가 깊다', '향이 좋다', '잠이 깬다' 등을 떠올릴 수 있지만, 이런 점들은 명확한 차별화가 어려워 소구력이 약하다. 이에 반해 캔 커피 조지아는 한때 '편안함'이라는 이미지를 내세운 포지셔닝으로 남성 회사원들의 '힐링에 대한 욕구'를 교묘하게 파고들었다. 이렇게 축이라는 것은 드러나 있거나 잠재된 소비자 니즈에 소구하는 포지셔닝으로 이어져야 한다.

아무리 소비자 니즈를 만족시키더라도 경쟁 제품도 똑같은 포지셔닝이라면 소비자가 반드시 자사 제품을 선택하리라는 보장이 없다. 타사가 찾지 못한 독자적인 포지셔닝 축을 찾는 일도 중요하다. 자사 제품에 기능적인 면에서 분명한 독자성이 있다면 새로운 축을 내세울 수 있어서 경쟁 상대에 대한 강력한 무기가 될 것이라는 점은 말할 필요도 없다.

하지만 눈에 띄는 우월한 점이 없더라도 포기할 이유는 없다. 예를 들어 미국의 라이프부이Lifebuoy 비누는 '체취를 지운다'는 포지셔닝으로 소비자에게 소구한 결과 대대적인 인기를 얻었다. 실제로는 모든 비누가 체취를 지우므로 이 세상 모든 제조사가 만든 비누에 해당하는 말이었다. 그런데 기능적으로 따질 때 당연한 사항이라도 타사가 내세우지 않은 포지셔닝으로 소비자에게 새로운 특징이나 가치를 소구할 수 있다면 충분히 의미가 있는 것이다. 따라서 제품 특성에 과도하게 얽매이지 말고 독자성, 소비자 니즈라는 관점을 포함해서 다양한 포지셔닝 축을 목록으로 정리하는 것이 바람직하다.

2단계: 전략적인 속성을 압축한다.

소비자에게 강력하게 소구할 수 있는 특징은 경험적으로 볼 때 두 가지 정도다. 보통 1단계에서 찾아낸 여러 포지셔닝 축 중에서 최적의 축을 둘 이내로 압축함으로써 최종적인 포지셔닝이 정해진다. 그런데 실제로는 이 압축 단계에서 새로운 축을 발견하는 경우도 많아 1단계와 2단계를 반복하면서 최종적인 포지셔닝을 정하게 된다.

그럼 구체적으로 어떤 관점에서 축을 압축해야 할까? 최적의 포지셔닝 조건은 무엇보다 '소비자가 공감하게 할 것'이다. 그런 다음 ①자사 제품을 타사 제품보다 매력적이라고 소비자에게 인식시키기, ②경쟁 상대의 추종 막기, ③자사 제품 간 자기잠식 피하기 등 세 가지를 주의해야 한다.

## ① 자사 제품을 타사 제품보다 매력적이라고 소비자에게 인식시키기

• 새로운 포지션 창출

새로운 포지션을 창출하는 데 반드시 워크맨처럼 혁신이 필요한 것은 아니다. 이전부터 있었던 제품이라 하더라도 거기에 새로운 가치를 부여해서 제안할 수 있다면 새로운 포지션이 생기기 때문이다. 예를 들어 제과업체 칼비Calbee의 '후루츠 그래놀라'는 시리얼은 한 끼를 때우는 음식이라는 이미지를 뒤엎고 바쁜 아침에도 맛있게 영양을 섭취할 수 있다는 점, 즉 '똑똑하게 먹고 시간까지 단축할 수 있다'는 방향으로 소구점을 바꾸었다. 건조 과일이 들어 있는 후루츠 그래놀라는 요구르트를 섞어 먹어도 맛있다는 기존의 시리얼이 내세우기 어려운 포지션을 취하며 시리얼 시장에서 조식 시장으로 포지셔닝을 바꿈으로써 매출을 크게 늘렸다.


• 경쟁 상대의 포지션을 약화

자사가 업계의 선두주자일 때는 반드시 독특한 포지셔닝을 할 필요는 없다. 하지만 후발 기업은 선두 기업의 제품과 차별화된 포지셔닝을 하는 것이 정석이다. 그래서 후발 기업이 신제품을 내면 선두 기업은 그와 똑같은 포지셔닝의 제품을 내는 동질화 전략을 취하기도 한다. 소비자는 두 제품 사이에 이렇다 할 명확한 차이가 없다면 인지도나 신뢰도에서 앞선 선두 기업의 제품을 선택하는 경우가 많기 때문이다.

최근의 예로 안경 업계에서 신흥 후발 기업인 진즈JINS는 꽃가루로부터 눈을 보호하는 CUT 안경을 출시했다. 그전까지 사람들은 안경을 시력 교정용이라 생각했지만, 그 외의 소비자에게 접근함으로써 히트를 한 것이다. 그 후 해당 세그먼트가 커지자 업계 선두 기업인 메가네톱MEGANETOP은 자사 브랜드인 안경시장과 ALOOK에서 꽃가루 프로텍트 안경을 출시했다. 블루보틀 커피에 소비자의 시선이 쏠리자 이를 주목한 스타벅스와 도토루가 블루보틀과 비슷한 콘셉트의 새 매장을 전개한 것도 같은 흐름이다.

### ② 경쟁 상대의 추종 막기

• 현행 포지션을 강화

현재 자사 제품의 포지셔닝이 소비자의 지지를 받고 있을 때는 타사의 추종을 피하기 위해 그 포지셔닝을 더욱 강화할 수 있다. 기본적으로는 '한층 ○○해졌습니다.'라는 방식이다.

P&G의 주방용 액체 세제 조이는 한때 '세균도 없애는 조이'라는 포지셔닝을 택했다. 정확히 그 무렵에 식중독을 일으키는 0-157균이 맹위를 떨쳤고, 멸균에 대한 소비자의 관심이 단숨에 뜨거워졌기 때문이다. P&G는 조사 '도'를 '을'로 바꾸어 '세균을 없애는 조이'라는 메시지를 통해 멸균 기능을 한층 강력하게 호소해 시장 점유율을 급신장시켰다.

새로운 포지셔닝으로 경쟁 제품과 차별화하더라도 상대가 즉시 흉내 낸다면 의미가 없다. 따라서 사전에 경쟁 상대가 흉내 내기 어려운 포지셔닝을 택하는 것도 전략적으로 중요하다.

2010년 저가 항공사의 등장으로 인해 저렴한 비용으로 해외여행을 할 수 있게 되자 2, 30대 여성 여행객이 급증했다. '여성들의 여행'에 주목한 가방 제조사 에이스ACE는 새로운 여행 가방인 '프로테카 라구나 라이트'를 출시해 여성 친화적인 이미지를 소구했다.

기존의 여행 가방은 출장이 많은 남성의 수요를 고려해 남성의 시선에서 만들어진 직선적인 디자인이 많았다.

그런데 프로테카 라구나 라이트는 여행 가방을 만든 경험이 없는 젊은 여성들이 디자인을 담당했다. 고정 관념에 얽매이지 않고, 유연한 발상으로 만든 여행 가방은 바람에 흔들리는 물결의 이미지를 살린 리브 패턴, 둥근 라인, 파스텔 톤의 다채로운 색상을 선보이며 경쟁 상대가 따라 하기 어려운 포지션을 소구함으로써 여성층을 중심으로 수많은 소비자의 마음을 사로잡았다.

여성 아이돌을 기용한 TV 광고에서는 여행 가방을 손가락 하나로 들어 올리는 모습과 가방이 공중에 붕 떠오르는 영상을 통해 여성들도 가볍게 들고 다닐 수 있다는 점을 강조했다. 프로테카 라구나 라이트는 업계 최초의 여성용 여행 가방이라는 새로운 가치를 소구해 이례적인 히트를 기록했다.

### ③ 자사 제품 간 자기잠식 피하기

한 회사가 같은 카테고리에 여러 제품을 출시한 경우, 자사 제품 사이에서 고객 쟁탈전이 일어난다면 포지셔닝이 무의미하다. 이 같은 상황을 자기잠식cannibalization이라 한다. 포지셔닝을 할 때는 경쟁 제품보다 우월하다는 점을 강조하는 것이 중요한데, 이때 자사 제품 간 자기잠식은 최대한 피해야 한다. 하지만 이 점에 너무 신경을 쓴 나머지 비즈니스 기회를 놓치는 일이 없도록 주의해야 한다.

도표 4-2는 P&G 그룹의 면도기 질레트의 제품군과 각 제품의 포지셔닝이다. 여기 새로운 제품군을 부가할 경우, 만약 '면도 중 온도를 낮추며 비타민E, 알로에 배합'이라는 포지션을 택한다면 기존의 질레트 퓨전 프로실드 쿨 또는 질레트 퓨전 파워에어는 새로운 제품에 자리를 뺏기거나 적어도 신제품보다 기능 면에서 떨어지는 제품으로 보일 수 있다. 새로운 제품군을 추가할 때는 기존의 포지셔닝과는 다른 축을 이용한 포지셔닝을 생각하는 것이 좋다.

도표 4-2 질레트의 면도기 본체 포지셔닝

| 제품 | 포지셔닝 |
|---|---|
| 질레트 퓨전 프로실드 | 면도 중 피부를 보호, 부드러운 면도감 |
| 질레트 퓨전 프로실드 쿨 | 면도 중 피부를 보호, 온도를 낮추어 상쾌한 면도감 |
| 질레트 퍼스트 퓨전 | 윤활 성분 배합으로 매끄러운 면도감 |

| 질레트 퓨전 프로글라이드 플렉스볼 파워 실버터치 | 마찰 경감 모터를 탑재해 피부에 대한 저항을 못 느끼게 함 |
|---|---|
| 질레트 퓨전 파워에어 | 비타민E, 알로에 배합으로 피부에 좋은 면도 |

## 4. 포지셔닝의 검증과 수정

전략적 포지셔닝을 압축했다면 다시 한번 그 포지셔닝이 유효한지를 살펴보아야 한다. 포지셔닝 책정 단계에서는 시간이 흐를수록 자사 제품의 특성에 생각이 매몰되기 때문에 다음의 두 가지를 재확인하는 것이 좋다.

• 타깃 고객의 니즈를 충족시키는가?

경쟁 상대와의 차별화에 성공했더라도 판매자가 생각하는 포지셔닝에 소비자가 공감하지 못하면 의미가 없다. 그 포지셔닝이 정말 타깃 고객의 니즈를 충족시키는지 여부를 다시 한번 검증해야 한다.

• 경쟁 제품과 확실히 차별되는가?

언뜻 보기에 경쟁 상대가 아직 택하지 않은 포지션인 것 같아도 경쟁 제품이 손쉽게 따라올 수 있는 경우라면 확실하게 차별화했다고 볼 수 없다. 후발 기업이 선두 기업 제품에 대항할 때는 특히 주의해야한다.

일단 포지셔닝이 성공했다 하더라도 지속해서 경쟁 상대보다 우월함을 유지할 수 있다고 장담할 수 없다. 현재 포지셔닝이 우월하지 않다면, '소비자가 자사 또는 경쟁 상대의 제품을 어떻게 받아들이는지' 알아야 전략적으로 유효한 포지셔닝인지를 재검토할 수 있다.

도표 4-3은 고기능 속옷에 대한 소비자의 인식을 나타낸 것이다. 이처럼 소비자의 인식을 두 축으로 나타낸 것을 지각도Perception Map라고 한다. 기업이 마케팅 전략을 세울 때 능동적으로 포지셔닝을 책정하는 포지셔닝 맵과 구별하여, 분석, 마케팅 전략 수정 등에 활용한다.

2003년 이전에는 고기능 속옷이라 하면 일부 아웃도어 용품의 고기능·고가 제품이었다. 또한 보온 효과는 있으나 천이 두껍고 색상이 다양하지 않아 '방한'에 중점을 둔 고령자 니즈 제품의 영역에서 벗어나지 못했다.

하지만 2003년 유니클로에서 히트텍이 등장하자 소비자의 인식은 서서히 변했다. 출시 첫해에는 발열과 보온을 소구한 남성용 속옷으로 150만 장 정도의 매출을 기록했는데, 다음 해부터는 발열과 보온 외의 기능을 추가하고 여성의 호응도 얻을 수 있도록 디자인과 색상을 다양화했다. 나아가 새로운 프로모션을 통해 속옷 영역에서 패션 아이템으로 진화시켜 고령층뿐 아니라 청년층에도 보급되며 지금은 고기능 속옷의 대명사가 되었다.

　마케팅 전략을 수정할 때는 우선 소비자의 인식을 나타내는 지각도를 만들어 보고, 그것이 현행 마케팅 전략의 포지셔닝 맵과 다르다면 기본적으로는 포지셔닝 변경을 고려해야 한다. 물론 타깃부터 변경해야 한다면 그 부분부터 수정해야 하고, 시장 기회에 대한 전제가 틀렸다면 시장 기회를 재발견하기 위해 마케팅 전략 입안의 상위 개념으로 돌아가 전략을 다시 짜야 한다.

도표 4-3  고기능성 속옷의 지각도 변천

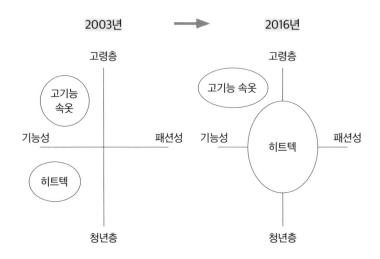

　　　　　　　　　　　　　　　　　한 권으로 끝내는 마케팅

# 제5장 · 제품 전략

마케팅을 할 때는 제품의 속성뿐 아니라 관련된 서비스까지 포함한 넓은 의미의 완전완비제품Whole product으로서 제품을 봐야 한다. 이는 본질적인 니즈를 채우는 제품뿐 아니라 편리한 디자인과 보조 제품, 보완 서비스까지를 포함하는 포괄적인 제품을 말한다. 제품 전략을 짤 때는 신제품 개발 외에도 제품의 특성 및 라이프 사이클을 고려해 제품 라인의 확장과 집약 등 시장 투입 후에 제품을 어떻게 육성하고 관리할지도 검토해야 한다.

데라다(寺田) 창고는 1950년에 창업한, 짧지 않은 역사를 자랑하는 기업이다. 창고 업계에서 중위권에 속하는 이 기업은 넓은 토지를 보유한 대기업을 이기기는 어렵다고 판단했다. 따라서 독자성을 발휘해 타사와의 차별화를 꾀함으로써 시대의 흐름에 부응하는 독특한 사업에 힘써 왔다. 창업 직후에는 쌀과 정밀 기계를 취급하는 공조 창고를, 그 후에는 와인 보관, 미술품 보관, 미디어와 문서 보관, 건축 모형 보관처럼 특정 타깃을 노린 서비스를 제공했다. 그중 최근에 주목받고 있는 것이 2012년에 시작한 미니쿠라minikura라는 개인용 클라우드 보관 서비스다.

이는 '누구나 자신의 창고를 가질 수 있다.'라는 콘셉트로, 전용 상자에 무엇이든 맡길 수 있는 서비스다. 공간 단위로 빌릴 수 있는 트렁크 룸(개인 물품을 보관할 수 있는 방 대여 서비스)과는 달리 전용 상자를 필요한 수만큼 구매해 이용하는 시스템으로 요금은 한 상자에 200엔부터다. 웹상에서 신청하고 상자가 집에 도착하면 맡기려는 물건을 넣어 택배로 보낸다. 짐은 온도와 습도를 관리하는 창고 안에 보관되며 필요할 때 웹으로 신청하면 다시 집으로 부쳐 준다.

트렁크 룸이나 컨테이너 수납 같은 수납 서비스 시장의 규모는 2009년도부터 급증해 2012년도에는 490억 엔 가까이 늘어났다. 그래서 부동산업 등 타 업계의 진출도 잇따르며 경쟁이 치열해졌다. 늘어나는 개인용 트렁크 룸과 같은 무대에서 싸우면 가격 경쟁에 휘말릴 거라는 위기감을 느낀 데라다 창고는 미니쿠라를 개발했다.

트렁크 룸은 대부분 요금 체계가 복잡하고, 물건을 맡기고 꺼내오는 일을 직접 해야 하는 등 편리함 면에서 몇 가지 문제가 있었다. 이에 반해 미니쿠라는 '저렴하고 필요한 만큼 손쉽게 이용할 수 있어 트렁크 룸보다 훨씬 좋다'는 점을 소구했다. 한 상자에 200엔이라는 명확한 요금을 내세웠고 택배를 활용했으며 인터넷을 활용해 집에 있으면서 트렁크 룸을 이용할 수 있도록 한 것이다. 신청한 뒤 물건을 맡기

한 권으로 끝내는 마케팅

고 다시 찾는 전 과정에서 인터넷으로 손쉽게 해결할 수 있도록 유저 인터페이스user interface(사용자에게 컴퓨터를 편리하게 사용할 수 있는 환경을 제공하는 설계 내용)의 단순함에도 주의를 기울였다.

2012년 서비스를 시작한 이후 미니쿠라가 젊은 세대를 중심으로 인기를 끌자 미니쿠라 브랜드를 축으로 미니쿠라 모노, 미니쿠라 하코, 미니쿠라 클리닝 팩을 전개했다. 미니쿠라 모노는 데라다 창고의 직원이 고객의 물건을 한 점씩 사진 촬영한 화상 데이터를 고객의 '마이 페이지'에 등록해 주는 서비스다. 고객은 자신이 맡긴 물건을 언제든 웹상에서 확인할 수 있다. 또한 미니쿠라 클리닝 팩은 의류 보관과 고품질 세탁을 세트로 제공한다.

원래 창고 업계는 고객이 맡긴 물건을 열어 보는 행위를 금기시했다. 법인 대상 서비스라면 만에 하나 짐을 파손하거나 분실하더라도 변상할 수 있지만, 개인의 짐은 보통 변상할 수 없기 때문이다. 그런데도 굳이 리스크를 안고 '상자를 엶으로써' 데라다 창고는 서비스 확대와 고객 접점 확대라는 방향으로 나아갔다.

최근에는 고객이 맡긴 물건을 SNS나 블로그 등 좋아하는 사이트에서 판매할 수 있는 옵션 기능을 추가한 '미니쿠라 트레이드' 서비스도 시작했다. 출품 수수료 없이 인터넷상에서 매매가 성립되면 20퍼센트의 판매 수수료를 받고 미니쿠라가 직접 구매자에게 발송한다.

맡긴 물건을 보관할 뿐 아니라 그것을 축으로 점차 새로운 서비스를 전개한 덕에 미니쿠라의 보관 물품 수는 설립 첫해의 100만 점에서 1,700만 점(2016년도)으로 급격히 증가했다.

기업 활동에서 가치를 창출하는 것은 제품(서비스 포함)이다. 팔 물건이 수중에 없으면 아무리 치밀하게 가격 전략, 유통 전략, 커뮤니케이션 전략을 짜더라도 무의미하다. 다른 마케팅 전략보다 우선적으로 제품 전략을 짜야 한다.

여기서는 제품의 개념, 신제품 개발 과정, 제품 라인 설계, 제품 라이프 사이클에 관해 설명한다.

# 1. 제품의 개념

고객은 다양한 편의를 한 번에 얻을 수 있는 제품을 원한다. 좁은 의미로 제품이라 하면 제품의 속성을 가리킨다. 하지만 마케팅의 관점에서는 이를 넓은 의미에서 완전완비제품으로 봐야 한다. 즉 제품의 속성뿐 아니라 판매자가 제공하는 기술 서비스, 지급 방법, 판매자와 구매자 사이에 나타나는 인간관계까지 포함한 포괄적인 개념으로 생각하는 것이 좋다. 고객은 제품을 다양한 편의의 묶음으로 보고 평가하기 때문이다.

## | 제품에 관한 의사 결정

도표 5-1에서 보듯이 제품은 세 개의 구조로 나누어 볼 수 있다.

핵심 가치core benefit: 고객의 본질적인 니즈를 채우는 기능이다. 맥주나 청량음료라면 액체, 프로 야구라면 경기를 가리킨다.

유형 제품tangible product: 핵심 가치에 따라붙는 제품 특성, 스타일, 품질, 브랜드, 패키지 등을 포함한 개념이다. 예를 들어 음료는 참신한 캔 디자인이나 패키지, 프로야구의 경우는 자이언츠라는 브랜드 네임이나 구장 내 음식이 포함된다.

확장 제품augmented product: 애프터서비스와 보증 등 고객이 가치를 인정하는 부가 기능까지 포함한 개념이다. 스마트폰의 업데이트 서비스 및 가전업체의 수리 서비스망 등이 이에 해당한다. 제품에 따라서는 보수 서비스, 기술 지원, 정보 서비스 등이 특히 중시될 수 있다.

확장 제품

유형 제품

배달 및
신용거래

애프터
서비스

브랜드
네임

특징

핵심 가치

품질 수준

디자인

패키징

제품 서포트

보증

출처: P. 코틀러, G. 암스트롱, 온조 나오토
《코틀러, 암스트롱, 온조의 마케팅 원리》. 마루젠 출판. 2014년

　　세 개의 구조 중 어느 부분이 마케팅 전략에서 중요한지는 그 제품의 특성이나 시장의 발달 단계에 따라 다르다. 예를 들어 서적의 경우 콘텐츠(핵심 가치)와 저자라는 브랜드로 이루어지는 유형 제품이 중요하다. PC의 경우는 이용 가능한 소프트웨어나 다양한 부가 기능(유형 제품)뿐 아니라 애프터서비스와 보증 등의 확장 제품 차원에서 따져보는 것이 더 큰 의미가 있다. 또한 도입기 제품의 경우는 핵심 가치, 그리고 유형 제품의 차별화가 최대 관심사겠지만, 시장이 발달해 비슷한 제품이 많이 있고 기능과 성능 등의 차별화가 어렵다면 컨설팅 서

비스 같은 확장 제품 차원의 차별화가 필요할 수도 있다.

각 계층 안에서 어떤 요인이 가장 중요한지는 제품에 따라 다르다. 예를 들어 PC는 성능이나 사양 등이 중시되는 반면 화장품은 브랜드와 패키지 등이 제품의 매력을 결정짓는 데 큰 영향을 미친다.

가령 미니쿠라의 핵심 가치는 보관 서비스이다. 서비스 설계를 단순하게 하고 웹상의 계약을 간단하게 만든 유형 제품 외에도 맡긴 물건을 사진 촬영해 확인할 수 있게 하거나 옥션에 출품하거나 여행지로 짐을 보내 주거나 세탁이 가능한 등의 확장 제품을 마련함으로써 경쟁 상대와의 차별화를 꾀했다.


## | 제품 분류

제품은 그 특성에 따라 마케팅 전략을 책정하는 데 유의미한 카테고리로 분류된다. 다양한 분류법이 있는데 마케팅 실무상 특히 중요한 것이 ①제품의 물리적 특성에 따른 분류, ②사용 목적에 따른 분류, ③구매 행동에 따른 분류다(도표 5-2 참조). 이러한 차이에 따라 세그먼테이션이나 중시할 사항, 마케팅 믹스의 설계 등이 다소 달라진다. 하지만, '제품 콘셉트 → 세그먼테이션, 타기팅 → 포지셔닝 → 마케팅 믹스'라는 일련의 마케팅 프로세스와 검토할 사항이 변하는 것은 아니다. 각 분류의 특징을 살펴보자.

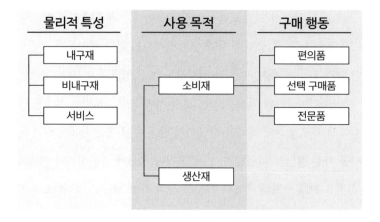

## ① 물리적 특성에 따른 분류

내구재Durable goods: 자동차, 가전제품, 컴퓨터, 의류 등 여러 번 사용할 수 있고, 사용 기간도 긴 유형의 제품을 말한다. 비내구재와 비교할 때 내구재는 일반적으로 개당 가격이 비싸고 판매 개수는 적다.

내구재 마케팅에서는 판매원이나 영업 담당자가 고객에게 직접 접근하는 판매 활동이나 제품 보증, 애프터서비스의 중요성이 높다. 이러한 노력이 드는 만큼 매출 총이익률은 높게 설정해야 한다.

비내구재Non-durable goods: 음료, 식품, 세제 등 개당 사용 횟수가 적고 사용 기간도 짧은 유형의 제품이다. 비내구재 마케팅에서는 초기 구매뿐 아니라 재구매 촉진도 매우 중요하다. 그래서 매장 점유율 획득, 지속적인 매스 미디어 광고에 힘을 써야 한다. 가격을 낮게 책정하더라도 물량 공세를 펼쳐 매장 점유율을 높이거나 광고비를 지출하는 경우가 많다.

서비스Service: 항공, 운송, 금융, 호텔 등 무형의 제품이며 그 거래 대상은 '기능'이다. 내구재, 비내구재와 달리 생산의 장이 그대로 판매의 장이자 소비의 장이기도 하다. 또한 특정 장소에서 특정 시간에 제공되며 그 뒤 수정 및 반품이 불가능하다. 품질을 일정 수준으로 맞추기 어렵다는 특징도 있다.

서비스 마케팅에서는 형태가 보이지 않는 만큼 판매자에 대한 신뢰가 중요하다. 또한 한번 고객의 신뢰를 얻어 재구매를 이끌어 내면 높은 수익성을 얻을 가능성이 커진다.

단, 물건과 서비스, 유형과 무형이라는 분류는 어디까지나 개념적이므로 현실 비즈니스는 두 요소를 많든 적든 모두 가지고 있다. 예를 들어 더스킨Duskin은 화학 약품을 입힌 막대 걸레의 방문 렌털 사업을 전개하는데 일시불 구매 상품인 가오의 퀵 와이퍼와 직접적인 경쟁 관계를 형성한다. 소비자가 '저렴하며 손쉬운 방법으로 집안을 깨끗

하고 쾌적하게' 만들고 싶어 하기 때문이다. 이러한 니즈를 구현할 때
는 물건을 제공하느냐, 렌털 서비스를 제공하느냐보다 어느 쪽의 전체
효용이 큰지에 주목해서 타깃으로 삼을 고객과 제품·서비스 내용을
검토해야 한다.

### ② 사용 목적에 따른 분류

소비재Consumer goods: 식품, 의류 등 불특정 다수의 최종 소비자를
대상 시장으로 하여 개인 소비를 위해 제공되는 제품이다. 소비자
가 분산되어 있어 매스 마케팅이 중심을 이룬다. 또한 소비자가 반
드시 제품에 관한 풍부한 지식을 갖고 있지 않기 때문에 이미지 등
이 중요한 판단 기준이 되는 경향이 강하다.

생산재(산업재)Industry goods: 공작 기계(기계나 기계 부품을 만드는 기
계) 등 생산자, 재판매업자, 지자체 같은 조직체가 대상 시장이다.
생산재 시장의 고객은 소비재 시장보다 전체 경향 면에서 대규모이
고 소수이다. 또한 전문 지식을 가진 경우가 많고, 구매 판단 기준
도 대체로 가성비를 엄격히 따지는 경향이 있다. 일반적으로는 인
적 판매(판매원이 고객과 직접 대면하는 모든 유형의 판매 활동)가 유효
하다고 여겨진다.

### ③ 구매 행동에 따른 분류

편의품Convenience goods: 청량음료, 세제, 잡지 등 소비자가 특별한 노력을 하지 않고 빈번하게 구매하는 제품이다. 일반적으로 제품 단가가 낮고, 가장 가까운 가게에서 구매한다. 편의품은 계획적으로 구매하는 경우가 적어 제품에 대한 접근 기회 확보, 다시 말해 가능한 한 많은 소매점에 많은 제품을 진열하게 하는 것이 매출을 올리는 결정적 수단이 된다.

선택 구매품Shopping goods: 가구, 가전제품, 아파트 등 소비자가 몇몇 선택지를 충분히 비교 검토한 뒤에 구매하는 제품이다. 시간과 노력을 들이는, 즉 여러 점포 및 매장을 방문하면서 비교 검토하는 제품이며 일반적으로 제품 단가가 비싸다. 또한 아파트, 중고차처럼 개별성이 강한 제품도 많다. 구매자가 가장 중시하는 사항은 가격과 품질이다.

전문품Specialty goods: 고급 자동차, 고급 브랜드 제품 등 구매하는 데 특별한 지식이나 관심이 필요한 제품이다. 일반적으로 제품 단가가 높고, 판매하는 점포 수도 한정적이지만, 구매자가 매장까지 가서 그 제품을 지명해 구매한다. 전문품으로서 경쟁력을 가지려면 브랜드 구축 및 유지를 최우선시한 마케팅 전략을 책정해야 한다. PC처럼 한때는 전문품이었으나, 널리 보급됨에 따라 선택 구매품이 되는 경우도 많다.

## 2. 신제품 개발 과정

신제품의 콘셉트 책정은 세그먼테이션 및 포지셔닝과 동시에 이루어지며 좁은 의미의 제품 전략 및 기타 마케팅 믹스 전략의 상위에 위치한다. 따라서 전략상 중요도도 높다.

신제품 개발 과정은 도표 5-3처럼 크게 네 단계로 나눌 수 있는데 각 과정에 참여하는 사람들은 매우 다양하다. 신제품 개발은 그 많은 관계자를 조정·통제하면서 일관된 콘셉트로 추진해야 한다.

도표 5-3 신제품 개발 과정

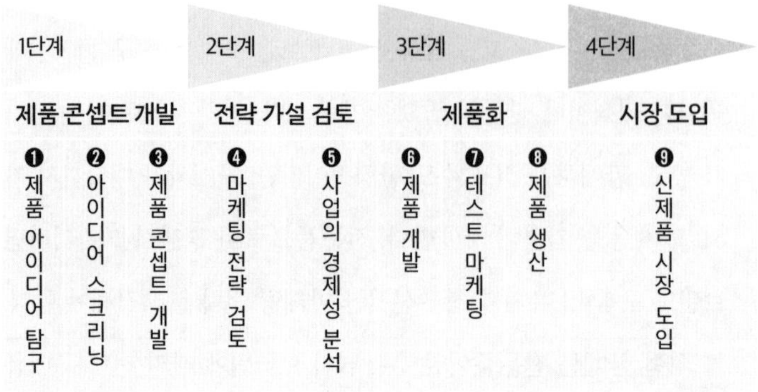

| 1단계 | 2단계 | 3단계 | 4단계 |
|---|---|---|---|
| 제품 콘셉트 개발 | 전략 가설 검토 | 제품화 | 시장 도입 |
| ❶ 제품 아이디어 탐구  ❷ 아이디어 스크리닝  ❸ 제품 콘셉트 개발 | ❹ 마케팅 전략 검토  ❺ 사업의 경제성 분석 | ❻ 제품 개발  ❼ 테스트 마케팅  ❽ 제품 생산 | ❾ 신제품 시장 도입 |

한 권으로 끝내는 마케팅

## | 1단계: 제품 콘셉트 개발

### ❶ 제품 아이디어 탐구

신제품 개발의 1단계는 제품 아이디어를 내는 데서 시작된다. 제품 아이디어란 시장에 제공하려는 제품이 가진 고유의 기능을 말한다. 이 단계에서는 다양한 정보 소스를 사용해 가능한 한 많은 아이디어를 내야 한다. 신제품 아이디어는 크게 시즈형 아이디어와 니즈형 아이디어로 분류된다.

시즈형 아이디어는 '우리가 가진 기술과 노하우(강점)를 어딘가에 이용할 수 없을까?'라는 질문에서 시작한다. 니즈형 아이디어는 '이런 니즈가 있는데 뭔가 해결할 방법이 없을까?'라는 관점에서 발생한다. 시즈형 아이디어는 사내 기술 개발 그룹이나 담당자 개인의 창의적 발상이 기점이 되는 경우가 많다. 니즈형 아이디어는 소비자층별 모니터 그룹의 자유로운 토론 등을 통해 발견되는 소비자의 불만, 막연히 마음에 품고 있던 문제점에 대한 해결 방법을 제공할 때 만들어지는 경우가 많다. 시즈형 아이디어의 예로는 액정 TV 같은 하이테크 제품이 많고, 니즈형 아이디어의 예로는 노화 방지 화장품 같은 소비재를 들 수 있다.

일반적으로는 신제품 및 신규 사업을 성공시키기 위해서는 시장의 니즈를 무시할 수 없으므로 니즈형 아이디어가 중시된다. 하지만 새로운 시장을 창출하려 할 때는 처음부터 니즈를 명확히 파악할 수 없으므로 자사의 강점을 살릴 시즈형 아이디어 개발이 유효하기도 하다. 전자레인지, PC 등이 그 대표적인 예인데, 기본 기술은 별개의 목적으로 개발되고 나중에 소비자의 잠재적 니즈에 맞춰서 보다 저렴한 가격에 사용하기 쉬운 형태로 시장에 투입된다. 이처럼 아이디어 개발은 니즈와 시즈 두 가지 측면에서 개발해야 한다.

정보 기술이 진화한 현대에는 소비자가 많은 정보를 얻을 수 있을 뿐 아니라 발신할 수도 있다. 이러한 소비자의 니즈에 부응하려면 기업 내에서 이루어지는 기존 방식의 제품 개발 과정으로는 한계가 있다. 그 때문에 오픈 이노베이션open innovation이라는 접근이 주목받고 있다. 이를 처음 제안한 UC 버클리 하스 경영대학원의 교수 헨리 체스브로Henry W. Chesbrough에 따르면, 오픈 이노베이션이란 기업 내외부의 아이디어를 유기적으로 통합해 가치를 창조하는 일이다. 따라서 혁신의 문호를 열어 고객, 종업원, 프리랜서 과학자와 연구자 등 불특정 다수를 널리 제품 혁신 과정에 관여하게 하는 기업이 늘고 있다.

예를 들어 무인양품(無印良品)의 모기업인 양품계획(良品計画)은 커뮤니티 사이트 IDEA PARK를 개설해 고객의 의견을 게재했다. 그리고 그 의견을 본 다른 고객이 '좋아요!'를 누르거나 답글을 올릴 수 있게 했다. IDEA PARK를 통해 설문 조사 외에도 시제품을 평가하는 방식으로 고객이 개발의 일부 과정에 참여할 수 있게 되었다. 그 결과, 신제품의 아이디어를 얻고, 뜻밖의 니즈를 발견하는 등 고객의 의견을 활용한 제품을 개발할 수 있었다. 이는 고객과의 가치 공유에 성공한 예이다.

## ❷ 아이디어 스크리닝

제품 개발은 구체적인 단계에 이를수록 관련자 수와 개발 비용이 가속도적으로 늘어난다. 따라서 독자적인 아이디어를 다각적으로 가능한 한 많이 내기 위해 노력하는 한편 성공 확률이 높은 아이디어는 조기에 압축해 먼저 개발하도록 한다. 이 단계를 아이디어 스크리닝이라 부른다.

창출한 아이디어는 경영 이념이나 사업 영역, 경영 자원, 경제성, 시장성, 실현성 등의 관점에서 선별한다. 시장 규모가 커질수록 객관적이고 전사적인 통일 기준을 만들고 체크 리스트 등을 사전에 작성해야 한다. 단순히 제품 아이디어를 설명하는 데 그치지 않고 '누구에게 어떤 가치가 있는 제품을 어떻게 제공할 것인지'에 관한 개요, 예측되는 사업 규모, 채산 예측 등의 내용까지 포함해서 제출한 뒤 경영진의 심사를 받는 것이 통례다.

경영진은 일반적으로 이미 경쟁 상대가 개척한 성장 시장에 뛰어드는 데는 적극적이지만, 잠재 니즈를 드러나게 할 신제품을 투입하겠다는 의사 결정에는 소극적인 태도를 보이기 쉽다. 이러한 경향은 전방위형 전략을 취하는 선두 기업일수록 뚜렷하게 드러난다. 과거 마쓰시타 전기산업(松下電器産業, 현 파나소닉Panasonic)이 '따라쟁이'라고 불린 것도 그 때문이다.

하지만 남의 뒤를 쫓기만 하다가는 더 비약할 수 없을 뿐 아니라 창조성이 없는 기업이라는 꼬리표가 붙게 된다. 때로는 '기존의 상식을 의심하는 태도'도 필요하다. 물론 상식의 유용성(빠른 의사 결정, 리스크 경감)을 부정하는 것은 아니다. 하지만 상식에 의존하는 한 과거의 연장 선상에서 성공을 거둘 수 있을지는 몰라도 그것을 뛰어넘는 획기적인 성공은 기대할 수 없다. 실제로 상식으로 스크리닝한 아이디어는 상식적인 제품으로 끝나는 경우가 많다.

### ❸ 제품 콘셉트 개발

스크리닝을 거쳐 채택한 아이디어는 누구에게 어떤 이득을 줄지를 염두에 두면서 명확하고 상세한 콘셉트로 기술한다.

미니쿠라의 예로 설명하면 이렇다. '누구든 창고를 가질 수 있고, 발상에 따라서는 새로운 활용도 가능하다.'라는 것이 콘셉트였다. 상자에 넣어 보내기만 하면 웹상에서 언제든 내용물을 확인할 수 있을 뿐 아니라 필요한 물건만 꺼낼 수 있으니 그야말로 개인 창고다. 또한 미니쿠라 모노에 맡긴 물건을 옥션에 출품하거나 따로 포장해서 여행지로 보낼 수도 있어 창고 플러스알파의 서비스를 고객에게 제안하는 형태였다.

이처럼 제품 콘셉트란 '예상 사용자가 실제로 그것을 사용하는 장면을 떠올릴 수 있을 정도로 구체화한 아이디어', '기본적인 아이디어를 소비자에게 의미 있는 형태로 알기 쉽게 설명한 것'이다.

제품 콘셉트는 '콘셉트 테스트'를 통해 세밀하게 수정한다. 콘셉트 테스트 때는 '누가 이 콘셉트에 공감하는지', '경쟁 제품보다 우월한 점이 무엇인지', '개선할 점은 무엇인지', '가격은 얼마로 정할지', '누가 사용할지', '구매 결정자는 누구인지' 등을 철저하게 검증한다(도표 5-4 참조).

제품 콘셉트를 명확하게 하는 과정에서 동시에 분명히 해야 할 점이 3장과 4장에서 설명한 타기팅과 포지셔닝이다. 즉 제품 콘셉트가 예상 고객의 구매 이유이며 시장 가치인 것이다. 또한 비교 검토 후 압축한 콘셉트는 제품화를 구체적으로 검토할 때 모든 관련 부문이 공유해야 하는 공통 언어가 된다. 이때 오해가 있거나 불명확한 점이 있으면 고객이 원하는 제품을 구현할 수 없다. 따라서 콘셉트 입안의 최종 단계가 끝나기 전에 주요 관련 부문 사이에서 철저히 논의하고 서로 수긍하는 과정이 꼭 필요하다.

## 콘셉트

수도권에 거주하며 여행을 좋아하는 2, 30대 여성용 잡지. 올 컬러로 시각적 관심을 유도해 여행지와 함께 경제적인 숙박 계획을 소개. 주로 사람들에게 덜 알려진 국내 알짜 여행 정보를 제공. 모든 여행지의 숙박 시설 쿠폰 제공. 150쪽. 격주 발행. 매호 추첨을 통해 독자 열 명에게 여행권 선물. 알짜 여행 정보가 채택된 독자에게는 추첨을 통해 10만 엔 상당의 산악자전거를 선물.

### 질문 항목(예)

- 이 새 잡지의 특징이 이해되십니까?
- 이 새 잡지는 당신의 니즈에 맞습니까?
- 이 새 잡지와 기존 잡지의 차이를 아시겠습니까?
- 이 새 잡지의 좋은 점은 무엇입니까?
- 이 새 잡지는 어떤 점을 개선해야 할까요?
- 이 새 잡지는 누가 살까요?
- 이 새 잡지의 가격은 어느 정도가 적당할까요?
- 당신은 어떨 때 이 잡지를 사고 싶을 것 같나요?

## | 2단계: 전략 가설 검토

### ❹ 마케팅 전략 검토

이제 기업이 제공하는 구체적인 가치 체계에 콘셉트를 접목한다. 콘셉트에 따라 마케팅 전략의 기본 골자를 확정하는 것이다. 구체적으로는 타깃 시장의 시장 특성(고객 행동, 시장 규모 등), 포지셔닝, 마케팅 목표(매출액, 시장 점유율)를 명확히 한 뒤 중장기적 마케팅 전략 및 마케팅 예산을 정한다는 뜻이다. 여기에 관해서는 다음 장에서 설명한다.

### ❺ 사업의 경제성 분석

잠정적 마케팅 전략을 책정했으면 그 제품 사업에 관한 경제성 검토에 들어간다. 구체적으로는 해당 제품의 예상 매출, 원가, 이익을 몇 가지 시나리오별(적어도 낙관적, 현실적, 비관적 등 세 가지 패턴은 필요)로 추정하고 전략 목표에 맞는지 여부를 검토한다는 뜻이다. 이 단계에서 채산성이 의심된다면 제품 콘셉트 단계부터 마케팅 전략을 다시 짜야 한다.

## | 3단계: 제품화

### ❻ 제품 개발

사업의 경제성 분석에서 좋은 결과를 얻었다면 설계 개발 부문과 연계해 구체적인 제품 개발을 시작한다. 기술 부문 관계자와 마케팅 그룹은 제품 콘셉트를 구현하기 위해 다양한 제품 속성이라는 관점에서 소재, 사양을 세밀하게 검토한다.

구체적인 제품 이미지가 완성된 후, 설계 개발 부문(조형 부문이 관여하기도 한다)은 그 콘셉트에 따라 몇몇 시제품을 만든다. 시제품은 조형, 기능을 포함한 물리적·심리적 측면에서 비교 검토되며, 개량으로 이어진다. 이렇게 해서 완성한 시제품은 안전성과 내구성 등 실용성에 관한 실험을 거칠 뿐 아니라 예상한 고객의 반응을 보기 위한 다양한 리서치를 하게 된다.(한정된 지역에서 실시하는 경우를 테스트 마케팅이라 하고 순수하게 고객의 반응을 확인하기 위한 리서치는 사전 조사pretest라고 한다.) 이 과정을 거치고 나면 담당 임원의 승인을 얻어 마침내 제품화에 이르게 된다.

제품화가 확정되면 후발 업체의 시장 진출을 저지하기 위해 개발에 관한 특허를 신청해야 한다. 특히 아이디어 주도형 제품은 특허를 신청하지 않으면 모방품이 시장을 교란시킬 위험이 커진다.

제품의 네이밍naming은 제품의 특징을 전하거나 소비자의 흥미를 환기하는 데 큰 힘을 발휘한다. 네이밍을 잘하고 못하고가 제품의 매출을 크게 좌우하는 요인이 될 수도 있다.

녹차 음료 중 업계 선두를 달리는 이토엔(伊藤園)의 '오이 오차'가 성공한 데는 네이밍의 역할이 작지 않다고 알려져 있다. 오이 오차는 1989년에 당시 고전 중이던 '캔에 담은 녹차'를 리뉴얼해 출시한 것이다. '캔에 담은 녹차'라는 네이밍은 너무 직설적이라는 의견과 함께 '녹차'의 한자 표기를 못 읽는 사람도 많았던 탓에 네이밍을 바꾸게 된 것이었다. 오이 오차는 가족의 대화 중 일부를 발췌해 네이밍에 이용한 드문 사례였지만, 화제성과 친숙함 덕에 소비자의 호감을 불러일으켰다.

네이밍을 확정하는 시기는 정해져 있지 않다. 콘셉트 설계 등 초기 단계에 거의 결정되는 경우가 있는가 하면, 시제품이나 용기 같은 모형 제작을 봐 가며 정해지는 경우도 있다. 적어도 포장 인쇄와 프로모션에 관한 내용이 자세하게 정해지기 전에만 결정하면 된다.

네이밍을 할 때는 친숙감, 단순함, 제품과의 정합성 등을 고려하면서 독특한 어감까지 더해야 한다. 네이밍을 잘하기로 유명한 고바야시(小林) 제약의 제품 중에는 '포트 세정 중', '네쓰 사마 시트'('네쓰'는 '열', '사마'는 '식다'라는 뜻), '노도 누루 스프레이'('노도'는 '목', '누루'는 '바르다'라는 뜻), '귀 클린', '머리카락 모아 휙'처럼 제품의 효과와 이용 방법을 쉽게 상상할 수 있는 독특한 네이밍이 많다. 또한 가오가 1994년에 출시한 주방 세제 '패밀리 큐큣토'는 헹구는 순간 오염이 씻기는 현상을 '큐큣토(뽀드득)'라는 의성어로 실감 나게 표현했다. 감각을 소리로 표현한 독특한 네이밍은 여러 매체의 주목을 받으며 퍼블리시티 publicity(상품 또는 기업에 대하여 언론이 일반 보도로 다루도록 함으로써 결과적으로 무료로 광고 효과를 얻는다)에 크게 기여했다.

법무 측면에서는 네이밍을 한 직후 바로 상표 등록을 하는 것이 좋다. 다른 사람이 같은 이름으로 상표 등록을 했을 때는 그 이름이나 로고를 사용할 수 없을지도 모르기 때문이다. 현재 사용 중인 기업이 없을 것 같아도 이미 등록되어 있는 경우도 있다. 괜찮다 싶은 이름은 일찌감치 상표를 등록해서 권리를 취득, 보호할 필요가 있다.

---

### ❼ 테스트 마케팅

그다음은 테스트 마케팅 실시다. 테스트 마케팅은 엄청난 마케팅 비용이 지출되는 전국 규모 출시에 앞선 마지막 조정 기회다. 테스트에서 소비자의 반응이 좋지 않으면, 출시를 늦추고 수정하거나 중지하는 방법도 생각해야 한다. 그렇게 함으로써 거액의 손실 및 유통에 대한 신용 추락을 미연에 방지할 수 있다. 한편 잠재 수요의 크기를 가늠하면 본격적으로 출시할 때 공급 부족으로 인한 기회 손실도 방지할 수 있고, 전국 출시와 관련해 광고나 판촉 방법을 고민할 때 판단 근거가 되기도 한다.

일반적으로 테스트 마케팅은 한정된 지역의 반응을 토대로 전국 출시 시의 상태를 예측하는 역할을 한다. 따라서 가능한 한 이상치가 나오기 어려운 지역을 선택하는 것이 중요하다. 일본에서는 테스트 마케팅의 대상 지역으로 종종 시즈오카현(静岡県)과 홋카이도(北海道)를 선택한다. 소비자의 구매력이나 구매 특성 등이 전국 평균에 가깝고 지역 특성을 보더라도 야간 인구와 주간 인구의 이동이 작아 '시험적으로' 테스트할 수 있기 때문이다.

하지만 자사 제품의 시장성이 높다는 점을 알리고 타사의 진출을 조장할 리스크도 있다. 또한 정교한 결과를 얻으려고 하면 할수록 시간과 비용이 많이 든다. 시장 환경의 변화가 빠른 제품의 경우에는 이러한 시간과 비용이 오히려 실패의 원인이 되기도 한다.

### ❽ 제품 생산

테스트 마케팅의 결과가 나오면 이를 토대로 최종적으로 디자인 및 패키징 등의 제품 사양을 결정하고 생산 체제를 계획한다. 그러나 본 생산에 들어갔다고 해서 끝이 아니다. 제품이 시장에 나온 뒤에도 시장 동향과 소비자의 반응을 조사, 분석해 다음 제품의 개발에 활용하는 것이 마케터의 역할이다.

---

**패키징**

패키징packaging은 제품을 보호하기도 하지만, 디자인 등으로 소비자의 시선을 끌어 내용물 이상으로 구매 의사 결정에 큰 영향을 미치기도 한다. 패키지 디자인은 경쟁 제품과의 중요한 차별화 요소가 되는 것이다.

예를 들어 백화점이나 전문점에서 파는 고가의 초콜릿과 일반적인 초콜릿 사이에 존재하는 스페셜리티 초콜릿 시장을 노린 메이지(明治)의 메이지 더 초콜릿Meiji the chocolate은 패키지를 리뉴얼함으로써 히트 상품으로 떠올랐다. 새 패키지는 해외 시장에서 주류를 이루는 세로로 긴 수공예풍 상자로 상품 사진이나 맛 설명이 없는 심플한 디자인이었다. 경쟁 상품에서 볼 수 없는 세련된 패키지 디자인은 출시하자마자 여성들의 시선을 끌었다. SNS에서 단숨에 뜨거운 반응을 불러일으켰을 뿐 아니라 구매자가 패키지를 재활용해서 만든 지갑, 노트, 스마트폰 케이스, 키홀더 등의 사진이 줄을 이었다. 이 사례를 통해 패키지의 소재, 질감, 색조 등이 브랜드 이미지를 표현하는 데 중요한 역할을 한다는 사실을 알 수 있다.

또한 패키지는 제품 정보를 제공하는 데도 중요한 역할을 한다. 가령 가오가 퀵 와이퍼를 시장에 투입할 당시에는 전혀 새로운 개념의 청소 도구였기 때문에 패키지의 공간을 제품의 특징과 사용법 설명에 충분히 활용했다. 상자의 앞면에 제품명과 '바닥의 먼지와 머리카락을 남김없이 손쉽게 잡아낸다.'라는 제품 콘셉트를 크게 넣음으로써 거실 바닥을 쓱쓱 미는 장면이 인상적이었던 TV 광고와의 시너지 효과도 노렸다. 또한 제품의 이미지를 떠올리기 어려운 소비자를 위해 작은 구멍을 뚫어 상자 안을 들여다볼 수 있게 했다. 그뿐만 아니라 상자의 양 측면에는 사용 방법과 품질, 주의사항 등을 집중시켰다. 그리고 뒷면에는 일러스트를 넣어 다양한 사용법(침대 밑, 벽, 천장까지 청소할 수 있다는 점)과 다양한 효용(소음이 없어 잠자는 아기를 깨우지 않으며 TV, 조명등을 닦을 때는 막대 없이 시트만 이용할 수 있다는 점)을 한눈에 알 수 있게 제시했다. 그렇게 함으로써 패키지를 집어 든 소비자에게 새로운 청소 도구를 써 보고 싶다는 마음을 일으키는 데 성공한 것이다.

뛰어난 패키지는 로지스틱스logistics(유통 합리화의 수단으로서 원료 준비, 생산, 보관, 판매에 이르기까지의 과정에서 물적 유통을 가장 효율적으로 수행하는 종합적 시스템)의 효율화 및 자원 절약에도 기여한다. 과거 립톤Lipton은 선박을 이용해 홍차를 수출할 때 선내의 한정된 화물 공간을 효과적으로 이용하려 했다. 그 결과 현재와 같은 육면체 패키지를 고안해 냈다. 기린 맥주의 저 알코올 칵테일 음료 '효케쓰'의 캔 등에 들어간 다이아몬드 컷은 이른바 '미우라 기법'을 이용한 것이다. 캔을 따면 캔 측면에 다이아몬드 형태의 굴곡이 생겨 재미와 디자인상의 아름다움을 줄 뿐 아니라 포장의 강도를 떨어뜨리지 않고도 종래의 캔보다 30퍼센트 가볍게 만들 수 있는 기법이다.

이처럼 패키징은 수많은 역할을 하며 마케팅에서 중요한 의미를 가지기 때문에 4P에 이은 제5의 P<sub>Packaging</sub>로 사용되기도 한다.

---

## | 4단계: 시장 도입

### ❾ 신제품의 시장 도입

마지막 단계는 시장 도입이다. 이미 큰 틀의 마케팅 계획은 성립된 상태이므로 그에 따른 전략을 수립하고 그 내용을 확실히 실행하는 데 주력해 단숨에 사업 기반을 구축하도록 한다.

신제품의 시장 투입은 경영 자원이 대량으로 투입되기에 경영자에게 매우 중대한 의사 결정이다. 따라서 개발 과정의 각 단계에서 문제점이 발견될 때는 수시로 피드백을 받고 전략을 수정해야 한다. 당연하게 여길지 모르지만, 이미 실행 중인 계획을 중단하고 수정하기란 대단한 용기가 필요한 일이다.

일련의 신제품 개발 과정을 진행하다 보면 경영진이 근거도 없이 자신의 취향을 강요하거나 타 부문이 협조하려 하지 않는 등 조직 내에서 충돌이 빚어지기도 한다. 그러므로 평가나 판단 기준의 명확화·객관화, 처리 권한의 공식화 등을 염두에 두고 신제품 개발 체제를 정비해야 한다. 동시에 프로젝트 담당자가 사내에서 강력한 리더십을 발휘할 수 있도록 하는 것도 중요하다.

# 3. 제품 라인 설계

제품 전략을 짤 때는 개별 제품뿐 아니라 제품 라인 전체의 관점에서 생각해야 제품의 힘을 키울 수 있다. 특정 세그먼트를 노린 제품이 히트했을 때, 조금씩 변형을 주면서 주변 시장까지 흡수하는 경우가 많기 때문이다. 게다가 이 방법은 처음부터 신제품을 다시 만드는 것보다 마케팅 활동의 효율도 좋다.

제품 라인이란 개개 제품의 집합이며 '폭'과 '깊이' 두 가지의 차원으로 확산한다. 예를 들어 폭은 자동차 업체의 경우, 승용차만을 취급할지 아니면 트럭이나 이륜차까지 취급할지를 말한다. 그리고 깊이는 승용차 안에서도 모델을 몇 가지나 취급할지에 관한 이야기다. 일반적으로 제품 라인의 깊이는 '중급-고급-저급', '고가-중가-저가' 혹은 '50, 60대-40, 50대-20, 30대'와 같이 설정하는 경우가 많다.

마케팅 담당자는 장기 이익을 최대화할 수 있도록 또는 기업의 목적에 부합하도록 최적의 제품 라인을 모색해야 한다. 제품 라인 정책에 영향을 미치는 요인을 순서대로 살펴보자.

### ① 고객 니즈

당연한 얘기지만, 가장 중요한 것은 고객의 니즈다. 일반적으로 시장이 확대·성숙하면 그에 따라 고객 니즈는 다양해지고 고객은 더 깊은 제품 라인을 원하게 된다. 뒤집어 말하면 이러한 고객의 변화에 맞추어 제품 라인을 확대할 필요가 있다는 것이다. 제품 라인을 확대할 때는 기존의 제조 라인을 개량해 신제품을 추가하는 것처럼 가능한 한 기존 제품과의 시너지를 기대하고 실시한다.

### ② 제품별 수익성

제품 라인 정책에 영향을 주는 두 번째 요소는 개별 제품의 수익성이다. 당연한 얘기지만, 어느 제품의 수익성이 낮거나 캐시플로cash flow(일정한 기간 동안에 기업에 유출·유입되는 자금액)가 희망적이지 않다면 폐지의 대상이 된다. 물론 제품 자체는 적자라도 전략적으로 그 제품을 유지하는 편이 유의미한 경우라면 예외다.

예를 들어 항공사의 경우 설사 적자 노선이라 할지라도 도쿄-뉴욕 항공편은 '광고탑(광고를 위하여 탑처럼 높이 만들어 세운 구조물)'의 의미에서 계속 운항할 수도 있다. 컴퓨터 가게라면 '종합 전문점'이라는 이미지를 유지하기 위해 일부 제품이 다소 적자를 내더라도 계속 취급하기도 한다.

또한 제품 라인의 종류가 표준과 고급 사양 두 가지뿐일 경우, 큰 가격 차이로 이익 폭이 큰 고급 버전이 잘 팔리지 않는 경향이 있다. 이럴 때 중간 단계를 하나 추가하면(표준판 '디럭스 사양' 등) 상급 사양의 구매를 촉진할 수 있다. 이런 점을 잊고 단순히 매출이 적다고 해서 중간 버전을 제거하면 이익을 확보하기 어려운 표준 버전으로 매출이 집중될 가능성이 있다.

### ③ 경쟁 상황

제품 라인 전략을 짤 때, 경쟁사의 제품 전략을 아는 것이 중요하다. 의도적으로 경쟁 상대의 주력 제품에 도전하거나 상대가 너무 강하면 상대의 전략을 피해 다른 제품에 주력할 수 있기 때문이다.

1970년대 미국의 이륜차 시장에 진출한 혼다HONDA는 고배기량의 할리데이비슨Harley-Davidson과 싸우는 길과 경쟁을 피해 중배기량까지만 출시하는 길의 두 가지 선택지가 있었다. 그리고 혼다는 후자를 선택했다.

### ④ 자사 제품 간 자기잠식

자사 제품 간 차별성이 소비자에게 인지되지 못해 자기잠식 효과가 발생했을 때는 제품 라인의 정리·통폐합을 통해 자기잠식 효과의 확대를 억제하거나 제품 간 차이점을 소비자에게 인지시키기 위한 마케팅 노력을 해야 한다. 대형 화장품업체 시세이도(資生堂)는 백화점, 화장품 가게, 드러그스토어 등 다양한 채널에 다수의 브랜드를 출시했다. 그리고 2014년 무렵, 카테고리별 주력 브랜드를 정함으로써 선택과 집중이라는 방식을 택했다.

### ⑤ 리스크 분산

제품 하나에 매출이 너무 집중되면 그 제품의 매출이 급격히 떨어졌을 때 큰 타격을 입게 된다. 한때 광우병 파동으로 미국산 소고기의 수입이 일시적으로 중단되었을 때, 소고기덮밥을 대표 메뉴로 내세웠던 요시노야(吉野家) 등 외식업계가 식자재 조달에 어려움을 겪었다. 소비자 사이에도 소고기를 기피하는 분위기가 퍼졌다. 당시 요시노야는 돼지고기를 쓰는 등 대체 메뉴를 고안해 위기를 극복했다. 기업은 내부 오퍼레이션이 아무리 잘 갖추어져 있다 해도 외부 환경의 갑작스러운 변화로 인해 큰 타격을 입을 수 있다. 따라서 시장 동향과 자사의 강점을 이해한 뒤 적절한 제품 라인을 구성해야 한다.

## 4. 제품 라이프 사이클

제품은 통상 도입기, 성장기, 성숙기, 쇠퇴기로 이루어지는 제품 라이프 사이클Product Life Cycle을 거친다. 이러한 시장의 발전 단계별 마케팅 전략을 이해해 두는 것이 좋다.

### | 제품 라이프 사이클 이론

전형적인 제품의 매출은 시간의 흐름에 따라 도입기, 성장기, 성숙기, 쇠퇴기의 네 단계를 거치면서 S자형 곡선을 그린다(도표 5-5 참조).

각 단계에서 제품과 이용 방법에 관한 소비자의 이해도, 경쟁 상대의 수와 경쟁의 초점, 마케팅 조직의 발달 단계 등에 차이가 있다. 이에 따라 마케팅 과제가 달라지므로 자연스럽게 상이한 마케팅 전략이 필요해진다.

물론 자사 제품의 특성 및 경영 자원 등 여러 조건에 따라 이 이론 대로 흘러가지 않을 수도 있지만, 마케팅 전략을 책정할 때 하나의 가이드라인으로 활용한다. 개별 제품뿐 아니라 제품 라이프 사이클이라는 큰 관점에서 제품을 파악하는 것이 중요하다.

### ① 도입기

시장 발달의 초기 단계이며 신기술로 시장이 창출되는 경우도 많다. 이 단계의 마케팅은 제품의 사용 방법 및 기존 제품에 대한 우월성에 관한 판촉 활동을 중시하며 소비자와의 커뮤니케이션을 시도한다. 이 단계의 기본적인 목적은 1차 수요 창출이다. 다시 말해 최대한 신속하고 완전하게 기존 제품을 대체해 수요를 확대하는 것이다. 특허를 보유한 기업이 시장과 이익을 독점하는 경우도 있다.

도표 5-5 제품 라이프 사이클

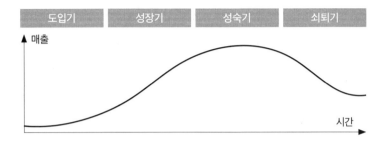

### ② 성장기

신제품이 시장에 침투하기 시작하면 상황은 뚜렷하게 변화한다. 신제품에 민감한 소비자는 제품을 구매한 뒤에 사용 방법에 관한 지식을 얻는 경우도 많다. 또한 세그먼트별 니즈에 맞는 제품에 대한 요구가 나오기도 한다. 이 단계에서는 차별화를 꾀하거나 자사 제품을 경쟁 제품과는 다르다고 인식하도록 보다 많은 소비자에게 적극적으로 판촉 활동을 펼쳐야 한다. 흔히 제품의 확장, 즉 특정 세그먼트의 니즈에 맞춰 제품 라인을 확대하는 전략을 취한다.

### ③ 성숙기

일정 시간이 지나면 시장 파이를 최대한 키우는 작업은 끝나고 기업은 자사의 이익을 최대화하기 시작한다. 이 단계가 되면 업계 구조는 고착되고 소수의 기업이 대부분의 시장 점유율을 획득한다. 이러한 선도 기업의 목표는 시장 점유율을 유지하되 가능하면 더 늘리는 것이다. 따라서 가격 인하를 통해 판매량 확대를 꾀하는 전략이 종종 이용된다. 또한 유통 채널과 고객 그룹을 지키기 위해 서비스와 가격을 무기로 경쟁 상대의 공격을 막으려 한다. 선도 기업은 경쟁 기업 또는 신규 진출 기업이 자사 제품을 뛰어넘는 신제품을 개발했을 때 어려움을 겪는다. 그러한 제품의 개발은 종종 타 업종에서 나타나기 때문에 업계 밖 동향에도 주의를 기울여야 한다.

선도 기업과는 대조적으로 소규모의 하위 기업은 생존을 최고의 목표로 삼는다. 그들은 대부분 특정 세그먼트(그 기업이 독자적인 강점을 발휘할 수 있고, 요구되는 경영 자원이 그리 크지 않은 세그먼트)를 타깃으로 정해 그곳에 집중한다.

### ④ 쇠퇴기

이 단계에 이르면 매출은 떨어지고 이익도 격감한다. 신규 투자가 거의 필요 없어 일부 선도 기업은 현금을 창출할 수 있다. 그 외의 기업은 철수하거나 혁신을 통해 새로운 가치를 창출하는 전략을 취하게 된다. 또한 현금을 창출하는 기업도 그 현금을 해당 사업에 재투자하는 것이 아니라 새로운 사업에 투자한다.

## | 제품 라이프 사이클 이론의 한계

제품 라이프 사이클 이론은 매우 유익한 개념이지만, 몇 가지 약점도 있다. 이 점을 이해하지 못하면 전략을 착각할 우려가 있다.

우선 모든 제품이 도입기, 성장기, 성숙기, 쇠퇴기 과정을 거치는 것은 아니라는 점에 주의하기 바란다(도표 5-6 참조). 실제로는 도입 후에 급성장한 다음 곧 쇠퇴기를 맞는 수명이 짧은 제품도 상당히 많다. 유행을 타는 제품이 전형적인 예다. 그에 반해 출시 후 서서히 보급되다가 수십 년이 지나도 전혀 쇠퇴할 기미를 보이지 않는 제품도 있다. 유행을 타지 않는 기본 아이템이 이에 해당한다.

제품 라이프 사이클 이론을 적용할 때 또 하나 주의해야 할 점은 대상 제품의 레벨이 개별 브랜드인지 제품 카테고리인지에 따라서 라이프 사이클의 기간 및 형태가 크게 달라진다는 점이다. 예를 들어 맥주라는 제품 카테고리, 드라이 맥주라는 서브 카테고리, 아사히 슈퍼 드라이 등의 개별 브랜드에 주목해 보면 뒤에서부터 순서대로 사이클의 기간이 짧고, 그 형태가 불규칙한 경향이 있다. 제품 라이프 사이클 이론을 응용할 때는 어느 레벨에 주목하고 있는지를 명확히 해야한다. 개별 제품으로서는 쇠퇴기에 들었어도 제품 카테고리 자체는 아직 성장 중인 경우가 충분히 있을 수 있다.

최근에는 제품 라이프 사이클에도 변화가 일고 있다. 일본의 행정 기관 경제 산업성이 발표한 데이터에 따르면, 현재 제조업의 라이프 사이클은 10년 전과 비교했을 때 짧아졌다고 답한 기업이 전 업종에서 늘고 있다. 이는 IT의 발전과 빨라진 기술 혁신의 영향이라고 볼 수 있다. 업계와 제품·서비스의 특성에 따라 차이는 있겠지만, 기업은 고객이나 시장의 변화를 빠르게 파악하고 판단해야 한다.

도표 5-6 다양한 제품 라이프 사이클

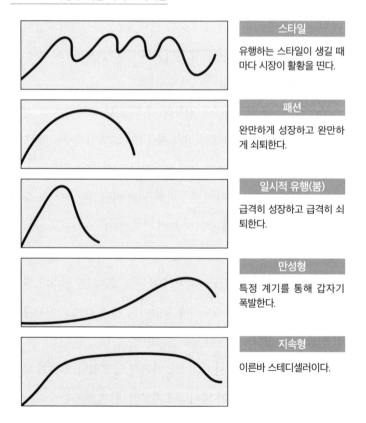

**스타일**
유행하는 스타일이 생길 때마다 시장이 활황을 띤다.

**패션**
완만하게 성장하고 완만하게 쇠퇴한다.

**일시적 유행(붐)**
급격히 성장하고 급격히 쇠퇴한다.

**만성형**
특정 계기를 통해 갑자기 폭발한다.

**지속형**
이른바 스테디셀러이다.

　　최근 창업 및 사업의 자금 조달 방법으로 크라우드 펀딩Crowd Funding을 이용하는 사례가 나타나고 있다. 따로 정의가 있는 것은 아니지만, 일반적으로는 '새 사업을 일으키려 하는 개인 또는 기업 등과 자금 제공자를 인터넷으로 연결한 뒤 다수의 자금 제공자(크라우드crowd, 즉 다수)로부터 소액의 자금을 모으는 방식'을 말한다. 그리고 크게 기부형, 구매형, 투자형 세 가지로 나뉜다. 일본 내 크라우드 펀딩은 신규 프로젝트 지원액 기준으로 볼 때 2013년도에 124억 7,800만 엔이던 것이 2016년도에는 745억 5,100만 엔으로 급성장했다.

　　이렇게 자금을 모금하는 비즈니스 모델은 일련의 활동에 마케팅 관련 요소가 포함되어 있다. 가령 회원제 레스토랑인 29ON(니쿠온)은 '굽지 않는 불고깃집'이라는 콘셉트를 내세웠다. 크라우드 펀딩에 응해 준 지원자에게 회원권을 발행하면서 정해진 금액의 고기를 무한정 먹을 수 있게 했다. SNS에 이러한 내용을 올리자 710명의 서포터가 모였고, 940만 엔의 자금을 모아 실제 개업하기에 이르렀다. 고기를 굽지 않는다는 새로운 발상과 매력적인 혜택이 언론과 SNS에서 화제를 모으며 뜨거운 반향을 일으킨 것이다.

　　크라우드 펀딩을 이용한 대기업의 사례로는 자동차 부품업체 덴소DENSO가 있다. 덴소는 신제품 개발에서 지원자들의 피드백을 제품화에 적용했다. 크라우드 펀딩은 BtoB 비즈니스를 주로 전개하며, 최종 소비자와의 접점이 거의 없었던 덴소에게 크라우드 펀딩은 자금 조달뿐 아니라 개발의 방향성을 확인하고 직접 최종 소비자에게 PR할 수 있는 절호의 기회가 되었다.

　　반면 지원자의 반향이 적고 자금이 모이지 않아 사업화에 실패한 사례도 있다. 각종 정보 단말기 생산업체인 니혼포스텍(日本POSTEC)은 스마트폰으로 조작할 수 있는 조명인 오니아onia를 개발해 크라우드 펀딩으로 자금을 조달하려 했다. 오니아는 사용자의 기분에 맞추어 색상과 밝기를 조정할 수 있는 조명으로 휴식 시간, 파티 외에 평상시에도 사용할 수 있는 폭넓은 용도를 제안했다. 하지만 그 결과 목표 금액의 반도 모이지 않았다. 이용할 수 있는 상황을 너무 많이 제시함으로써 오히려 타깃이 모호해진 탓에 개발자의 의도가 지원자에게 전달되지 않은 것이다.

크라우드 펀딩은 마케팅 시책 중 하나인 테스트 마케팅이 더 열린 방식, 더 낮은 비용, 소비자와 더 밀접해진 형태로 발전한 것이다.

지금까지는 제품 개발 과정에 시간과 비용을 들였지만, 이 방식은 제품 라이프 사이클이 단축된 오늘날의 시장 환경에 적용하기 어렵다. 짧은 개발 사이클이 연속되며, 점진적이고 반복적인 접근을 중시하는 애자일Agile형 개발을 도입하는 기업도 등장했다. 3D 프린터나 아두이노arduino(다양한 센서나 부품을 연결할 수 있고 입출력, 중앙 처리 장치가 포함되어 있는 기판) 같은 전자 회로 기판을 활용한 개발 환경이 갖춰지면서 시제품 제작의 장벽도 대폭 낮아졌다. 이러한 새로운 기법 및 기술과 크라우드 펀딩이 융합함으로써 고객이 원하는 제품·서비스를 신속하게 실현하는 시대가 된 것이다.

---

# 제6장 · 가격 전략

가격은 기업의 수익을 크게 좌우하는 요소로서 제품·서비스의 가치를 표시하는 중요한 역할을 한다. 기업은 수요 동향과 이익 확보의 균형을 잡으면서 제조 비용, 고객 가치, 경쟁 환경에 유의해 전략적으로 가격을 책정해야 한다.

사이클론 진공청소기로 유명한 다이슨dyson은 미용 가전 시장에 뛰어든 뒤 2016년 고성능 헤어드라이어를 일본에서 세계 최초로 출시했다. 시장의 중심 가격대를 크게 웃도는 가격 설정에도 출시 전부터 수많은 예약이 몰리며 시선이 쏠렸다.

제임스 다이슨James Dyson이 영국에서 창업한 다이슨은 현재 사이클론식 진공청소기의 대명사가 되어 전 세계에서 인기를 누리고 있다. 그러나 1998년에 일본 법인을 설립했을 당시에는 회사 인지도가 제로에 가까워 가전 대국인 일본 내 판매 활동이 쉽지 않았다. 다이슨의 청소기는 사이즈가 크고 고가였기 때문에 물건을 오래 쓰는 문화가 자리 잡은 유럽에서는 쉽게 수용됐다. 하지만 협소 주택이 많고 시장 경쟁이 치열한 일본의 청소기 시장에서는 고전을 면치 못했다.

그래서 다이슨은 일본 시장용으로 소형화한 제품을 출시함과 동시에 TV 광고를 적극적으로 전개했다. 광고는 주부들이 선호하는 여성 탤런트를 기용하지 않고, 청소기 본체와 사이클론 기술을 전면에 내세웠다. 또한 '흡인력이 떨어지지 않는 유일한 청소기'라는 캐치프레이즈를 통해 경쟁 제품과의 명확한 차이를 소비자에게 각인시켰다. 이 광고가 화제를 끌며 청소기는 히트를 했고, 그 후에도 혁신적인 선풍기와 공기 청정기를 선보이며 히트를 연발했다. 일련의 마케팅 전략의 효과로 소비자는 '기술의 다이슨'이라는 인식을 하게 되었고, 고성능을 무기로 비싸더라도 다이슨의 제품만 고집하는 고객이 늘어갔다.

다이슨은 '소비자 조사에 기대지 않는다', '광고비보다 기술 개발에 투자한다', '싸게 팔지 않는다'는 3원칙을 내세운다. 그리고 매주 영국 본사의 기술 책임자가 일본을 찾아 일반 가정을 방문하고, 출시 전 상품을 테스트하게 한 뒤 그 모습을 관찰하는 방식을 이용한다. 즉 기술자가 현장에서 보고 느낀 점이 제품에 반영되는 것이다. 이런 점이 바로 가격이 비싸더라도 소비자가 선택하는 제품을 만들어 내는 다이슨의 강점이 되었다.

기술 개발에 주력하는 다이슨은 할인 판매가 일반적인 가전제품 판매점에서도 '싸게 팔지 않는다.'라는 원칙을 철저히 지킨다. 판매점 입장에서도 다이슨만을 고집하는 고객이 많아 고가에도 팔리는 다이슨의 제품을 놓치고 싶지 않기에 그 방침을 존중하고 있다.

하지만 가격 할인이 전혀 없는 것은 아니다. 제품을 구매한 고객이 시리얼 넘버를 등록하면 재구매할 때 다이슨에서 특가에 직접 구매할 수 있다. 고객에게 부여하는 특전을 둠으로써 자사 제품의 재구매 확률을 높이는 것이다. 매장에서는 대대적인 할인을 하지 않기 때문에 브랜드도 훼손되지 않는 절묘한 전략이다.

헤어드라이어는 60년 이상 기술적인 혁신이 없었던 분야다. 사용자에게는 오랫동안 기존 드라이어의 형태와 기능이 당연하게 자리 잡았고, 젖은 머리카락을 말릴 수만 있다면 특별히 불만을 느끼지 못했다. 그러나 엔지니어이기도 한 다이슨는 다르게 보았다. '믿을 수 없을 만큼 많은 사람이 매일 이 비효율적인 기계를 이용해 시간을 낭비하고, 머리카락에 손상을 주고 있다. 뭔가 다른 방법이 필요하다. 아니, 뭔가 방법이 있는 게 틀림없다.'라고 생각한 것이다.

그는 '헤어드라이어의 상식을 바꾼다.'라는 콘셉트하에 새로운 헤어드라이어를 개발하기 위해 모발 연구소를 설립했다. 약 5년 동안 103명의 엔지니어가 모발을 철저히 연구하는 일부터 시작했다. 그리고 연구 개발 결과, 과도한 열로부터 머리카락을 보호하면서 말릴 수 있고, 나아가 헤어 세팅도 가능한 획기적인 제품 슈퍼소닉Supersonic이 탄생했다.

일본의 헤어드라이어 시장은 시장 점유율 1위를 달리는 파나소닉Panasonic이 6, 70퍼센트를 차지하고 있다. 가격은 파나소닉의 상위 기종이 2만 엔대, 중심 가격대는 수천 엔대이다. 이에 반해 다이슨의 슈퍼소닉은 4만 엔을 넘는다. 매일 쓰는 물건이라면 고가라도 소비자가 수긍하고 구매할 거라고 판단한 것이다.

그렇지만 청소기나 선풍기에는 다이슨 애용자가 있어도 헤어드라이어는 미용 가전 분야다. 미지의 분야에서 새로운 소비자를 개척하는 일 그리고 시장의 중심 가격대를 훌쩍 뛰어넘는 가격이라도 수긍할 수 있는 가치를 타깃층이 알아보게 한다는 것은 마케팅에 있어 중요한 숙제였다.

다이슨은 소비자가 인식할 가치를 높이고 고성능 헤어드라이어의 지위를 얻기 위해 프로모션에 주력했다. TV 광고에서는 독창적인 디자인과 혁신적인 기술을 소구해 '헤어드라이어의 상식을 바꾸겠습니다.'라는 문구로 다양한 소비자의 인지를 도왔다. 그리고 청소기와 선풍기 때와는 달리 여성 탤런트를 광고에 기용했다. 또한 유명 헤어 아티스트들에게 의뢰해 광고와 이벤트에서 전문가 관점의 해설을 제공하는 등 비싸도 구매할 가치가 있는 제품이라는 이미지를 심었다. 더불어 미용 가전이라는 특성을 고려해 소셜 미디어도 적극적으로 활용했다. 소셜 미디어는 최종 소비자의 피드백을 얻기에 안성맞춤이기 때문이다. 그뿐만 아니라 타깃층이 친숙하게 느낄 수 있도록 주요 백화점에 화장품 매장처럼 꾸민 팝업 스토어를 열었다. 그리고 현장에서 실제로 제품을 써 보고 두피 체크도 할 수 있게 했다. 가전제품 판매점 외에 새로운 판로도 넓혀 제품 경험을 통해 가치를 이해하게 했으며, 이를 통해 새로운 고객을 끌어들이는 데 성공했다.

헤어드라이어 시장에서 만 엔이 넘는 제품이 차지하는 비율은 판매 대수 기준으로 볼 때 2015년도에는 20퍼센트를 밑돌았다. 하지만 2016년도에는 20퍼센트를 넘겼으며 금액 기준으로는 60퍼센트 이상을 차지하는 수준까지 성장했다. 2016년도 매출을 기준으로 다이슨은 여러 경쟁 상대를 누르고 파나소닉에 이어 2위 자리에 올랐다.

### 이론 ////

마케팅 전략에서 가격은 항상 중요한 초점이다. 가격 전략은 기업이 손에 쥘 자금과 기업 수익에 직접적인 영향을 주기 때문이다. 가격 설정이란 일종의 기술이며 게임이기도 하다. 가격은 소비자에게 직통으로 호소할 수 있는 메시지 수단이며 동시에 경쟁 기업에 대한 메시지가 되기도 한다. 한 기업이 책정하는 가격은 소비자가 이를 수용할지 뿐만 아니라 경쟁 기업의 가격에 의해서도 좌우된다. 그리고 그 기업이 책정한 가격은 경쟁 기업의 가격 전략에도 영향을 미친다. 여기서는 가격 전략의 중요 항목에 관해 설명한다.

# 1. 가격에 대한 관점

가격은 마케팅 믹스에서 설명한 4P 중에서도 수익과 직결되는 유일한 요소다. 가격 설정은 마케팅 외의 부문도 주목하는 사안으로서 이를 통해 마케팅 담당자의 역량이 드러난다.

## | 가격 전략의 중요성

역사를 통틀어 가격은 구매자와 판매자의 협상에 의해 결정되어 왔다. 모든 구매자에게 하나의 가격을 제시하는 방식은 19세기 말 대규모 소매업의 발달과 함께 탄생했다. 하지만 인터넷을 비롯한 정보통신 기술의 발달로 같은 상품이라도 판매자에 따라 다른 가격을 기동적으로 붙일 수 있게 되면서 세상은 협상으로 가격을 책정하던 시절로 되돌아가고 있다. 구매자 측도 매장으로 직접 나갈 필요 없이 가격.com으로 대표되는 웹 사이트를 이용해 흥미 있는 제품·서비스의 내용과 가격을 손쉽게 비교할 수 있게 되었다. 이러한 서비스는 고객이 매장을 평가할 수 있는 전례 없는 기능을 만들어 내고 있다.

그렇다고 가격만 싸면 잘 팔리는 시대도 아니다. 고객은 제품·서비스를 이용해 얻은 경험을 토대로 평가한다. 실제로 구입하고 이용한 제품·서비스의 가치뿐 아니라 가령 웹 사이트(인터넷 쇼핑)에서 구매하는 경우라면 사이트의 디자인이나 편리함의 여부 등도 판단 근거로 삼는다. 실제 매장이라면 매장의 디자인이나 접객의 질 또한 판단 근거가 될 것이다. 고객은 일련의 구매 활동을 통해 접한 모든 경험을 근거로 그 제품·서비스를 평가하고 나아가 그것을 제공하는 기업과 브랜드의 가치도 평가하게 된다.

따라서 기업이나 마케팅 담당자에게 가격 설정은 단순히 가격을 정하는 행위가 아니라 기타 요소까지 고려한 전략으로 보아야 한다.


## 2. 가격의 상한/하한을 규정하는 요인

가격 설정은 다양한 요인의 영향을 받는다. 그중에서도 특히 가격 하한을 규정하는 제조 비용과 가격 상한을 규정하는 고객 가치 Customer Value는 가격 설정에 있어 큰 의미가 있다(도표 6-1 참조). 우선 이 두 가지에 대해 살펴보자.

### | 제조 비용

제조 비용이 가격의 최저한도라는 점은 명확하다. 기업은 특수한 경우를 제외하고 제조 비용 이하의 가격을 장기간 유지할 수 없다.

그러나 비용을 산출하기란 그리 간단하지 않으며 비용을 어떻게 정의하는지부터가 전략적인 의미를 가진다. 현재의 비용을 중시한 가격으로 책정할지, 장래 비용까지 따질지 등 경영적인 판단에 의해 수치는 크게 달라진다.

비용에 관해 따져 볼 때는 먼저 고정비fixed cost와 변동비variable cost에 주의해야 한다. 고정비는 생산과 판매의 규모가 커지더라도(반대로 작아지더라도) 일정한 금액이 드는 항목이다. 제조사를 예로 들면 제조 설비의 감가상각비depreciation cost(감가상각액을 충당하는 비용)나 공장 인건비가 이에 해당한다. 반면 변동비는 생산이나 판매의 규모에 비례해 변하는 비용이다. 제조사의 경우 제품을 제조하기 위한 재료비나 연료비, 소모품비가 변동비에 해당한다.

고정비가 비용의 대부분을 차지할 때는 손익분기점break-even point(한 기간의 매출액이 당해 기간의 총비용과 일치하는 점)을 항상 염두에 두어야 한다. 고정비 비율이 높을 때는 고정비를 감당할(손익분기점을 넘을) 때까지는 적자지만, 손익분기점을 넘으면 이후 매출 증가분의 대부분이 이익이 되기 때문이다(도표 6-2 참조). 반대로, 상사 회사나 소매점처럼 변동비 비율이 높을 때는 제품 하나당 한계 이익marginal profits(순 매출액에서 변동비를 빼서 산출한 이익)을 최대화하는 것이 관건이다.

해당 제품과 그 비용이 직접 관련되는지 여부에 따라 제조 비용을 직접비direct cost(제품을 만드는 데 드는 재료비, 노무비 등의 비용)와 간접비

overhead cost(여러 가지 제품의 생산에 공통적으로 소요되는 비용)로 나눌 수도 있다. 이 중 직접비는 크게 문제되지 않지만, 간접비를 어떻게 각 제품에 할당해서 정확한 원가를 파악할지는 종종 문제가 된다.

도표 6-3은 서로 다른 간접비 배부 방법을 비교해 본 결과다. 간접비를 제품별 매출에 따라 배부하는 기존의 원가 계산법을 쓰면 각 제품 모두 각각 이익을 계상(計上)한 뒤 적절한 가격을 책정할 것으로 생각할 수 있다. 하지만 실태를 더 잘 반영하는 새로운 원가 시스템을 이용하면, 현재의 가격 설정은 일곱 개 품목 중 세 품목(A, B, E)에서만 이익을 내고 있음을 알 수 있다. 이처럼 적절한 가격을 책정하려면 정확한 비용 파악이 대단히 중요하다. 따라서 기업은 가격 전략을 짜기 이전에 자사의 경영 실태에 따른 관리 회계 시스템을 정비해야 한다.

제조 비용이 가격 설정 하한을 규정한다고 했는데, 실제로는 상황에 따라 제조 비용보다 더 낮은 가격을 책정하기도 한다. 다음과 같은 경우로 모두 일정 기간 혹은 단품만 보면 적자지만, 장기적·전체적으로는 흑자를 낼 것으로 기대할 때다.

도표 6-1 프라이싱 가능 범위

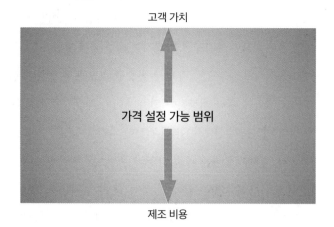

도표 6-2 손익분기점

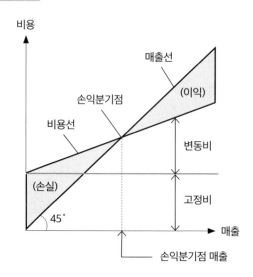

한 권으로 끝내는 마케팅

도표 6-3 어느 기업의 제품별 제조 비용과 판매 단가

| 제품 | 연간 생산 수 (개) | 판매 단가 (엔/개) | 종래 시스템의 개당 비용 (엔/개)(매출액에서 간접비 배부) | 새 시스템의 개당 비용 (엔/개)(작업자의 근로 시간으로 간접비 배부) |
|---|---|---|---|---|
| 표준 부품 A | 400,000 | 1,250 | 780 | 480 |
| 표준 부품 B | 200,000 | 900 | 550 | 550 |
| 표준 부품 C | 100,000 | 1,300 | 800 | 1,550 |
| 반 특별주문 D | 30,000 | 1,400 | 900 | 2,000 |
| 반 특별주문 E | 3,000 | 900 | 600 | 450 |
| 특별주문 부품 F | 6,000 | 2,200 | 1,200 | 3,000 |
| 특별주문 부품 G | 500 | 1,500 | 750 | 7,500 |

- 더 큰 주문을 받기 위한 '미끼'로 이용할 경우loss leader(로스 리더, 원
  가보다 싸게 팔거나 일반 판매가보다 훨씬 싼 가격으로 판매하는 상품). 슈
  퍼마켓이나 가전제품 판매점의 미끼 상품이 전형적인 예.
- 생산량을 늘림으로써 단위 비용을 절감한 뒤 나중에 가격을 올려
  이익을 얻으려는 경우(페너트레이션 프라이싱penetration pricing, 자세한
  내용은 191쪽 참조). 급속히 보급될 것으로 예상되는 제품에 이용. 과
  거 자동차, 비디오 덱 등이 전형적인 예.

- 해당 제품을 시장에 투입함으로써 뒤이어 관련 제품(소모품이나 서비스)의 구매를 기대할 수 있는 경우. 복사기(토너나 복사 용지로 이익 창출), 휴대전화(통화/통신료로 이익 창출), 엘리베이터(보수 서비스로 이익 창출) 등이 전형적인 예.

최근에는 웹 서비스의 발전에 따라 프리미엄Freemium이라는 개념이 퍼져 있다. 이는 2006년에 벤처 투자가 프레드 윌슨Fred Wilson이 제창한 것이다. 서비스나 제품을 무료로 제공하되, 일정 사용량이나 기간을 초과하거나 특정 옵션의 서비스를 선택하면 요금을 부과하는 비즈니스 모델이다. 이것은 페너트레이션 프라이싱의 궁극적 형태라 할 수 있다. 디지털 제품 및 서비스는 복제나 유통이 극단적인 저비용으로 이루어지기 때문에 프리미엄의 적용이 쉬워 급속히 확산되었다.

그 결과, 잠재 고객에 대한 접근이 적극적으로 이루어졌다. 가령 온라인 게임의 '무료 이용 기간'이나 온라인 저장 공간을 제공하는 '데이터 일정량까지는 무료' 등이 프리미엄에 해당한다. 또한 인터넷뿐 아니라 맥도날드에서 커피를 무료로 제공하는 것도 프리미엄의 일종이다. 무료로 제공한 제품·서비스를 통해 인지도를 높인 뒤, 고객이 경험을 통해 수긍했을 때 유상의 제품·서비스로 유도할 수 있다고 기대하기 때문이다.

## | 고객 가치

　고객 가치는 고객이 인정하는 가치로, 이를 넘는 가격을 붙이면 제품은 잘 팔리지 않는다. 따라서 이것이 가격 설정의 상한이 된다. 통상 고객 가치는 시장 조사 등을 통해 파악한다. 이것은 정확한 비용을 정하는 것 이상으로 어려운 작업이므로 이를 통해 마케팅 담당자의 수완을 알 수 있다. 고객 가치를 결정할 때 유의해야 할 점을 알아보자.

　첫째, 고객 가치는 구매자가 인식하는 가치이므로 기업은 전혀 영향을 줄 수 없다고 생각하면 오산이다. 고객에게 적극적으로 호소하면 고객 가치를 높일 수 있다. 마케팅 담당자는 테스트용 시제품을 써 보도록 권하거나 제품의 특성을 정확히 전달함으로써 고객을 자극하여 제품의 가치를 정확히 인식하도록 유도한다.

　다이슨은 시장의 중심 가격보다 비싼 헤어드라이어를 내놓으면서 혁신적인 기술을 이용한 제품임을 강조했다. 동시에 새로운 타깃층에 초점을 맞춘 프로모션 및 판로를 통해 '헤어드라이어의 상식을 바꾼다(그렇기에 비싸도 그만한 가치가 있다).'라는 고객 가치를 정착시키는 데 성공했다. 경쟁 상대에게 맞춘 가격 설정이 아니라 부가 가치적인 특징과 서비스를 강조함으로써 자사 제품을 차별화하고, 비싼 가격을 유지할 방법을 시험한 것이다.

　둘째, 제품의 가치는 고객 그룹 또는 시장 세그먼트에 따라 달라진다. 물론 서로 다른 고객 그룹에 대해 개별적으로 최고의 가치를 제시할 수 있다면 좋겠지만, 대부분(특히 소비재의 경우) 그렇게 되지 않는다. 따라서 마케팅 담당자는 그러한 조건 속에서 최대한의 이익을 얻을 수 있는 가격을 찾아내야 한다.

또한 같은 제품을 소비자에 따라 다른 가격으로 판매할 수 있는 경우도 있다. 이는 한 시장에서 판매 중인 제품을 다른 시장의 소비자가 살 수 없거나, 같은 제품을 다른 시장에서 저가에 살 수 있다는 사실을 소비자가 인지하지 못하거나, 보관 및 보존이 불가한 서비스재인 경우다. 특히 서비스업계의 경우, 소비 시간대, 요일, 계절 등에 따라 가격이 크게 달라지는 일이 일상적이다.

일례로 일드 매니지먼트Yield Management(수요·경쟁 등의 요소에 따라 제품 가격을 수시 변경하는 기법)를 들 수 있다. 예를 들어, 항공 운임이나 리조트 호텔의 숙박 요금이 성수기 혹은 비수기에 따라 달라지거나 영화관이 시간대 및 요일에 따라 요금을 다르게 하는 사례가 그렇다.

한편 정보 통신 기술의 발달로 원투원 프라이싱One-to-One Pricing 이 늘어났다. 이는 제품·서비스를 제공하는 기업과 소비자 한 사람 한 사람이 개별적인 관계하에 가격을 책정하는 것이다. 인터넷 거래는 구매 이력 및 이용 빈도를 정밀하게 분석할 수 있다. 이에 따라 구매 의욕이 강한 소비자가 어떤 가격일 때 구매할지를 예측할 수 있게 되었다.

예를 들어 패션 통신 판매 사이트인 조조타운ZOZOTOWN은 '당신 만을 위한 타임세일'을 제공한다. 이것은 관심이 있지만 구매까지 이르지 못한 상품을 사용자가 사전에 등록하면 비정기적으로 시간 한정 특별 할인 가격을 제시하는 방식으로 운용된다. 이 기법은 소비자가 사전 등록한 상품과 구매 기간이 한정되므로 소비자의 혼란이 적다고 볼 수 있다. 그리고 소비자의 제품 및 서비스의 이용 가치가 다양한 경우에 적합하다.

## 3. 가격 설정에 영향을 주인 요인

지금까지 가격의 상한과 하한을 결정하는 요인에 관해 살펴보았다. 이번에는 그 둘 사이에서 가격을 책정할 때 영향을 미치는 요인에 관해 설명한다.

### | 경쟁 환경

기업이 자사 제품의 가격을 고민할 때 가장 크게 영향을 받는 요인 중 하나가 경쟁 환경이다. 예를 들어 설탕이나 휘발유처럼 실질적으로 차별화하기 어려운 제품의 경우는 시장 가격보다 높은 가격을 붙이면 매출은 급격히 떨어질 것이고 그보다 낮은 가격을 붙이면 매출은 늘어날 것이다.

뒤집어서 생각해 보면, 어떤 기업이 경쟁 환경에 좌우되지 않는 가격을 책정하고 싶다면 제품을 차별화해야 한다는 사실을 알 수 있다. 기능, 디자인, 브랜드 이미지, 서비스 등에 관해 경쟁 제품과 명확히 차별화되어 타깃 고객이 자사 브랜드를 타사 브랜드보다 확실하게 선호한다면 그 정도에 따라 경쟁 제품보다 높은 가격을 제시할 수 있다.

업계가 과점화될수록 프라이스 리더price leader(업계 전체의 가격 구조에 크게 영향을 주는 업계 리더)가 나타나기 쉽다. 프라이스 리더는 통상 가장 큰 점유율과 강력한 유통 채널을 보유하고, 남보다 앞서 제품 개발에 나서며 업계를 견인한다. 또한 저가를 내세우는 작은 경쟁 상대에 대해 굳이 가격으로 대항하지 않는 경우가 많다. 점유율을 유지하기 위해 가격을 낮추어 이익을 희생하기보다 점유율을 다소 양보하더라도 가격을 유지하는 편이 이득이라고 판단하기 때문이다. 물론 이 경우에도 적절한 상황 판단은 필요하다. 여행업계에서 저가 항공권을 파는 H.I.S.가 작은 경쟁 상대에서 어느새 거인으로 성장했음을 잊어서는 안 된다.

또한 업계 내 각 기업의 가격은 타사 가격 전략의 영향을 크게 받고 상당 수준 동일한 움직임을 보인다. 따라서 가격 설정은 비용과 마찬가지로 '현재와 미래'의 두 가지 경쟁 환경을 읽고 검토해야 한다.

한 권으로 끝내는 마케팅

## | 수급 관계

수요와 공급 관계도 가격 설정에 큰 영향을 미친다. 특히 차별화가 어려운 일용품의 경우, 가격대가 고전적인 수요 공급 곡선에서 어느 정도 정해지는 경우가 많다.

독점적인 제품을 보유한 판매자는 공급량을 제어함으로써 가격을 유지할 수도 있지만(물론 복수의 기업이 이를 공모한다면 카르텔이라는 위법 행위가 된다), 이런 기법은 소비자의 반감을 사 훗날 경쟁 상대가 나타났을 때 자사의 약점으로 작용할 우려가 있다. 그러므로 마케팅 담당자는 시장 상황 및 고객과의 장기적인 관계, 자사의 브랜드 파워를 종합적으로 판단해 가격을 책정하는 능력을 갖추어야 한다.


## | 판매자와 구매자의 협상력

특히 생산재의 경우는 고객과의 협상력이 가격 설정을 크게 좌우한다. 그리고 고객과의 협상력은 수요와 공급의 관계, 제품의 차별화 정도, 판매자와 구매자의 상호 의존도, 전환 비용switching cost 등의 요인에 따라 정해진다. 이 중 판매자와 구매자의 상호 의존도와 전환 비용에 관해 살펴보자.

구매자의 구매 금액과 양이 판매자 측의 매출과 출하량에서 큰 비율을 차지한다. 구매자가 동시에 다른 구매처를 선택할 수 있을 경우, 가격 협상 시 강자의 입장으로 임할 수 있다. 대형 제조사(구매자)와 그 하청업자(판매자)와의 관계는 대부분 이러한 구도를 보여 준다. 또한 판매력이 강한 소매 체인은 그 점을 무기로 벤더vendor(다품종 소량 도매업)에 대해 가격 협상 시 강자의 입장에 설 수 있다.

반대로 구매자가 판매자에 크게 의존하거나 판매자가 부르는 값이 그대로 관철되는 경우도 있다. 이를테면 판매자가 독점적인 첨단 기술을 보유하고 있거나 특허의 보호를 받아 독점 생산을 하는 경우가 그렇다.

전환 비용도 판매자와 구매자의 협상력에서 중요한 요소다. 이는 구매자 또는 판매자가 거래 상대를 변경할 때 발생하는 비용이다. 전환 비용은 서로의 관계가 장기적이면서 그 관계가 업무상 중요할수록 상승한다. 예를 들어 특정 회사에 일단 시스템 구축을 의뢰한 적이 있다면 다소 가격이 비싸더라도 같은 회사에 유지 관리를 의뢰하는 경우가 많다. 시스템을 잘 알고 있는 회사라면 불필요한 설명이 필요없고, 여러 면에서 편리하기에 표면상 가격이 얼마나 저렴한지가 아니라 전체적인 비용으로 평가하기 때문이다.

# 4. 가격 설정 기법

세상에 존재하는 제품·서비스의 가격은 어떻게 설정되는 걸까? 극단적으로 말하면 가격 설정 방법은 판매자와 구매자 사이의 협상 수만큼 존재한다. 따라서 그 모두를 검토할 수는 없다. 여기서는 특히 가격 설정에 크게 영향을 미치는 세 가지 요인, 즉 제조 비용(원가 지향), 고객 가치(수요 지향), 경쟁 환경(경쟁 지향)을 토대로 한 기법에 관해 설명한다.

## | 원가 지향 가격 설정

원가 지향 가격 설정은 적절한 이익을 얻으면서 동시에 제조 비용을 증가시키는 리스크를 최소화하는 것을 중시한다. 이 방법은 가격 설정이 쉽다는 이점이 있는 반면, 고객이 지불할 만하다고 생각하는 가격보다 낮은 가격을 제시할(얻을 수 있는 이익을 놓쳐 버릴) 리스크가 있다.

### ① 코스트플러스cost plus 가격 설정

실제 소요된 비용에 이익을 더해 가격을 산출하는 방법이다. 매매 계약은 성립했으나, 사전에 비용이 확실하지 않을 때 이용한다. 건설

업계나 시스템 개발업계 등에 적용된다. 단, 이 방법은 판매자 측이 비용 절감 의식을 가지지 못한다는 문제가 있다. 판매자가 구매자보다 협상력이 강한 경우에는 구매자가 비용 요소에 관해 소요된 만큼 추가적으로 더 부담한다는 점을 사전에 약속하는 경우도 있다. 따라서 구매자 입장에서는 협상 시에 지급액의 상한선을 정하는 등 일정 정도의 제한을 둘 필요가 있다.

### ② 마크업 가격 설정

구매 원가에 일정액을 마크업(가산)하는 것으로 유통업에서 일반적으로 이용되는 기법이다. 또한 마크업의 정도는 그 제품이 박리다매형 일용품인지, 아니면 회전율이 낮은 고급품인지에 크게 좌우된다. 일반적으로 식품 같은 일용품은 이익 폭이 작고, 반대로 보석 같은 고급품은 50퍼센트 이상의 이익 폭이 설정되는 경우가 많다.

### ③ 타깃 가격 설정

예상한 사업 규모를 기반으로 일정 이익을 확보할 수 있도록 가격을 설정하는 기법이다. 제조 설비 가동률이 문제가 되는 화학 제품이나 자동차 등의 업계에서 이용한다.

한 권으로 끝내는 마케팅

## | 수요 지향 가격 설정

고객이 인식하는 가치에 초점을 맞추어 가격을 설정한다. 고객 가치는 상한 가격이 되므로 이 방법을 적절히 사용하면 기업은 최대의 이익을 얻을 수 있다.

### ① 지각 가치 가격 설정

마케팅 리서치 등을 통해 '팔릴 만한 가격대'를 발견했는데 원가가 그보다 높을 때는 비용을 절감하거나 제품 사양을 수정하여 그 가격대에 가깝게 원가를 조정하는 기법을 쓴다. 제품이 차별화되어 있고 경쟁 환경이 치열하지 않을 때는 '팔릴 가격대'를 발견하고, 나아가 고객에게 '적절한 가격'이라고 인식시키는 것이 중요하다.

### ② 수요 가격 설정

시장 세그먼트별로 가격을 변화시키는 방법으로 고객층(학생 할인 등), 시간대(심야 요금 등), 장소(그린 카* 등)에 따라 다른 가격이 제시된다. OEM(위탁자의 브랜드 네임으로 생산하는 것) 공급과 일반 공급도 같은 제품이라도 도매가가 다르다. 또한 소프트웨어 중 기본 버전은 무

---

\*  일본에서 보통 칸보다 일인당 점유 면적이 넓고 설비가 고급이라는 이유로 별도의 요금을 매기는 철도 차량을 말한다.

료, 전문가 버전은 유료로 설정하는 등 타깃별로 가격 설정을 달리하는 제품도 있다. 이는 99퍼센트의 일반인에게 무료로 제공해 이용과 보급을 촉진하면서 1퍼센트의 전문가용으로 수익을 창출하는 구조다(178쪽 프리미엄 참조).

## | 경쟁 지향 가격 설정

차별화되지 않은 제품이 일정한 경쟁 환경에 있을 때는 경쟁 제품의 가격을 고려해서 가격을 설정하게 된다. 단 이 방법은 가격 경쟁에 휩쓸리기 쉽고 종종 판매자에게 헛수고라는 느낌만 남기기도 한다. 주유소의 가격 경쟁 등이 전형적인 예다. 마케팅 담당자는 '가격만으로 경쟁하는' 상황이 오기 전에 무엇이든 차별화를 꾀해야 한다.

### ① 입찰 가격

가격이 판매자와 구매자의 협상이나 시장 메커니즘에 의해 결정되지 않을 때는 입찰을 통해 가격을 결정한다. 구매자는 이를 통해 가장 낮은 가격을 제시하는 판매자를 찾을 수 있다.(공공 단체 등에서는 섣불리 입찰을 도입한 탓에 능력이 모자란 업자를 채용해야 하는 폐해도 보고된다.)

## ② 실세 매매 가격

경쟁 제품의 가격을 충분히 고려한 뒤 가격 수준을 결정하는 방법이다. 대부분의 업계가 이 방법을 이용한다. 금속, 플라스틱 등 프라이스 리더가 존재하는 업계는 선도 기업이 2위 이하의 경쟁 상황을 고려해 가격을 정하고, 다른 기업은 그 가격을 기준으로 자사의 가격을 설정한다.

프라이스 리더가 없고 경쟁 관계에 있는 업체가 서로 가격을 의식하고 견제하면서 가격을 정하는 업계도 있다. 이는 일반적으로 다수의 소규모 기업이 모인 업계에서 자주 발견된다. 하지만 과점 업계에서도 소수의 대규모 기업에 의해 치열한 가격 경쟁이 일어날 수 있다. 과거 휴대 전화 업계를 보면 후발 주자인 닛폰 텔레콤(日本 Telecom, 현 소프트뱅크SoftBank)은 '언제나 최저가가 되도록 항상 가격을 인하하겠다.'라고 발표하고 가격 경쟁에 나설 것을 선언한 바 있다. 이어서 KDDI au가 이 방식을 따라하면서 가격 경쟁이 극심해지자 한때 프라이스 리더였던 NTT 도코모NTT Docomo는 압도적 우위를 차지했던 과거의 영광을 잃고 말았다. 그 뒤 NTT 도코모도 가격 인하 경쟁에 뛰어들면서 프라이스 리더가 사라진 뜨거운 가격 경쟁이 펼쳐졌다.*

---

\*   일본의 3대 이동통신 기업은 NTT 도코모, KDDI au, 소프트뱅크다. NTT 도코모는 업계 선두 주자로, 오랫동안 독보적인 점유율을 확보했다. 그러나 공격적인 마케팅을 앞세운 후발 주자 소프트뱅크의 등장으로 업계 순위는 엎치락뒤치락한 끝에 2019년말 현재 매출, 영업이익 순위는 소프트뱅크, KDDI au, NTT 도

## 5. 신제품 가격 설정

마케팅 담당자는 제품의 라이프 사이클에 따라 가격을 적절히 책정해야 한다. 그중에서도 도입기의 가격 전략은 이후 제품의 보급에도 크게 영향을 미치므로 중요하다.

신제품 가격 전략으로 대표적인 두 가지가 있다. 시장 점유율을 얻기 위해 가격을 비용 이하 또는 비용과 엇비슷하게 설정하는 페너트레이션 프라이싱(시장 침투 가격 설정)과 제품 라이프 사이클의 초기 단계에서 자금을 조기 회수하기 위해 가격을 높게 설정하는 스키밍 프라이싱Skimming Pricing(상층 흡수 가격 설정)이다. 그 효과와 리스크 등을 충분히 인식한 뒤에 적절한 가격 전략을 선택해야 한다.

도표 6-4  생산 비용이 줄어드는 메커니즘

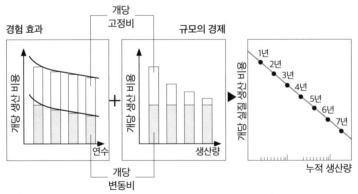

각주: 단, 경험 효과 그래프에서는 연수가 늘어나도 생산량이 증가하지 않는다고 가정한다.

## | 페너트레이션 프라이싱

이 기법은 판매량이 늘어남에 따라 단위 비용이 현저히 떨어진다는 가정을 바탕으로 한 것이다(도표 6-4 참조). 우선 경험을 쌓음에 따라 생산 과정의 효율은 더 올라간다. 직원은 숙련되고 원자재와 부품을 대량 구매하게 되므로 변동비는 절감된다(경험 곡선 효과). 동시에 생산량이 증가하면 고정비가 분산되기에 단위당 고정비도 절감된다(규모의 경제).

과거 일본 업체가 해외에 진출했을 때는 이러한 원가 절감을 기대한 페너트레이션 프라이싱을 도입했다. 이 전략이 성공하려면 그 무엇보다 미래 수요를 정확히 예측하고 경쟁 타사가 따라할 기회를 없애는 것이 중요하다.

### 【페너트레이션 프라이싱의 특징】

전제 조건:

넓은 잠재 시장이 존재한다.

가격 탄력성이 크고 가격 변동이 수요에 미치는 영향이 크다.

경험 효과를 통해 투자를 회수할 수 있다.


기대 효과:

조기에 높은 시장 점유율을 획득할 수 있다.

낮은 마진으로 경쟁 타사의 진출 의욕을 감퇴시킨다.

소비자에게 제품 브랜드를 널리 인지시킬 수 있다.

막대한 이익을 누릴 수 있는 가능성을 획득한다.


리스크:

기대대로 원가가 떨어질 거라고 장담할 수 없다.

설비 투자나 자금 융통에 관한 리스크가 크다.


## | 스키밍 프라이싱

초기에 높은 가격을 설정함으로써 조기에 자금을 회수하려는 방법이다. 거액의 투자가 필요한 반도체 제조 등에 이 기법이 이용된다. 제품을 가장 빨리 개발한 기업이 2위 이하의 기업보다 수익 면에서 크게 우위에 설 수 있다.


### 【스키밍 프라이싱의 특징】

전제 조건:

제품이 크게 차별화되어 있어 시장에서 경쟁할 걱정이 없다.

가격 탄력성이 적어 수요가 가격에 좌우되지 않는다.

기대 효과:

고급이라는 브랜드 이미지를 확립할 수 있다.

양질의 고객층을 획득할 수 있고, 높은 이윤을 얻을 수 있다.

가격 탄력성이 적은 시장을 개척할 수 있다.


리스크:

경쟁 상대의 시장 진출을 허용한다.


## 가격 탄력성

가격 탄력성이란 가격 변화율에 대한 수요 변화율의 비율을 말하며, 다음과 같은 식으로 산출할 수 있다.

$$\text{가격 탄력성} = -\frac{(Q_0-Q_1) \div \{(Q_1+Q_0) \div 2\}}{(P_1-P_0) \div \{(P_1+P_0) \div 2\}}$$

$Q_0$: 가격 변동 전의 판매 수량        $Q_1$: 가격 변동 후의 판매 수량
$P_0$: 변동 전의 가격                $P_1$: 변동 후의 가격

가격을 변경해도 수요에 거의 변화가 없을 때 '가격 탄력성이 작다.'라고 한다. 쌀이나 채소 등 생활에 필수적이면서도 일상적인 제품은 가격 탄력성이 작고, 보석처럼 고가의 사치품은 가격 탄력성이 크다. 가격 설정을 할 때 가격 탄력성을 아는 것은 매우 중요하다.

가격 탄력성은 고객 세그먼트에 따라 다양하며 같은 고객 세그먼트라 하더라도 상황이 다르면 동일하지 않다. 예를 들어 비행기로 이동할 때 개인적 이동인지 비즈니스 목적의 이동인지에 따라서도 이용하는 좌석이 달라질 수 있다.

또한 가격 탄력성은 전환 비용의 유무에도 영향을 받는다. 고객은 제품의 가격 차이가 아주 작은데 새로운 학습이 필요한 신제품일 경우, 불확실성을 무시하면서까지 갈아타려고 하지 않는다. 컴퓨터 소프트웨어 등은 전환 비용이 높아 가격 탄력성이 작은 전형적인 예다.

---

## 6. 성장기의 가격 설정

성장기에 돌입하면 가격은 정체되거나 떨어지는 경향이 있다. 생산·판매량의 증가, 규모의 경제와 경험 곡선 효과에 의한 원가 절감, 경쟁 심화 등으로 가격 인하 압력이 커지기 때문이다. 기업은 성장을 유지하도록 가격에 민감한 소비자까지 시장에 끌어들이기 위해 적절한 순간에 가격을 인하하거나 소비자에게 맞춘 옵션을 확충할 방안을 검토해야 한다.

예를 들어 에너지 소비를 줄여 오래 쓴다는 장점이 소비자의 호평을 받아 인기를 끈 LED 전구는 본격적인 시장이 성립되고 보급됨에 따라 가격이 급격히 내려갔다. 경제 산업성 자료에 따르면 LED 전구의 시장 평균 가격은 2009년 4월에 6천 엔 이상이었지만, 현재는 대형 업체의 가격도 천 엔을 밑돌 정도로 저렴해졌다. LED 전구의 가격과 연동해 LED 조명 기구도 시장 중심 가격대가 3만 엔을 밑돌았고, 신규 진출 사업자의 제품은 만 엔 이하로 나왔다.

성장기를 지나 성숙기를 맞으면 시장 성장률(특정 시장에서의 상품이나 서비스 등의 판매 증가율)은 둔화되고 한정된 파이에 대한 쟁탈전이 펼쳐진다. 차별화가 어려워지는 데다 과잉 생산력까지 겹쳐 가격 중심의 경쟁이 전개된다. 보급률이 높아져 성숙기에 접어든 휴대폰 시장에는 저가 휴대폰까지 등장하면서 단말기 가격, 기본요금, 통화료, 통신료, 할인 기간 등 온갖 항목에서 치열한 경쟁이 나타났다. 그리고 가장 저렴한 요금 정보를 제공하는 일 자체가 비즈니스가 될 정도로 복잡해졌다.

## 7. 효과적인 가격 설정을 위해

수익성을 좌우하는 가격 설정은 사업 전략의 핵심이다. 가격을 효과적으로 설정하기 위해서는 반드시 그 목적을 올바르게 인식해야 한다. 가격 설정의 목적은 경우에 따라 시장 점유율 획득 혹은 경쟁 타사의 기세를 꺾고 신규 진출자의 움직임을 제압하려는 것일 수도 있다. 목적이 무엇이든 가격을 설정하고 시장 도입 후의 모니터링을 신중히 해야 한다.

가격 설정 과정은 스포츠 경기와 같아서 하나하나의 의사 결정은 일련의 경기 중에 이루어지는 개별 움직임에 불과하다. 자사의 설정 가격을 보고 경쟁 타사는 고객을 획득하기 위해 더 낮은 가격을 설정할 수도 있다. 이럴 때는 임시방편으로 대응하지 말고 자사의 마케팅 목표를 달성하기 위해 어떤 가격을 설정해야 하는지 사업 전략 및 브랜드 전략의 연계를 고려한 판단을 내려야 한다.

특히 BtoB 비즈니스를 전개할 때 가격을 변경하려 한다면 마케팅 담당자는 새로운 가격을 고객이 받아들이도록 노력을 기울여야 한다. 가격을 인상할 때 기업은 대부분 비용 상승분을 반영한 것이라고 설명한다. 하지만 그 변경이 공정하다는 수긍을 이끌어 내지 못하면 고객의 외면을 받을 것은 자명하다.

가격을 인하할 때도 주의해야 한다. 고객은 보통 가격 인하를 반기지만, 그로 인해 품질이나 서비스의 질이 떨어진다면 불만이 따를 것이다. 또한 한 번 내린 가격을 다시 올리기는 매우 어려워서 고객이 수긍할 적절한 이유를 제시하지 못하면 고객이 등을 돌릴 우려가 있다. 가격 변경이 잦으면 고객은 혼란을 겪게 되고 제품에 대한 가치 판단을 할 수 없을 뿐 아니라 기업과 브랜드에 대한 가치 판단에도 영향을 미친다. 따라서 마케팅 담당자는 가격 변경이 초래할 다양한 영향을 고려한 뒤에 신중히 의사 결정을 해야 한다. 그리고 고객과의 소통, 가치를 표현하는 방법에 세심한 주의를 기울여야 한다.

## | 번들링과 언번들링

여기까지는 기본적으로 어떤 제품 또는 서비스의 가격 전략을 세울 때 그 제품·서비스의 개별 가격 설정에 관한 설명을 했다. 그런데 실무는 개별 가격 전략만 잘 세우면 되는 것이 아니다. 여러 제품을 묶어서 가격을 설정하는 사례도 종종 접하게 된다.

번들링bundling은 관련된 둘 이상의 제품 또는 서비스를 조합해 하나의 세트로 제공하는 판매 기법이다. 이에 반해 언번들링unbundling은 소비자의 니즈에 맞춰 조합하는 것으로, 원래는 하나의 세트였던 것을 따로 나누어 제공하는 판매 기법이다. 예를 들어 ISP(인터넷 서비스 제공자)와 회선을 일괄 판매하는 경우와 패밀리 레스토랑에서 단품 햄버거와 샐러드를 세트로 판매하는 경우가 번들링이다. 소비자에게는 저렴하게 즐길 수 있다는 이점이 있고, 기업에는 단품으로는 팔기 어려운 제품을 수요가 높은 제품에 붙여서 판매할 수 있다는 이점이 있다. 기업 입장에서는 객단가가 높아지고 판촉으로 이어진다는 점도 장점이다.

한편 디지털 서비스의 발달로 인해 콘텐츠 비즈니스contents business(인터넷을 활용하여 전개하는 모든 비즈니스)를 중심으로 언번들링이 일반화됐다. 예를 들어 음악 비즈니스의 경우 곡을 한 곡씩 판매할 수도 있게 되었으며, 잡지는 일부 콘텐츠만을 판매할 수 있게 되었다. 기업 측에는 CD 앨범 외에도 한 곡씩 분리해서 팔 수 있다는 장점이 생겼고, 소비자 입장에서는 마음에 드는 곡만 살 수 있다는 장점을 누릴 수 있다.

단, 번들링과 언번들링 중 어느 쪽이 적합한지를 꿰뚫어 보려면 업계의 특성, 제품·서비스의 특성, 경쟁 환경, 수요 동향 등을 고려해야 한다.

# 제7장 · 유통 전략

유통 채널은 기업이 경쟁 우위를 구축할 때 매우 큰 역할을 한다. 주된 기능은 제품을 효율적으로 시장에 전달함과 동시에 시장의 정보를 시의적절하게 수집하는 것이다. 마케팅 전략으로서 제품의 특성, 고객의 특성, 경쟁 환경 등을 종합적으로 고려해 최적의 유통 채널을 선택하고 구축할 필요가 있다.

시세이도는 1872년 일본 최초의 서양식 약국으로 설립되었고, 1916년에 약국에서 화장품 부문을 독립시켜 화장품 사업을 시작했다. 이후 브랜드 확립과 광고 선전, 판매 조직 육성 및 정비에 힘을 쏟아 일본 최고의 화장품업체로 등극했다.

고도 경제 성장기에 경쟁 무리를 제치고 실적을 늘릴 수 있었던 커다란 요인으로는 1923년에 구축한 '체인스토어 제도'를 들 수 있다. 체인스토어 제도란 정가에 판매하겠다고 계약한 전문점에만 자사 계열의 판매 회사가 상품을 공급하는 것이다. 이들에게는 무상으로 샘플이나 포스터, POP 등의 판촉물을 제공하거나 카운슬링 및 접객을 담당하는 미용 부문 직원도 파견했다. 당시는 제1차 세계대전 후의 불황기였기 때문에 화장품업계에서는 가격 인하 경쟁이 치열해져 덤핑dumping(채산을 무시한 싼 가격으로 상품을 파는 일)이 횡행했다. 그래서 이 제도는 헐값에 파느라 힘들어하던 소매점으로부터 뜨거운 호응을 얻었고, 시세이도 취급 점포는 순조롭게 늘어났다. 또한 다른 화장품에 비해 조금 가격이 비싸도 안전하고 양질의 상품을 선보인다는 브랜드 이미지도 확립할 수 있었다. 이렇게 시세이도는 전국에 판매망을 구축함으로써 업계 1위 지위를 구축했다.

하지만 1997년 화장품 재판(再販) 제도가 폐지되자 화장품업계의 여건은 크게 변화했다. 재판 제도란 화장품 제조사가 도매업자나 소매점에 판매 가격을 지키게 함으로써 상품 가격을 유지하는 제도를 말한다. 이 재판 제도가 철폐되자 가격이 자유로워졌고, 확장되는 추세의 드러그스토어와 대형 슈퍼마켓이 화장품 판매에 뛰어들면서 가격 경쟁 시대가 열렸다. 경쟁사였던 가네보kanebo 등은 일찌감치 드러그스토어에 카운슬링이 필요 없는 셀프 상품을 투입하는 등 새로운 전략을 펼치고 있었다.

일본 내 화장품 시장이 성숙기에 접어들고 인터넷과 통신 기기가 비약적으로 발전해 유통 및 정보 전달 수단이 다양해지자 인터넷 판매도 보급되기 시작했다. 업계의 다른 제조사들도 인터넷 판매에 뛰어드는 가운데 계속해서 전문점 판매에 매달리다가는 시대에 뒤처질 것이 분명했다. 전문점도 경영자와 주요 고객이 고령화되고 10~20대의 젊은 층을 끌어들이기 어렵다는 과제를 인식했다. 그런데도 시세이도는 제2차 세계대전 후 그들의 성장 기반이 된 전문점을 버리지 못해 드러그스토어와 슈퍼마켓, 인터넷 판매 등 다양해지는 채널에 대한 대응이 늦어졌다. 특히 인터넷 판매를 놓고 사내와 전문점이 강력히 반발했다고 한다. 1990년대에는 시세이도의 국내 매출 중 40퍼센트를 차지하던 전문점의 판매 비율도 2012년에는 25퍼센트까지 떨어졌다.

그런 가운데 시세이도는 결국 2012년 미용 정보 사이트인 '뷰티 앤코'와 화장품 인터넷 판매 기능을 갖춘 '와타시 플러스'를 출범시켰다. 와타시 플러스는 인터넷 쇼핑 외에도 웹 카운슬링, 화장품 판매점 검색·안내 등의 기능을 갖추었고 실제 점포와 연계함으로써 인터넷을 통해 고객을 전문점으로 유도하는 시스템을 만들었다. 이렇게 인터넷에서 실제 점포로 고객을 유도한 효과로 매장 매출은 와타시 플러스를 만든 지 5년 만에 200억 엔 이상으로 뛰어올랐다.

2016년에는 와타시 플러스를 주요 판매망으로 한 새 브랜드를 선보였고 EC(전자 상거래) 전용 상품도 개발해 편의점 운영사인 세븐&아이 홀딩스, 로손과의 공동 기획 상품도 출시했다. 또한 2017년에는 두 개의 고급 브랜드를 제외하고 카운슬링 없이 판매할 수 있도록 소매점과의 계약을 수정하고 아마존을 통한 인터넷 판매를 확대했다. 전문점과의 연계와 채널 다양화는 앞으로도 이어질 것으로 보인다.

우수한 유통 채널은 기업의 커다란 자산이며 장기적으로 우위를 점할 수 있는 원천이 되기도 한다. 또한 스마트폰이나 태블릿 단말기의 보급으로 소비자의 구매 행동이 크게 변하고 있기에 소비자가 정보를 입수하고 순조롭게 구매까지 이어지도록 채널을 정비하는 일은 점점 더 중요해지고 있다.

유통 채널은 대부분 기본적으로 외부 자원이므로 마케팅을 구성하는 다른 요소와는 본질적으로 다르다. 채널을 구축하는 데 많은 시간과 비용이 드는 데다 쉽게 변경할 수 없는 경우가 많아 장기적인 관점에서 의사 결정을 해야 한다. 7장에서는 유통 채널의 설계와 관리에 관한 핵심 내용을 살펴본다.

## 1. 유통 채널의 의의

제품 생산자와 최종 고객을 이어주는 것이 유통업자(유통 채널)다. 유통 채널은 기업의 독자적인 판매망과 서비스 기관 외에도 판매 대리점, 도매업자, 딜러, 소매업자 같은 외부 조직으로 이루어진다. 유통 채널은 제품이 창고에서 고객에게 전해지기까지의 물리적 유통 경로 및 시장 현장과 기업을 잇는 정보 전달 경로로서 중심 역할을 한다.

도표 7-1은 유통업자의 존재 의의를 나타낸 것인데 여기서 알 수 있듯 유통업자가 매개 역할을 함으로써 거래 비용이 낮아진다. 불특정 다수의 소비자를 상대로 개별 거래를 하려고 하면 그 비용은 막대한 수준으로 불어날 것이다. 다시 말해 제조사와 소비자 모두에게 유통업자는 경제적 합리성을 높여 주는 존재다.

이 점에 관해 연간 생산량 약 400억 개(500mL 페트병 환산)의 청량음료를 예로 들어 생각해 보자. 각 음료 제조사의 영업 담당자가 불특정 다수의 개인과 법인 소비자에게 직접 제품을 전달하기는 불가능하다. 소비자는 청량음료를 자판기나 편의점, 슈퍼마켓 등에서 구매하지만, 편의점, 슈퍼마켓만 해도 전국에 수십만 개나 있기에 음료 제조사의 직원이 각 점포를 직접 담당하기란 경제적으로 맞지 않는다. 그래서 유통업자가 활약하게 되는 것이다.

다음으로 유통 채널의 기능을 살펴보자. 제조사가 창출한 가치가 타깃 고객에게 전달되게 하고 그에 대한 대가를 얻는 교환 활동을 하려면 다양한 간극을 메워야 한다. 제조사와 고객 간에 존재하는 간극을 메우기 위해 유통 채널은 다음과 같은 기능을 수행한다.

도표 7-1 유통업자의 경제 효과

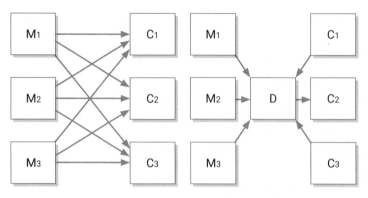

유통업자가 개재하지 않는 경우          유통업자가 개재하는 경우

## 【주요 기능】

- **조사**(제품의 교환을 계획하고 실시하기 위한 정보 수집)

- **프로모션**(광고, 판촉, 인적 판매)

- **접촉**(잠재 고객을 찾아 접촉하기)

- **매칭**(고객 니즈에 맞춘 제품을 제공하기 위해 포장, 조합 및 유지)

- **협상**(가격을 포함한 판매에 관한 여러 조건의 최종 합의 작성)

## 【판매 지원 기능】

- **로지스틱스**(수송 업무, 재고 관리)

- **파이낸스 기능**(매상 회수, 유통에 필요한 자금의 조달과 융자)

- **리스크 분담**(유통 업무 수행에 수반되는 리스크(수송 관련 사고 등)를 부담)

유통 채널은 활동 영역이 광범위하고 제품 타입에 따라 중요 기능이 달라진다. 소비재의 경우, 채널에 가장 기대되는 기능은 프로모션 및 매칭, 로지스틱스다. 시세이도가 업계 1위 지위를 구축한 과정에서 알 수 있듯이, 상품의 효능을 설명하고 고객과 지속적인 관계를 구축하는 행위 등이 중요한 업태의 경우는 양질의 채널을 보유해야 강력한 경쟁 우위를 획득할 수 있다. 생산재의 경우는 접촉이나 협상의 비중이 높고 매칭(특히 제품의 애프터서비스)에 대한 기대가 높다. 애프터서비스는 사무기기나 공장 설비 같은 시장에서 특히 중요한 역할을 한다.

## 2. 유통 채널의 종류

유통 채널은 참가자 및 구조에 따라 몇 가지 패턴으로 분류된다.

### | 자사 조직과 외부 조직

우선 자사 직원으로 구성되는 영업 조직과 대리점, 딜러, 소매점 등 여러 기업의 제품을 재판하는 외부 조직을 명확히 구별해야 한다. 분사화(기업 조직의 일부를 분리하여 새로운 회사를 설립하는 일)된 판매 회사는 그 중간에 위치해 있는데, 자본 관계가 있고 자사 제품만을 취급한다면 자사 조직으로 생각하는 것이 좋다. 자사 영업 팀은 소비자에게 직접 판매하는 경우와 외부 유통업자에게 판매하는 경우로 나뉜다.

### ① 자사 영업 조직

유통 채널 중 자사 영업 담당자가 맡는 역할은 다양하다. 기본 업무는 잠재 고객 또는 하위 유통업자를 방문해 구매를 권하는 것이지만, 꼭 주문을 받는 것만이 영업 담당자의 역할은 아니다. 그들은 가격 및 계약 조건에 관해 협상하고, 배송을 촉구하며, 제품 설치를 감독하는 일 외에도 클레임을 처리하고 반품을 받는 등 판매 후의 책임까지 떠맡는다.

유통업자를 방문하는 영업 담당자는 그러한 기능뿐 아니라 제품 기술과 판매 기술 측면에서 유통업자를 교육하는 기능도 한다. 그리고 유통업자의 재고를 조사하고 재고 보충과 관련된 주문을 받는다. 또한 제품 데모 등의 판촉 활동을 하거나 유통업자의 업무 관리를 개선할 계획을 제안하기도 한다.

법인을 상대하는 비즈니스의 경우, 영업 담당자는 구매자와 소비자뿐 아니라 구매 의사 결정에 영향을 미치는 관계자와도 접촉한다. 예를 들어 건축 자재업체의 영업 담당자는 실제 소비자인 시공주나 건설업자 외에 건물을 설계하고 사용 자재를 정하는 건축가에게도 영업 활동을 한다. 섬유·기능성 화장품 등을 제조, 판매하는 도레이 TORAY는 유니클로 등 의류업체의 개발 부문에 영업 활동을 펼쳐 새로운 기능성 소재를 공동으로 개발함으로써 거래를 독점하려 한다.

### ② 외부 유통 조직

소비재 등의 경우에는 외부 유통업자를 가리켜 유통 채널이라 부르기도 한다(좁은 의미의 정의). 외부 유통업자는 제조사(또는 자사보다 상위의 유통업자)에서 사들인 제품을 판매함으로써 이익을 얻는다. 또한 유통업자는 일반적으로 한정된 분야의 제품을 취급하는 전문 업자와 폭넓은 분야의 제품을 취급하는 일반 업자로 나눌 수 있다. 대부분의 유통업자는 여러 지점·점포를 소유한다. 대체로 그 크기가 지역적으로 한정되어 있으며, 제품 라인이나 고객 서비스를 그 지역에 맞게 갖추는 등 독자적인 운영 스타일을 갖는다.

일반적으로 제조업자와 유통업자는 명문화(문서로서 명백히 함)된 협의를 토대로 한 장기적 관계를 맺는다. 이를 통해 유통업자는 안정적인 공급원을 확보함과 동시에 판매 교육과 신제품 정보, 재고 관리, 고객 서비스, 기술 지원 같은 면에서 제조사의 지원을 받을 수 있다.

하지만 요즘은 유통업자 측이 제조사에 완전히 의존하는 관계를 벗어나 오히려 제조사에 대해 강한 협상력을 갖기도 한다. 특히 대자본이 세운 전국 규모의 체인 조직은 지역 시장 환경에 적합한 유연성을 가진다. 또 다른 한편으로는 엄청난 양을 취급한다는 이유로 구매

처인 제조사보다 강자의 입장에 서서 협상을 할 수 있게 되었다. 또한 인터넷 통신 판매 시장이 커지면서 아마존이나 라쿠텐(樂天) 등의 전자 상거래 사이트가 채널로서의 영향력을 키우고 있다.


## | 소매업자와 도매업자

외부 유통 조직은 최종 소비자와 직접 접촉하는 소매업자 그리고 최종 소비자와는 직접 접촉하지 않는 도매업자로 분류된다. 당연한 얘기지만, 이들에게 요구되는 역할도 다르다.

### ① 소매업자

어떤 제품의 존재를 알고 관심이 있는 소비자는 어떤 방식으로 그 제품을 접하려고 할까? 우선 어디서 그 제품이 판매되는지를 알려고 할 것이다. 그리고 자동차라면 카 딜러, 컴퓨터라면 가전제품 판매점, 고급 의류라면 유명 백화점, 비행기 티켓이라면 여행사 등에 실제로 가 볼 것이다. 소매업자에 요구되는 기능 중 특히 중시되는 것이 집객 (고객을 모으는 일) 기능이다.

소비자는 하나의 제품을 사러 왔다가 종종 다른 제품을 구입하기로 마음을 바꾸기도 한다. 그렇다면 눈에 띄는 장소나 넓은 전시 공간을 확보할 수 있는 제품일수록 유리해진다. 이처럼 소비자가 그 제품에 직접 접촉한다는 의미에서도 소매업자는 대단히 큰 역할을 한다. 따라서 소매업자가 영업 활동을 할 때는 납품 수량이 많고 적음에 일희일비하지 않아야 한다. 그리고 어느 판매대의 어느 위치에 어느 정도의 공간을 확보할 수 있는지를 분명히 해 두어야 업무가 완결된다.

소매업자는 점포 투자, 판매원 경비, 판촉 경비 등 다양한 비용을 들여야 하므로 도매업자보다 마진을 높게 설정한다. 정찰 가격을 고집하는 백화점은 마진을 40~50퍼센트로 설정한다.

하지만 스마트폰이나 태블릿 단말기가 보급되고부터는 소비자의 구매 스타일이 변해 소매업자에게 요구되는 역할도 변하고 있다. 따라서 단순한 집객 기능이나 판매 서비스를 넘어 소비자의 구매 경험에 중요한 접점으로서 소비자의 기대에 부응하도록 해야 한다(자세한 내용은 229쪽의 옴니채널 참조).

### ② 도매업자

앞서 살펴본 대로 구매자의 수가 늘어나면 제조사와 소매업자의 거래는 엄청난 속도로 복잡해진다. 따라서 제품 특성 및 지역에 잘 적응한 도매업자가 제조사와 다수의 소매업자 사이를 매개하게 된다. 이들 도매업자는 소비자가 접촉할 소매 채널에 효율적으로 제품을 전할 뿐 아니라 소매업자로부터 정보를 수렴하기 위해 다양한 편의를 제공한다.

이러한 도매업자의 기능이 최종 소비자의 눈에 띄기는 어렵다. 또한 이들에게 기대하는 역할은 다수의 제품 제공자와 소매업자 사이의 접촉 횟수를 크게 줄이는 것이다. 따라서 그 기능은 지극히 노동 집약적(생산 과정에서 자본보다 노동을 상대적으로 더 많이 사용하는 것)인 조직과 복잡한 인간관계 위에 구축되는 경우가 많다. 강의 상류(제조사)와 하류(소매업자) 양쪽으로부터 끊임없이 유통 합리화의 압력을 받는다는 것도 이 업계의 숙명이다.

또한 도매업자 중에는 사들인 제품을 판매하는 업자도 있지만, 판매자와 구매자 사이를 중개하는 일로 이익(구전)을 남기는 업자도 있다. 당연히 구매의 리스크를 부담하는 전자가 더 큰 마진을 남긴다.

## | 유통 채널의 단계 수

유통 채널이 몇 단계로 구성되는지에 따라서도 구조적 특징이 달라진다. 이를 분류한 것이 도표 7-2다. 몇 단계의 유통 채널을 이용하는지는 그 제품의 특성에 따라 달라진다. 일반적으로 제품이 일용품에 가까워질수록 유통 채널은 다층화되는 경향이 있다.

### ① 0단계 채널

제조사가 직접 소비자에게 판매하는 전형적인 예로는 폴라POLA 화장품, 대형 통신판매사 세실cecile, 고가에 소량 생산되는 주택 건축업 등의 비즈니스가 여기 해당한다(단, 종합 통신판매사 벨르 메종BELLE MAISON을 운영하는 센슈카이(千趣会)는 자사 브랜드 제품이 없기에 통신판매사라 해도 제로 단계 채널에 해당하지 않는다).

판매량이나 금액이 직접 판매 조직을 감당하기에 충분하다면 이 0단계 채널이 효과적이다. 직접 판매에는 판매 활동의 방향을 설정하고 제대로 통제할 수 있다는 이점이 있다. 당연히 영업 담당자는 자사 제품에 집중해 소비자가 원하는 제품 정보 및 기술을 지원한다.

도표 7-2 유통 채널의 단계 수

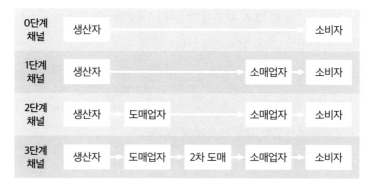

### ② 1단계 채널

제조사와 소비자 사이에 유통업자 하나가 존재하는 경우다. 과거에는 가전이나 자동차 업계처럼 제조사 주도의 계열 판매점 형태로 전개되었으나, 최근에는 대형 소매업자가 도매업자를 통하지 않고 직접 제조사와 거래하는 형태 등이 늘고 있다.

자동차 업계에서는 딜러가 경영 부진에 허덕이면 제조사가 자본을 지원할 때가 있다. 그런 의미에서는 부분적으로 0단계화가 진행되고 있다고도 볼 수 있다. 하지만 그 같은 수직 통합(일정 분야의 제품을 생산·유통하는 단계가 다른 기업끼리 결합하여 단일 기업체가 되는 일)이 과하면 독립형 판매점에 위협을 주는 결과로 이어져 반발을 살 수도 있다.

### ③ 2단계 채널, 3단계 채널

소비재에서 가장 많은 형태가 2단계 채널이다. 소매업자 입장에서는 소량 거래를 할 경우, 제조사 입장에서는 광범위하게 판매를 늘리거나 소매업자가 다수 분산되어 있는 경우에 좋다.

비교적 제품 단가가 낮고 구매 빈도가 높은 편의품의 경우는 한 단계 더 복잡해진 3단계 채널을 통해 판매된다. 식료품이나 일용잡화 등 소매점 수가 많은 제품이 이에 해당한다.

시계 판매는 다양한 유통업자가 개재되어 있는 비즈니스이지만, 일반적으로 알려진 브랜드는 2단계에 그치는 경우가 많다. 한편, 중소 브랜드나 점포가 십만 개 정도 존재하는 다양한 시계 판매점으로의 유통은 2차 도매를 경유하는 3단계 채널인 경우가 많다.

이 같은 분류는 이해는 쉽지만, 현상을 너무 단순화한 측면도 있다. 실제로 유통 구조가 몇 단계로 이루어지는지에 대한 판단은 그리 쉽지 않다. 예를 들어 여러 부품업자에게서 부품을 구매해 조립만 하는 제조사라 보기 어려운 제조업자도 많고, 자본 참여로 인해 제조와 판매를 수직 통합하는 사례도 적지 않다. 제조사와 소매업자 양측의 브랜드 네임을 붙인 더블 네임 제품도 있다.

그뿐만 아니라 고전적인 0~3단계 채널 개념으로 설명할 수 없는 형태도 있다. 대표적인 예가 프랜차이즈 방식과 라이선스 방식이다.

- 프랜차이즈 방식

프랜차이즈 방식이란 편의점, 커피숍, 카 딜러, 교외형 레스토랑, 패스트푸드, 어학 학원 등에 전형적으로 나타나는 시스템이다. 프랜차이저(비즈니스 시스템의 제공자)는 트레이드마크나 서비스마크의 사용권 및 비즈니스 구축부터 오퍼레이션 시스템까지의 모든 노하우를 프랜차이지(영업권 제공자로부터 특정 지역의 비즈니스 시스템 사용권을 얻어 자기 자본과 노력을 제공해 사업화하는 개인 또는 기업)에 제공한다. 그리고 측면 지원의 대가로 로열티(가맹료)를 징수한다. 또한 공동 구매를 의무화함으로써 구매를 통한 이윤을 남길 수도 있다. 단, 소비자와의 접촉 없이 완전히 프랜차이지에 의존해서는 서비스 질을 유지·관리할 수 없다. 따라서 직영 방식과 프랜차이즈 방식을 조합하는 사례가 많다. 프랜차이즈 방식의 최대 이점은 타인의 자본과 노력을 활용해 급속히 점유율을 확대할 수 있다는 점이다. 가령 맥도날드와 달리 대형 자본이 없었던 모스버거가 직영 점포만 고집했다면 오늘날과 같이 점포 수를 늘릴 수 없었을 것이다. 프랜차이지 측을 봐도 자금과 의욕은 있지만, 어떻게 사업을 해야 좋을지 모르는 사람이나 리스크를 억제하고 자산을 효과적으로 활용하고 싶은 사람이 많다. 프랜차이즈 방식은 이러한 서로의 니즈를 충족시킬 수 있다.

프랜차이즈 방식을 도입할 때는 여러 프랜차이지 사이의 격차를 줄이려는 노력이 중요하다. 점포 간 격차가 심하면 어느 한 점포에 대한 나쁜 평가가 다른 점포의 발목을 잡기도 하고 브랜드 이미지에 악영향을 미칠 수도 있다.

특히 어려운 점은 자산 운용을 목적으로 사업에 뛰어든 프랜차이지를 교육해서 공통의 사업 목적을 위해 보조를 맞추게 하는 일이다. 프랜차이즈 시스템의 건전성을 유지하려면 본부의 지휘가 말단까지 잘 통해야 한다. 지휘가 잘 통하면 소비자는 직영점인지 프랜차이즈점인지 식별할 수 없게 된다.


• 라이선스 방식

라이선스 방식이란 자사의 노력으로 쌓아 올린 브랜드 등을 타사에 빌려 주는 비즈니스다. 고급 브랜드인 입 생 로랑Yves Saint Laurent, 헬로키티 등 사람들에게 친숙한 캐릭터로 사업을 하는 산리오Sanrio는 브랜드 네임, 로고, 도안 등 카테고리별 사용권을 제삼자 기업에 줌으로써 매출에 따른 로열티를 받는다. 라이선스 방식의 경우 다양한 카테고리에서 브랜드 사용권을 받을 수 있어 급속한 저변 확대(한 분야의 근본을 이루는 밑바탕을 늘여서 크게 하는 일)를 이루고 수입도 증가시킬 수 있다.

하지만 라이선스 비즈니스를 전개할 때는 라이선시(사용권을 받는 측)가 가격을 무기로 판매량을 늘리기 위해 제품의 질을 떨어뜨리거나 디자인에 신경을 덜 쓰는 등 브랜드 이미지를 손상시킬 수도 있다는 점에 주의해야 한다. 그래서 라이선서(사용권을 주는 측)는 제품이나 디자인의 품질은 물론이고 구체적인 판매 방법에 이르기까지 철저하고 세심하게 관리해야 한다.

## 3. 유통 채널 구축 단계

유통 채널이 기업 경영에 미치는 영향은 크다. 게다가 일단 구축하고 나면 변경하기 어렵다. 따라서 유통 채널을 구축할 때는 다양한 요인을 고려하고 체계적으로 따져야 한다(도표 7-3 참조).

## | 타깃 시장과 경영 자원 파악

기업이 제품의 효과적인 유통 채널을 선택·구축하려면 우선 목표로 삼을 시장을 어디로 좁힐지 정해야 한다. 또한 채널 구축에는 막대한 비용이 들기에 경영 자원(인적, 물적, 금전적 자원)의 제약도 고려해야 한다.

도표 7-3 유통 채널 구축 단계

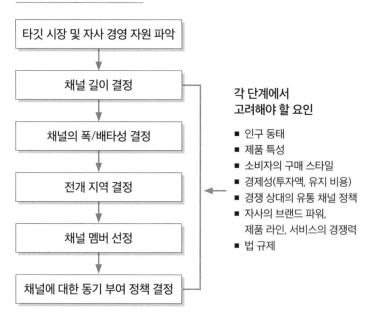

타깃 시장 및 자사 경영 자원 파악

채널 길이 결정

채널의 폭/배타성 결정

전개 지역 결정

채널 멤버 선정

채널에 대한 동기 부여 정책 결정

**각 단계에서 고려해야 할 요인**

- 인구 동태
- 제품 특성
- 소비자의 구매 스타일
- 경제성(투자액, 유지 비용)
- 경쟁 상대의 유통 채널 정책
- 자사의 브랜드 파워, 제품 라인, 서비스의 경쟁력
- 법 규제

한 권으로 끝내는 마케팅

## | 유통 채널의 길이 결정

채널의 길이란 유통 채널의 단계 수를 가리킨다. 이를 결정할 때는 우선, 직판으로 할지 또는 외부 유통업자를 이용할지를 정해야 한다. 여기서 문제가 되는 것이 판매량이 직판 방식을 유지하는 데 충분한지 여부다. 이 판단을 할 때는 예상되는 총판매량, 제품 특성 및 제품 단가, 잠재 고객의 지리적 집중도나 분산도, 타깃 시장의 규모 그리고 한 거래당 거래량이 영향을 미친다.

예를 들어 제품 단가가 싸고 잠재 고객도 분산되어 있는 제품을 제조사가 직접 판매하기는 비경제적일 것이다. 반대로 제품 단가가 비싸거나 대량 구매할 가능성이 있거나 잠재 고객이 지리적으로 집중되어 있어 특정할 수 있다면 직판이 유리하다. 경제성을 어느 정도 희생하더라도 직판을 일정 비율 유지하는 경우도 있다. 고급 브랜드의 대부분은 백화점에서 판매하는 인 숍in shop의 본보기가 되고, 나아가 초우량 고객을 확보한다는 사명을 위해 직영점을 운영한다.

대형 통신판매사 세실은 채널의 길이를 잘 활용한다. 소비자 입장에서 보면 통신 판매는 소매점 구매보다 큰 단점이 있다. 상품을 직접 만져 보거나 착용해 볼 수 없기 때문이다. 세실은 그 한계를 보완하기 위해 '운송료 회사 부담으로 반품 가능'이라는 시스템을 만들었다. 이 시스템의 합리성은 한번 상품을 구매한 고객이 같은 물건을 살 때는 반품하지 않는다는 데 있다. 세실의 주력 상품인 여성용 속옷(특히 팬티스타킹 등)은 원래 소모품이므로 재구매 고객을 확보할 수만 있다면 통신 판매의 단점은 상쇄된다. 또한 통신 판매는 매장에 진열할 공간이 필요 없으므로 상품 구색을 갖추는 데 한계가 없다. 세실은 통신 판매라는 유통 형태의 장점을 살려 풍부한 상품 구색으로 매출을 늘릴 수 있었다.


## | 유통 채널의 폭 결정

이제 채널의 각 단계에서 이용할 유통업자의 종류와 수, 다시 말해 채널의 폭을 결정한다. 제조사는 제품의 판매에 필요한 유통업자의 수를 결정할 때, 이에 관한 트레이드오프trade off(한쪽 조건을 충족하려면 다른 한쪽 조건을 희생해야 하는 것)를 인식해야 한다. 소비자의 편의를 최우선시한다면 유통업자의 수를 늘리는 것이 좋다. 하지만 유통업자들이 제품 판매권에 매력을 느끼게 하는 것이 중요하다면 유통업자의 수를 제한하고 업자별 담당 범위를 넓히는 것이 바람직하다.

유통 채널의 폭과 관련해서는 다음과 같은 세 가지의 기본 정책이 있다.


### ① 개방적 유통 정책
자사 제품의 판매처를 한정하지 않고 광범위한 모든 판매처에 대해 개방적으로 유통하는 정책이다. 대량 판매를 노리는 편의품에 적용되는 경우가 많다. 다만, 이 정책에는 통제가 어렵고 판매 관리 오퍼레이션이 복잡해진다는 단점이 있다.

특정 시장을 담당하는 유통업자의 수가 과다해지면 유통업자 간 판매 경쟁이 치열해져 판매 가격이 내려가는 탓에 유통업자의 이익이 줄거나 제품 이미지가 하락할 우려가 있다. 이런 경우에는 과감하게 유통업자를 선별하거나 상습적으로 헐값에 판매하는 유통업자에 대해 징벌의 의미로 판촉 지원을 줄이는 등의 조치를 해야 한다.

### ② 선택적 유통 정책

판매력이나 자금력, 제조사에 대한 협력 정도, 경쟁 제품의 비율, 입지 조건 등의 일정한 기준으로 선정한 유통업자에게 자사 제품을 우선 판매하게 하는 정책이다. 개방적 정책과 배타적 정책의 중간에 위치한다고 할 수 있다. 평균 이상의 성과, 적정 수준의 통제, 유통 비용 절감 등을 실현하기 쉽다.

### ③ 배타적 유통 정책

특정 지역이나 제품의 판매처를 대리점 또는 특약점에 한정해 독점 판매권을 주는 대신 때로는 경쟁 타사 제품의 취급을 금지하는 정책이다. 제조사는 이 정책을 통해 유통업자의 판매 의욕을 높이고 판매 방법을 통제하며 제품의 이미지 향상 및 이익 확보를 꾀할 수 있다.

이 방법은 효율적·효과적인 마케팅 활동을 하기 위한 계열화 촉진 정책을 전개할 때 유리하며 자동차, 건설 기계 분야 등에서 자주 볼 수 있다. 단, 정책을 유지하기 위해 많은 비용이 발생하고, 유통업자의 독창성·주체성이 감퇴하는 등의 단점이 있다.

이들 정책과는 별개로 직판 영업 팀과 유통업자 간 판매 경쟁에 관해서도 생각해 둘 필요가 있다. 원래 직판 팀과 유통업자는 서로 보완 관계에 있어야 하지만, 둘 사이에는 때때로 마찰도 빚어진다. 제품 제공자는 각 채널 사이에서 제품 및 시장의 경계선을 유지하고 구분하는 데 주력해야 한다.

루이비통 재팬은 백화점 채널과 직판을 일정 비율로 균형감 있게 조율한다. 100만 도시라 불리는 대형 상권의 일류 백화점을 엄선해서 인 숍을 전개하는 한편 도쿄, 요코하마(横浜), 오사카, 고베(神戸) 등 대도시에 한정해 직영점을 전개 중이다. 또한 전화 상담원이 직접 고객과 통화해 양호한 관계를 맺고, 판매로 이어지는 텔레마케팅 등을 통해서도 큰 매출을 올리고 있다. 텔레마케팅은 극도의 배타적 유통 정책의 폐해로 발생한 '무점포 지역의 채워지지 않는 수요'에 부응하기 위해 고안되었다. 이러한 대의명분 덕에 기존에 거래하던 백화점도 어느 정도 이해해 주고 있다. 직영점도 대도시의 일부에 한정함으로써 백화점과의 경쟁을 최소한으로 억제하고 있다.

## | 전개 지역 결정

판매 지역의 넓이도 결정해야 한다. 일제히 전국을 상대로 판매하는 경우와 지역을 한정해 판매 상황을 보며 서서히 지역을 확대하는 경우는 프로모션 방법, 필요한 경영 자원의 양이 모두 다르다. 또한 유통업자는 지역 밀착형으로 전개하는 경우가 많으므로 거래 멤버 선정에도 영향을 미치게 된다.

## | 채널 멤버 선정

이상의 내용이 정해지고 나면 다음은 채널 멤버를 선정해야 한다. 마케팅 담당자는 구체적으로 어떤 유통업자와 거래할지에 관해 명확한 선정 기준을 가지고 있어야 한다. 선정 기준으로는 재무 내용 등의 경영 건전성, 수행할 수 있는 기능, 장점을 발휘할 수 있는 제품 카테고리, 판매 조직의 확립 정도, 고객의 수와 질, 고객 협상력, 고객과의 인간관계, 소매점 내 매장 획득력, 거래 조건, 물류 능력, 정보 무장 수준, 통제의 용이함 등을 들 수 있다.

가오가 2003년에 출시한 헬시아 녹차는 체지방 감소 기능을 소비자가 높이 평가한다는 판단하에 가격을 같은 용량의 여타 음료보다 비싼 180엔으로 설정하고 채널을 편의점으로 집중했다. 편의점은 주요 타깃인 중년 남성이 자주 이용하며 정가 판매를 원칙으로 삼기 때문에 할인을 막을 수 있었다.

혼다는 1960년에 오토바이로 미국 시장에 진출했을 때 전형적인 선매품(제품을 구매하기 전에 가격·품질·형태·욕구 등에 대한 적합성을 충분히 비교하여 선별적으로 구매하는 제품)인 오토바이 비즈니스의 경우 지식이 풍부하고 열의가 있는 판매원과 수완 좋은 기계공, 애프터서비스 설비를 가진 우수한 딜러를 재빨리 확보하는 것이 성공의 관건임을 알아챘다. 그리하여 불과 수 년 사이에 우수한 딜러 회사를 전미 최대 규모로 프랜차이즈화했다. 그로 인해 야마하Yamaha Motor나 스즈키SUZUKI MOTOR 같은 경쟁사는 상당 기간 드넓은 미국 시장에서 혼다의 뒤를 쫓아갈 수밖에 없었다.


## | 채널에 대한 동기 부여 정책 결정


다음으로는 채널에 대한 마진과 지원(판매 연수 및 운영 협력 등)을 정해야 한다. 제품 제공자가 유통업자에게 주는 마진에는 두 가지 요소가 있다. 기능에 대한 마진과 양에 따른 할인이 그것이다. 기능에 대한 마진은 재고 유지, 현장 판매, 배송 등의 기능에 대해 지급되는 것인데 분담하는 기능이 늘어날수록 그리고 업자의 리스크 부담이 커질수록 마진도 커진다. 제품 도입기에는 유통 시스템을 확립하기 위해 매력적인 마진을 설정하는 경우가 많지만, 한 번 그것이 정착되면 폐지나 삭감이 어려우므로 주의가 필요하다.

양에 따른 할인은 유통업자의 1회 주문 또는 특정 기간의 구매량에 따라 정해진다. 이토 요카도 등 대형 소매업은 막대한 할인을 받아내는데, 그것은 이들이 그만한 판로, 판매대 공간을 제공하고 대량으로 구매하는 동시에 거래 비용을 절감해 주기 때문이다.

마진 외에도 다양한 지원 방법이 있다. 파나소닉의 슈퍼프로숍 제도는 판매 계약을 맺을 때 중점 동기가 명확하게 드러나도록 한다. 뿐만 아니라 판매 실무에 도움되는 연수를 실시하고, 노력에 따라 더 많은 혜택을 챙길 수 있는 적극적인 판매 지원책을 설계함으로써 점포 측의 동기를 강화한다.

이상 유통 채널을 구축하는 단계를 살펴보았는데 전 과정에서 염두에 두어야 할 요인이 있다. 다음의 몇 가지 중요한 사항을 살펴보자.


• 인구 동태

유통 전략을 세울 때는 가장 먼저 어떤 잠재 고객이 얼마나, 어떤 밀도로 존재하는지를 따져야 한다. 예를 들어 해당 제품의 주요 타깃이 대학생이라면 대학이 밀집한 도시의 유통업자나 대학 구내에서 소매 활동을 하는 전국 대학 생활 협동조합 등의 채널을 개척할 필요가 있다.

• 제품 특성

제품의 물리적 특성, 이미지, 사용법, 복잡함, 제품 회전율, 가격 등의 요소에 따라 적절한 채널은 크게 달라진다. 크기가 크거나 값이 많이 나가는 내구재나 선매품은 프랜차이즈식 카 딜러처럼 제품에 특화된 접객용 쇼룸이나 애프터서비스 기능을 갖춘 대형 판매 설비가 필요한 경우가 많다.

• 소비자의 구매 스타일

소비자가 채널에 원하는 바가 무엇인지를 따져 보는 관점도 중요하다. 제품에 따라서는 소비자가 채널을 선택할 때 중시하는 요소가 제품과 시장의 발전에 따라 변하기도 한다. 예를 들어 소비자가 제품 라이프 사이클 중 특정 시기에 기술 지원과 구입처의 확실성을 중시하는지, 신속한 배달과 재고 유지비 절감이나 여러 개를 묶어서 살 수 있는 간편함을 중시하는지에 따라 바람직한 유통 채널은 달라진다. 또한 제품이 많이 보급되면 출시 당시에는 일부 팬층만 구매하다가 일반 소비자도 사게 되므로 요구되는 채널 기능이 변하기도 한다.

애플은 2003년에 직영점을 긴자에 개점했다. 고급 브랜드 전문점처럼 접객과 실내외 디자인에 엄청난 공을 들였고, 자세한 정보를 원하는 마니아층이나 컴퓨터에 패션성을 요구하는 소비자의 니즈에 부응하려 했다.

## • 투자액/유지 비용

유통 채널을 구축하고 유지하려면 그에 상응하는 투자, 운영 비용이 필요하다. 그리고 채널을 업그레이드하려면 비용은 더 늘어나게 된다. 예를 들어 유통 채널을 고객층별 또는 제품별로 전문성을 갖추어 분화하려면 추가로 필요한 운영비를 유지할 수 있을 만큼의 매출을 확보해야 한다.

## • 경쟁사의 유통 채널 정책

미국 시장에 진출한 혼다처럼 특정 기업이 어느 지역에서 소비자에게 영향력 있는 채널을 이미 장악한다면 그것만으로도 경쟁에서 우위를 차지한 것이라 할 수 있다. 경쟁 기업은 같은 유통업자에게 접근해 판매 강화 및 판매대 공간 확대를 요청하든지, 아니면 기존 채널과 별도의 새로운 채널을 구축해야 한다.

## • 자사의 브랜드 파워, 제품 라인, 서비스 경쟁력

유통업자는 당연히 '팔리는 제품', '수익을 내는 제품'을 취급하고 싶어 한다. 많은 최종 소비자에게 그 제조사 제품에 대한 니즈가 있다면 채널에 대한 제조사의 협상력은 강해진다.

특정 제조사 브랜드에 대한 소비자의 평가는 제품의 우수한 성능, 다양한 제품 라인, 뛰어난 소비자 교육, 판매 후의 수리와 유지 보수 등의 요인으로 결정된다.

일반적으로 인기나 브랜드 파워가 높은 제품일수록 채널, 즉 유통업자는 어느정도의 마찰은 눈감아 주기 마련이다. 반대로 차별화가 어려운 제품의 경우, 후발 제조사는 마진이나 커미션을 높게 설정하는 등의 방법으로 유통업자를 공략하거나 지원 활동을 늘리는 등 별도의 조건을 제시해야 한다.

## 4. 유통 채널 변경의 어려움

시장 환경에 맞춰 전략을 유연하게 실행하기 위해서는 채널 재구축, 신규 채널 개척에 지속적으로 힘을 쏟아야 한다.

유통 채널은 잠재 고객의 인구 동태, 제품 특성, 구매 스타일, 투자액·비용, 제품력, 경쟁 상대의 유통 전략 등의 요인에 따라 규정된다. 그리고 이러한 요소는 시장이 성장하고 제품이 성숙해짐에 따라 모두 변한다. 제품의 경우, 소비자 교육의 필요성은 감소하고 가격 인하와 신속한 서비스가 점점 중요한 요소가 된다. 제품에 따라서는 유통 경로가 불명확한 싸구려 제품이 나도는 그레이마켓grey market이 출현할지도 모른다.

그리고 대부분 그때쯤 제조사나 유통업자 모두에게 새로운 경쟁 상대가 나타난다. 신규 진출한 제조사는 대형 고객을 상대로 저가에 직접 판매함으로써 시장을 파고들어 탄탄한 지위를 얻으려 할 수 있다. 혹은 기존 기업이 유통 네트워크를 불필요하게 만드는 대담한 채널 정책을 내놓을 가능성도 있다. 또한 마진을 희생하더라도 높은 회전율로 보충하는 대량 판매 전략을 내세우는 전문 유통업자가 나타날 수도 있다.

시장의 성장에 따라 제조사와 유통업자의 역학 관계는 변한다. 재판 제도나 희망 소매가격 제도가 수정되고, 자체 브랜드 상품PB이 등장하며, 소비자가 이용하는 소매 채널이 변하고, 제조사와 판매업자가 손을 잡는 것 등이 그 예다. 이러한 새로운 움직임이 자극제가 되어 유통 전략을 재편성해야 할 때가 온다. 특히 대형 고객에 대한 직판을 늘리거나 새로운 유통업자와 손을 잡는 재편 정책을 취하면 기존 유통업자와의 관계는 크게 영향을 받는다. 외부 조직을 쓸 때는 마케팅 믹스의 다른 요소처럼 자사의 생각만으로는 전략을 변경하지 못하는 경우도 많다. 그리고 외부 조직과의 관계가 나빠지면 제품을 진열해 주지 않거나, 원하는 대로 자사 제품을 취급해 주지 않거나, 집객을 위한 싸구려 품목으로 취급당해 브랜드 이미지가 손상될 우려가 커진다. 또한 지금까지 함께 성장해 온 역사가 있으면 신뢰 관계를 쉽게 끊지 못하는데, 경영 환경에 맞추어 전략을 변경하지 못하면 결국은 함께 무너지고 만다. 유통 채널은 마케팅 전략 중에서 가장 변경하기 어렵고 재구축에 시간이 걸리는 부분이다(도표 7-4 참조).

도표 7-4 유통 전략의 진전과 그에 영향을 주는 요소

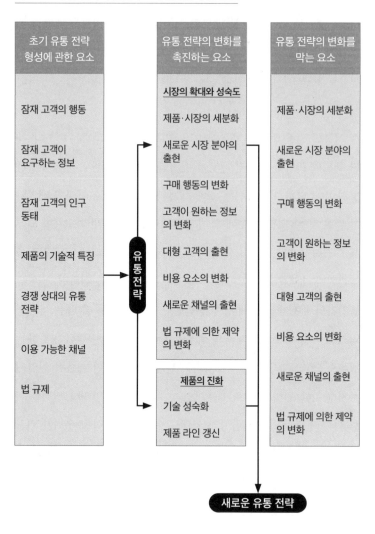

| 초기 유통 전략 형성에 관한 요소 | 유통 전략의 변화를 촉진하는 요소 | 유통 전략의 변화를 막는 요소 |
|---|---|---|
| 잠재 고객의 행동 | **시장의 확대와 성숙도** | 제품·시장의 세분화 |
| 잠재 고객이 요구하는 정보 | 제품·시장의 세분화 | 새로운 시장 분야의 출현 |
| 잠재 고객의 인구 동태 | 새로운 시장 분야의 출현 | 구매 행동의 변화 |
| 제품의 기술적 특징 | 구매 행동의 변화 | 고객이 원하는 정보의 변화 |
| 경쟁 상대의 유통 전략 | 고객이 원하는 정보의 변화 | 대형 고객의 출현 |
| 이용 가능한 채널 | 대형 고객의 출현 | 비용 요소의 변화 |
| 법 규제 | 비용 요소의 변화 | 새로운 채널의 출현 |
| | 새로운 채널의 출현 | 법 규제에 의한 제약의 변화 |
| | 법 규제에 의한 제약의 변화 | |
| | **제품의 진화** | |
| | 기술 성숙화 | |
| | 제품 라인 갱신 | |

유통 전략

새로운 유통 전략

# 5. 옴니채널

인터넷이 보급되기 전에 쇼핑은 대부분 직접 매장에 가서 물건을 사는 방식이었고 물류 채널도 지역 소매점이 유일했다. 이른바 일대일 대응식 싱글채널이었다. 그런데 인터넷 통신판매가 일반화되자 실제 점포뿐 아니라 인터넷, TV가 더해진 멀티채널로 쇼핑 환경은 변했다. 이후 멀티채널의 공급망을 통합해 재고 관리를 일원화하면서 인터넷에서 주문한 상품을 실제 매장에서 수령하는 복수의 채널을 거치는 크로스채널도 형성되었다(도표 7-5 참조).

위와 같은 변화와 더불어 소비자의 구매 행동을 급변하게 한 것이 스마트폰과 태블릿 단말기 같은 모바일의 보급이다. 모바일을 이용한 쇼핑이 주류가 되면서 두 가지 구매 행동이 나타났다. 하나는 쇼루밍 Showrooming으로 매장에서 현물 상품을 확인한 뒤 인터넷 통신 판매로 사는 방식이다. 특히 가전제품 판매점이 쇼루밍의 영향을 크게 받았다. 또 다른 하나는 웹루밍Webrooming인데 인터넷에서 상품에 관한 정보 수집과 재고 확인을 끝낸 뒤 실제 매장에서 구매하는 방식이다. 쇼루밍이나 웹루밍이 일반적인 방식으로 자리 잡으면서 소비자는 24시간 언제 어디서든 쇼핑을 즐길 수 있게 되었다.

옴니채널omni-channel이란 상품 선정부터 구매까지 쇼핑의 전 과정을 통해 아무런 제약 없이 개인의 사정이나 취향에 맞춰 선택할 수 있는, 매끄러운 고객 경험을 구현하기 위한 시스템이다. 옴니채널을 이용하는 소비자는 구매 행동의 모든 터치포인트에서 자신이 생각한 대로 쇼핑하고 싶어 하며 그 구매 경험 가치를 얼마나 끌어올릴 수 있는지가 옴니채널의 본질적인 테마다(도표 7-6 참조). 사례를 통해 살펴본 시세이도의 와타시 플러스는 고객을 전문점으로 연결한다는 점에서 웹루밍이라 할 수 있다. 하지만 고객 경험을 단순한 정보 수집에 머물지 않고 카운슬링 등 다양한 터치포인트를 마련하려 노력한 시스템이라 할 수 있다.

도표 7-5 싱글채널의 변화

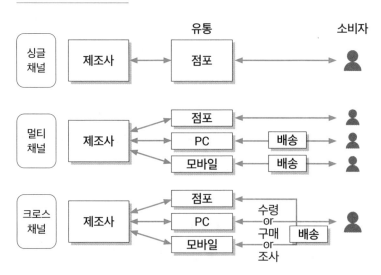

한 권으로 끝내는 마케팅

## | 옴니채널 실현의 조건

지금은 많은 소비자가 인터넷과 실제 점포를 포함한 복수의 쇼핑 경로를 자유롭게 누릴 수 있는 시대다. 이런 가운데 옴니채널은 기업을 경쟁 우위로 이끌어 주는 강력한 무기이자 중요한 전략이다. 옴니채널을 실현하려면 세 가지 조건을 충족해야 한다.

### ① 재고 관리 일원화

고객이 바라는 장소, 필요한 순간에 상품을 전달할 수 있어야 옴니채널이라 할 수 있다. 예를 들어 쇼핑하러 갈 시간이 없어 인터넷 숍에서 주문했지만, 당장 필요해서 근처 점포에서 수령하고 싶다는 고객이 있을 때, 고객이 수령할 수 있는 점포에 재고가 있다면 그곳을 이용하는 것이 가장 효율적인 방법이다. 근처 점포에 재고가 없어도 동일 지역 내 다른 점포를 이용하거나 물류 센터에서 근처 점포로 배송하는 방법도 있다. 이러한 대응을 가능하게 하려면 각 점포의 재고 정보 관리를 일원화해 각각의 양과 위치 정보를 거의 실시간으로 파악할 수 있어야 한다.

### ② 가격 통일

고객이 일관된 경험을 하기 위해서는 가격이 통일되어 있어야 한다. 실제 점포와 인터넷 숍이 의도적으로 가격에 차이를 두는 사례가

있다. 인터넷 통신 판매는 가격 비교가 용이하기에 실제 점포의 가격

보다 싸게 설정되는 예가 많다. 하지만 점포 간 다른 가격은 옴니채널

을 전개할 때 단점이 된다. 가령 스마트폰으로 구매한 상품을 실제 점

포에서 수령했을 때 점포 가격이 더 싸다면 고객은 불만을 느끼게 될

것이다.

### ③ 점원 교육

옴니채널이 성공하려면 실제 점포의 매력을 끌어올려야 한다. 옴

니채널을 구축하면 고객과의 터치포인트가 늘어난다. 웹 사이트의 상

품 정보, SNS, 실제 점포에서의 실물 확인, 구매, 수령, 배송 상황 확인

등 다양한 터치포인트와 관련해 모든 점원이 상품 또는 시스템에 관

한 지식으로 지체 없이 고객을 지원할 수 있는 태세를 갖추어야 고객

의 기대에 부응할 수 있다.

도표 7-6  옴니채널

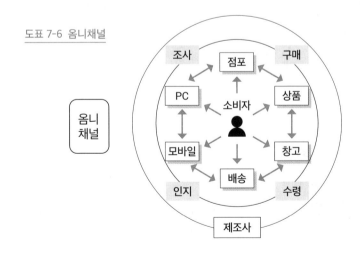

한 권으로 끝내는 마케팅

## | 옴니채널의 구축 단계

옴니채널을 구축할 때는 다음과 같은 단계를 거쳐야 한다.

**① 구매 행동 프로세스상의 모든 터치포인트와 채널을 찾아낸다.**

채널은 의사소통과 판매라는 두 가지 역할을 하는데, 하나의 터치포인트가 여러 채널과 얽혀 있는 경우도 생각할 수 있다. 고객이 처음부터 마지막까지 매끄럽게 일관성 있는 경험을 하는 데 있어서 각 터치포인트와 고객 사이에 어떤 일이 벌어졌는지를 채널에 밀접하게 링크할 필요가 있다. 더 많은 터치포인트와 채널을 구축하면 고객은 광범위해지고 채널은 복잡해진다. 이때 넓은 고객 범위와 알기 쉬운 채널 구조 사이에서 균형을 잡을 필요가 있다.

**② 가장 중요한 터치포인트와 채널을 명확히 한다.**

고객은 각기 다른 경험을 통해 구매에 이른다. 예를 들어 어떤 고객은 스마트폰에 뜬 배너 광고를 보고 상세 정보를 알기 위해 웹 사이트를 찾고 점포의 재고 정보를 확인했다. 그리고 실제 점포를 방문해 제품을 확인한 뒤 구매를 결정했다. 또 다른 고객은 TV 프로그램에서 본 옷이 마음에 들어 그 프로그램에 소개된 점포를 찾아가 입어 보았다. 사이즈와 디자인은 마음에 들지만, 원하는 색이 없어 제조사의 인터넷 통신 판매 사이트에 들어가 구매를 결정했다. 이처럼 고객 경험 시나리오는 매우 많을 수 있어 옴니채널의 설계는 복잡해지기 마련이다. 그래서 가장 일반적인 고객 경험에 초점을 맞추고 자원을 집중해야 한다.

### ③ 가장 중요한 터치포인트와 채널을 통합한다.

옴니채널에서 정말 의미 있는 고객 경험을 제공하려면 어느 채널에서든 동일하게 최고의 경험을 할 수 있도록 채널을 통합할 필요가 있다. 여기서 가장 큰 숙제는 부문 간 벽을 넘어 협동하는 것이다. 하지만 한 회사 안에서도 인터넷 판매와 점포 판매가 경쟁 관계를 형성하는 회사가 적지 않다. 회사 전체의 매출을 늘린다는 의식을 공유하지 않으면 매끄러운 고객 경험을 실현하기 어렵다.

옴니채널을 통해 쇼핑의 편의를 비약적으로 끌어올리기 위해서는 고도의 물류 시스템을 구축해야 하며, 시스템 구축에는 시간과 돈이 든다. 옴니채널 마케팅은 경영자가 진두지휘에 진지하게 임할 때 비로소 진전된다는 점을 명심해야 한다.

**POINT** ////

제품의 가치를 올바르게 전하고 구매로 이어가기 위해서는 타깃으로 삼은 고객에게 적절한 정보를 적절한 타이밍에 적절한 방법으로 전달해야 한다. 더불어 치열한 경쟁 환경 속에서 고객과 양질의 관계를 맺고, 지속해서 구매하도록 유도하며, 새로운 고객 획득으로 이어가는 것도 중요하다. 그러려면 고객의 구매 의사 결정 프로세스와 최근의 미디어 진화를 고려하는 동시에 적절한 커뮤니케이션 수단을 조합해서 사용할 줄 알아야 한다.

**CASE** ////

2007년 6월 일본에서 개설된 웹 사이트 코카콜라 파크(이하 파크)는 전성기였던 2013년에 1,300만 명의 등록 회원을 거느리며 제조사가 운영하는 웹 사이트로서는 최상위권의 규모를 자랑했다. 각종 언론에서도 제조사 웹 사이트의 성공 사례로 다루며 세간의 눈길을 끌었다.

파크는 이벤트 정보 및 뉴스, 일기 예보를 게재하는 것 외에도 소비자가 사이트의 게임을 통해 파크 G라는 포인트를 얻고, 그 포인트로 이벤트에 응모할 수 있게 하는 등 알찬 콘텐츠로 소비자를 끌어모았다. 파크는 소비자가 사이트의 콘텐츠를 접함과 동시에 코카콜라의 제품 브랜드에도 접근할 수 있도록 설계되었는데 각종 이벤트 응모용 플랫폼의 역할도 했다.

하지만 회원 수는 2013년 이후부터 증가하지 않았다. 특히 PC를 이용하는 사용자가 줄곧 감소 추세를 보이다가 전성기로부터 3년이 지난 2016년 12월에는 폐쇄되기에 이르렀다.

파크가 폐쇄될 무렵, 코카콜라는 SNS를 활용한 마케팅과 관련해 다양한 시도를 시작했다.

예를 들어 트위터에서 자사 제품에 관해 트윗을 올린 소비자에게 직접 답을 올렸다. 생각지도 못한 기업의 반응에 놀란 소비자는 그 '놀라운 사건'을 리트윗으로 공유했고 팔로워를 통해 내용은 다시 확산되었다. 코카콜라 측에서는 개별 트윗을 확인하는 소박한 방법이었지만, SNS의 특성을 살린 도전적인 커뮤니케이션이었다.

최근에는 트위터의 투표 시스템을 이용한 퀴즈와 추첨이 널리 확산되면서 화제를 불렀다. 소비자는 환타 계정을 팔로우하고 특정 트윗을 리트윗하면 인기 배우가 행운권을 뽑는 영상을 볼 수 있었다. 당첨되면 특정 상품을 받을 수 있었다. 하지만 당첨되지 않았을 때도 낙첨을 알리는 영상이 다양한 버전으로 준비되어 있었기에 '꽝'을 노리고 몇 번이고 응모하는 소비자도 많았다. 결과적으로 합계 100만 회를 훌쩍 넘는 리트윗이 생성되었다.

그 외에도 특정일에 트위터에서 미리 지정된 트윗을 하면 추첨을 통해 30분 이내에 코카콜라 쿠폰을 받을 수 있게 하는 등 실생활과 SNS를 융합한 다채로운 이벤트를 실시했다. 소비자가 브랜드를 접하게 하고, 확산되는 과정에서 많은 이들을 팬으로 끌어들이는 방식을 자체 매체를 통해 전개한 것이다.

코카콜라는 2016년 4월에 스마트폰 애플리케이션 Coke ON(이하 코크 온)을 선보였다. 코크 온은 전용 앱을 다운로드해 전용 자판기와 연동시켜서 음료를 15개 구매할 때마다 한 개를 무료로 받는 것이 중심 서비스였다. 소비자는 음료 한 개를 살 때마다 스탬프를 하나씩 받았다. 또한 앱 속 검색 기능을 이용하면 근처에 있는 대응 가능한 자판기가 바로 지도에 나타났다.

앱 출시 후 2년 3개월이 지난 2018년 7월에는 앱 다운로드 수천만 건, 대응 자판기 26만 대를 돌파하는 등 순조롭게 사용자를 늘리며 이용 환경을 정비했다.

코크 온의 특징은 올림픽 같은 이벤트나 뉴스와 연동시키는 형식으로 드링크 티켓을 배포하는 등 디지털과 현실 세계의 연동이 더 쉬워졌다는 것이다. 전국의 자판기를 이용해 기온 35도를 넘는 곳에는 지역 한정으로 스포츠 드링크 무료 티켓을 발행하는 지역 특화 시책도 선보일 수 있다.

그리고 이러한 시도가 앱 다운로드 수 증가로 이어지는지 여부를 검증함으로써 SNS 매체별로 어떤 프로모션이 효과적인지 버전을 바꾸어 가며 측정할 수 있다. 또한 마케팅 시책을 검토할 때도 구매 및 구매로 이어지는 사용자의 반응에 더 주의를 기울여 활용할 수 있을 것으로 기대된다.

코카콜라는 현재 코크 온을 중심으로 이벤트, 미디어와의 연동을 추진 중이다. 리우 올림픽 때는 일본 대표 선수단이 금메달을 딸 때마다 추첨으로 경품을 제공했다. 코카콜라 계정에 올라온 '축하해요' 트윗의 리트윗 수에 따라 당첨자 수가 정해지는 방식이었다. 네이버 라인LINE에서는 추첨으로 스탬프와 드링크 티켓을 제공하는 이벤트도 진행 중이다. 그 외에도 앱과 타사 파트너와의 추첨 기획을 공동으로 진행하는 등 프로모션 활동의 높은 유연성을 보여 주고 있다.

또한 TV 광고에서는 직장 후배에게 코크 온 다운로드를 권유받은 남성이 그 자리에서는 거절하지만, 나중에 몰래 앱을 다운로드해 자판기 앞에서 코크 온을 즐겁게 이용하는 코믹한 모습을 묘사하는 등 앱 이용 확대에 전력을 다하고 있다.

코카콜라가 자사 웹 사이트 파크를 폐쇄하고 코크 온에 주력한 배경에는 파크 사용자가 줄었다는 사실 외에도 이익률이 높은 채널인 자판기의 판매액이 감소한 탓도 있었다. 이러한 직접적인 요인 말고도 젊은 층에서 뚜렷하게 나타나는 모바일 활용 스타일, 웹 사이트와 앱에 대한 소비자 관여도의 차이 등 현실 세계 프로모션 시책과의 연동성에 있어서 앱에 대한 기대가 더 컸다는 점을 생각할 수 있다.

타깃 고객의 행동으로 직결되는 커뮤니케이션 매체와 수단은 무엇일까? 코카콜라는 강점 자산을 꼼꼼히 살피면서 성공 경험에 안주하지 않았다. 그리고 지금도 SNS 등 커뮤니케이션 매체의 특성과 이를 이용하는 소비자의 행동 변화를 기점으로 계속 고민 중이다.

### 이론 ////

소비자 니즈에 부합하는 제품을 개발하고 가격을 정해 소비자가 구매할 수 있는 상태로 만들었다 해도 그 제품의 정보가 효율적, 효과적으로 전달되지 않는다면 제품은 팔리지 않는다. 이에 IT의 급격한 발전, 소비자 특성의 변화, 정보량 증가 등의 경영 환경을 잘 의식한 뒤, 타깃 고객의 구매를 자극하는 효과적인 커뮤니케이션 전략을 입안해야 한다. 그러려면 커뮤니케이션 수단과 미디어 특성에 관한 이해가 필수다.

커뮤니케이션 전략은 4P 중에서는 Promotion으로 표현되는데, 이는 원래 커뮤니케이션 수단 중 하나인 판매 촉진(세일즈 프로모션)을 가리킨다. 이 책에서는 정보 전달 전략이라는 의미에서 커뮤니케이션 전략이라는 표현을 쓰기로 한다.

# 1. 마케팅에서 커뮤니케이션의 역할

마케팅에서 커뮤니케이션이란 기업이 제공하는 제품·서비스에 관한 정보를 그것이 필요한 잠재 고객에게 최적의 타이밍과 방법으로 전달하여 제품·서비스의 구매와 고객 만족으로 연결하는 행위를 말한다.

아무리 좋은 제품을 만들고, 매력적인 가격을 설정하며, 손에 넣기 쉬운 유통 경로를 선택하더라도 소비자가 그 제품에 대해 알 기회가 없으면 구매할 수 없다. 또한 제품에 관해 알 수 있는 정보의 내용과 수단, 타이밍이 적절하지 않으면 구매할 수 없고 설사 구매하더라도 충분히 만족할 수 없다. 다시 말해 마케팅 활동에서 커뮤니케이션은 최적의 고객에게 최적의 가치를 전달하기 위한 최종적이고 가장 중요한 요소다.

여기서 주의할 점은 마케팅 커뮤니케이션에서는 한 제품·서비스에 관한 정보를 소비자에게 그저 알리기만 해서는 안 된다는 것이다. 같은 정보라도 받아들이는 상대나 받아들이는 방식에 따라 의미가 달라진다. 정보를 '누가 언제 어떻게' 전하는지, 즉 정보의 발신 주체, 발신 타이밍 그리고 그 전달 방법을 충분히 검토해 효과적으로 발신해야 한다.

또한 전자 상거래, 제품 리뷰 사이트, SNS 등의 발달에 따라 소비자는 기업의 일방적인 정보뿐 아니라 커뮤니케이션의 주체가 된 소비자가 발신하는 정보에도 영향을 받는다. 스마트폰이나 태블릿 등 모바일 단말기가 '하루 중 가장 많이 이용하는 미디어'가 되면서 소비자와의 커뮤니케이션에는 큰 변화가 일어났다.

또한 커뮤니케이션 전략은 더 넓은 의미에서 '(기업) 조직이 다양한 스테이크 홀더와 양호한 관계를 유지해 사업 전개에 바람직한 평판을 얻으려는 모든 커뮤니케이션의 통합 전략'을 가리킨다.

여기서 스테이크 홀더에는 고객, 잠재 고객은 물론이고 직원과 거래처 및 그 가족, 지역 사회, 주주 등 넓은 의미에서 관계를 맺는 사람 모두 해당된다. 넓은 의미의 커뮤니케이션 전략은 기업의 존속에 필수적이라는 의미다. 이러한 넓은 의미의 커뮤니케이션과 그것을 통제하기 위한 형식, 표현 방식을 코퍼레이트 커뮤니케이션Corporate Communication이라고 부른다.

마케팅 커뮤니케이션도 코퍼레이트 커뮤니케이션의 일부이며, 코퍼레이트 커뮤니케이션의 방침에 따라 이루어져야 한다. 그러나 이 책에서는 주요 테마인 마케팅 커뮤니케이션을 중심으로 설명한다.


| 소비자의 구매 의사 결정 프로세스·태도 변용 모델

커뮤니케이션은 그 내용은 물론이고 언제 전하는가의 타이밍도 중요하다. 어떤 제품을 전혀 모르는 소비자는 그 제품의 특징과 장점을

장황하게 설명해도 들어 주지 않는다. 반대로 그 제품의 구매를 검토했거나 기능 및 유지 관리에 관해 자세히 알고 싶어 하는 고객에게 제품명만 반복해서 들려주는 것은 역효과를 일으킨다.

이처럼 소비자와 커뮤니케이션할 타이밍을 생각할 때는 그 소비자가 제품 구매에 얼마나 가깝게 와 있는지를 따져야 한다. 이때 사용하는 것이 **구매 의사 결정 프로세스**라 불리는 모델이다.

일반 소비자가 어떤 제품을 알고 나서 점포에서 구매하기까지 거치는 심리 상태를 설명하는 모델(태도 변용 모델)로는 AIDMA의 5단계 모델이 잘 알려져 있다. 소비자는 우선 제품에 주목Attention하고, 이어서 흥미Interest를 느끼고, 욕구Desire를 가지게 되며, 기억Memory해서 점포를 방문한 다음에야 비로소 실제 구매라는 행동Action에 이른다는 이론이다(네 번째 M은 구매 동기를 나타내는 'Motive'의 약자로 보기도 한다). A를 인지 단계, I부터 M까지를 감정 단계, 마지막 A를 행동 단계로 구별한다. 일본에서는 이 AIDMA 모델이 유명하지만, 서양에서는 M을 제외한 AIDA 모델이 자주 쓰인다(도표 8-1 참조).

단 이 모델은 '소비자가 지금 어느 심리적 단계에 있는지 본인의 말을 들어 보지 않으면 마케팅 담당자가 알 도리가 없다.'라는 결점이 있다. 그래서 마케팅 커뮤니케이션이 얼마나 목표를 달성했는지 평가할 수 있도록 AMTUL이라는 모델이 사용되는 경우도 많다.

AMTUL은 인지Awareness, 기억Memory, 시험적 사용Trial, 본격적 사용Usage, 브랜드 충성도Loyalty의 약자이며 단계마다 리서치를 통해 정량적으로 파악 가능한 지표가 할당된다(도표 8-2 참조). 그렇게 해서 커뮤니케이션 시책의 효과를 정량적으로 파악할 수 있고, 제품 구매 전뿐 아니라 구매 후 고객의 심리 상태에 관해서도 단계를 나눠 볼 수 있다. 고객의 단순 구매 여부뿐만 아니라 제품에 만족하고 계속 구매할지 여부를 명확히 밝힐 수 있다는 점에서도 훌륭한 모델이라 할 수 있다.

그 외에도 수많은 모델이 있지만, 소비자가 어떤 제품을 인지하고 구입하기까지는 일정한 심리적 단계를 거친다. 해당 커뮤니케이션이 어느 단계의 소비자를 타깃으로 하는지를 명확히 의식하는 것이 중요하다.

도표 8-1 소비자의 상태에 따른 커뮤니케이션 목표

| 구매 의사 결정 프로세스 | 소비자의 상태 | 커뮤니케이션 목표 |
|---|---|---|
| 주목Attention<br>↓<br>흥미Interest<br>↓<br>욕구Desire<br>↓<br>행동Action | 모름<br><br>알지만, 흥미가 없음<br><br>흥미는 있지만,<br>갖고 싶다는 생각은 없음<br><br>구매할 결심이 생기지 않음 | 인지도 향상<br><br>제품에 대한<br>평가 육성<br><br>니즈 환기<br><br>구매 의욕 환기 |

도표 8-2 효과 측정에 이용하는 지표

| AMTUL의 단계 | 정량화하는 지표 |
|---|---|
| Awareness(인지) | 재인지명율* |
| Memory(기억) | 재생지명율** |
| Trial(시험적으로 사용) | 사용 경험 비율 |
| Usage(빈번히 사용) | 주 사용 비율 |
| Loyalty(브랜드를 결정) | 향후 구매 의향 비율 |

도표 8-3 ZMOT(Zero Moment of Truth)의 개념

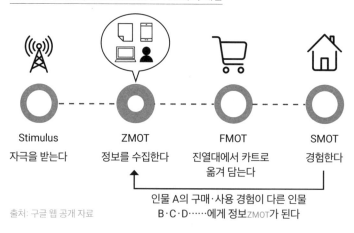

| Stimulus | ZMOT | FMOT | SMOT |
|---|---|---|---|
| 자극을 받는다 | 정보를 수집한다 | 진열대에서 카트로 옮겨 담는다 | 경험한다 |

인물 A의 구매·사용 경험이 다른 인물
B·C·D……에게 정보ZMOT가 된다

출처: 구글 웹 공개 자료

---

\* 재인지명율(再認知名率): 브랜드를 알려 주면 제품을 인지할 수 있다. 질문 예) '○○라는 브랜드의 제품을 아십니까?'

\*\* 재생지명율(再生知名率): 브랜드를 기억하고 있어 도움 없이 브랜드 네임을 말할 수 있다. 질문 예) '○○ 카테고리 중에서 어떤 브랜드를 좋아하십니까?'

한 권으로 끝내는 마케팅

## | 인터넷의 보급에 따른 구매 의사 결정 프로세스의 진화

구매 의사 결정 프로세스는 제품의 특성이나 채널의 형태에 따라 다르며, 위에서 언급한 내용 외에도 다양한 이론이 있다. 특히 인터넷의 보급에 따른 상업적 유통과 소비자 구매 행동의 변화에 맞춘 모델 중 대표적인 두 가지를 소개한다.

첫 번째는 AISAS다. AIDMA 모델에서 욕구Desire와 기억Memory을 생략하고 주목Attention, 흥미Interest, 검색Search, 행동Action, 정보 공유 Share를 모아 구성한 모델이다. 두 개의 S가 포함되었다는 점이 AISAS 의 큰 특징이다.

예를 들어 어떤 소비자가 TV 프로그램의 미용 가전 특집을 보고 매력적인 신제품의 존재를 알았다고 하자. 이 소비자가 신제품을 구글에서 검색해 본 다음, 아마존이나 라쿠텐 사이트에서 제품 사양과 가격, 소비자 리뷰를 본 후 구매를 했고, 구매 후의 만족 경험을 SNS 에 친구들과 공유했다면 이것이 바로 AISAS 모델에 해당한다.

두 번째는 2011년에 구글이 발표한 ZMOT다. 이 모델은 P&G가 주장한 FMOT, 즉 First Moment of Truth(첫 번째 진실의 순간)를 토대로 만들어졌다. '소비자는 점포에 진열된 제품을 본 첫 3초부터 7초 사이에 구매를 결정한다.'라는 생각으로 마케팅에 임해야 한다는 개념이다.

구글은 이 생각을 발전시켜 FMOT 전에 ZMOT: Zero Moment of

Truth(0번째 진실의 순간)라는 '인터넷상 정보 수집'이 있다는 사실에 주목했고 새로운 틀을 만들어 냈다.

예를 들어 한 소비자가 광고나 친구들과의 대화를 통해 특정 상품에 흥미를 느꼈다고 하자. 이 소비자가 해당 상품을 모바일로 검색하고 전자 상거래 사이트, 리뷰 사이트, 비교 사이트, SNS 등에서 정보를 얻어 구매 의사를 굳혔다(ZMOT). 점포 또는 전자 상거래를 통해 제품을 구입하고(FMOT), 실제로 제품을 경험했다(SMOT: Second Moment of Truth). 제품에 대한 평가를 굳힌 소비자가 그 평가를 SNS나 리뷰 사이트에서 공유해 다른 신규 고객의 ZMOT로 이어진다(도표 8-3 참조).

AISAS, ZMOT는 모두 소비자가 인터넷상에서 정보를 수집해 구매 의사를 굳히고 구매·사용 경험을 공유함으로써 제품에 관한 정보가 유통된다는 공통점이 있다. 기업은 인터넷상의 정보량이 가속도적으로 늘어나고, 동시에 모바일 단말기를 이용해 언제 어디서든 정보를 수집할 수 있는 시대임을 염두에 두고 커뮤니케이션 전략을 구축해야 한다.

## 2. 커뮤니케이션 수단

소비자의 상황을 고려했다면 그다음으로 생각해야 할 것은 최적의 전달 방법이다. 예를 들어 전문 지식이 그리 중요하지 않은 가전 등의 분야에서 어떤 신제품이 기존 제품보다 사용하기 편하다는 정보가 있다고 하자. 이 정보를 TV 광고를 통해 알게 된 경우와 잡지 평가 기사를 읽은 경우, 입소문 사이트에서 정보를 얻은 경우 중 무엇을 가장 신뢰할 수 있을까? 완전히 동일한 내용의 정보라 하더라도 사람들은 TV 광고보다는 잡지 기사 쪽이 또한 입소문 사이트 쪽이 더 신뢰도가 높다고 생각할 것이다.

이처럼 정보의 효과 정도는 소비자가 제품 구매에 이르는 여러 단계 중 어느 단계에서 정보를 얻는지 뿐 아니라 그 정보가 누구에 의해 어떻게 전달되었는지에 따라서도 크게 달라진다. 현재 소비자의 일상에는 다양한 경로를 통해 들어오는 정보가 넘친다. 소비자는 내용뿐 아니라 입수 경로나 전달 수단에 따라서도 정보를 선별하는 것이다.

다음의 표에서 소비자와 커뮤니케이션할 때 기업이 가정할 수 있는 정보 전달 수단(커뮤니케이션 수단)을 광고, 판매 촉진, 인적 판매, 퍼블리시티, 입소문 등 다섯 가지로 나누어 설명한다(도표 8-4 참조).

| 기법 | 특성 | 구체적 방법 | 역할(기능) |
|---|---|---|---|
| 광고 | 광고주인 기업이 부담하는 선전. 발신자 측의 일방적인 커뮤니케이션 기법. 매스 마켓에 대한 접근 | TV, 라디오, 신문, 잡지, 인터넷, 간판 | 인지, 정보 제공, 리마인드 |
| 판매 촉진 | 특정한 흥미, 관심을 가진 대상자에 대한 일방적인 커뮤니케이션 기법 | 샘플·쿠폰 배부, 가격 인하, 시연 판매, POP 광고, 유통 채널을 대상으로 한 판매 콘테스트 | 구매 촉진 |
| 인적 판매 | 영업 판매 활동. 고객에게 직접 대응하는 쌍방향 커뮤니케이션 | 고객 방문, 제품 설명, 견본 시장이나 상품 전시회에서 고객 대응 | 구매 촉진, 거래처 판매 지원, 시장 반응 수렴 |
| 퍼블리시티 | 매스컴 등 제삼자가 상업적으로 의미 있는 뉴스(신제품 정보 등)를 공적 매체에 내보내고 보도하는 일방적인 커뮤니케이션. 스폰서 기업의 비용 부담이 없는 경우를 이름 | TV, 신문, 잡지, 인터넷 등의 뉴스와 편집 기사(신제품 정보, 제품 평가 등). 프레스 릴리스press release(언론에 사실에 입각한 정보를 공개하는 것) | 신뢰성 높은 정보로 인지 |
| 입소문 | 소비자 네트워크에 의한 쌍방향 커뮤니케이션 | 구두, 전화, 이메일, 홈페이지 등의 게시판 | 정보의 신뢰성 향상 |

한 권으로 끝내는 마케팅

## ① 광고

광고는 풀 전략(253쪽 참조)의 중심으로서 제조사가 소비자에게 직접 메시지를 전달해 구매 의욕을 불러일으킨 뒤, 자사 제품을 지명해서 사게 할 목적으로 이루어진다. 광고는 소비자의 구매 의사 결정 프로세스의 전반(특히 Attention 획득)에 큰 역할을 한다. 또한 생산재보다 소비재, 전문품보다 편의품의 커뮤니케이션 전략에 더 중요하다.

광고는 그 성격상 뒤에 나올 미디어 믹스, 특히 '4대 매스 미디어'와 중요한 관계가 있다.

광고 활동, 특히 매스 미디어를 이용하는 광고에는 콘텐츠 제작이나 매체 구매 등 매우 높은 전문성을 필요로 한다. 따라서 반드시 광고 회사를 활용한다. 광고주인 기업은 광고 회사에 대해 누구에게 어떤 포지셔닝에서 팔고 싶은지, 현재의 인지도는 어느 수준인지 등의 요망 및 상황 인식을 정확하게 전달할 필요가 있다. 광고주가 세운 가설과 요망을 토대로 광고 회사 입장에서 검증한 후 광고 활동의 골자가 되는 미디어 플랜을 제출한다. 광고주는 광고 회사의 제안을 충분히 따지고 정밀하게 조사해 최종 승인을 하게 된다.

한편, 최근 인터넷 광고의 비율이 높아져 현재는 TV 광고 다음으로 많은 광고비를 쏟아붓는 경향이 있다.

정보가 범람하고 소비자가 접하는 매체가 다양해질수록 기업이 소비자에게 전하려는 메시지를 잘 전달하고 의도한 대로 인상에 남기가 어려워진다. 그래서 엔터테인먼트와 광고를 융합해 스토리가 있는 콘텐츠를 만들어 브랜드와 제품의 가치를 전달하는 브랜디드 엔터테인먼트branded entertainment 기법이 다수 등장했다.

그 대표적인 방법으로 ①광고에 엔터테인먼트의 성격 부여하기 ②자사 웹사이트에 영상 올리기 ③영화나 TV 프로그램 안에 제품 등장시키기 등을 꼽을 수 있다.

기법 ①의 구체적인 예로는 여러 이동통신 사업자가 일관성 있는 세계관의 코믹한 광고를 방영하는 사실을 들 수 있다. 매장의 POP, 판촉 상품과도 연계해 오랜 기간 시리즈물로 선보이는 방식이다.

기법 ②는 기업과 브랜드의 세계관을 메시지화한 단편 동영상을 몇 분 길이로 만들어 공개하는 것이다. 어느 정도 긴 영상을 제작할 수 있으므로 스토리를 통해 소비자에게 문제를 제기하거나 정서에 호소하는 내용이 많다. 산토리 Suntory의 소프트드링크 C.C레몬을 프로모션할 때, 전 프로 테니스 선수인 마쓰오카 슈조(松岡 修造)가 100명의 이름을 부르면서 응원 메시지를 보내는 동영상이 화제를 낳았다. 당시 수많은 이들이 그 가운데서 자신과 친구의 이름을 찾아 SNS에 동영상을 공유했다. 또한 TV 광고 끝에 '후속은 웹에서 공개'라는 자막을 넣었는데 이 방식은 ①과 ②를 연계한 것이라 할 수 있다.

기법 ③은 프로덕트 플레이스먼트PPL라고 불리는 것이다. 영화 007시리즈에 등장하는 자동차나 손목시계가 제임스 본드 모델로 팔리고 주연 배우가 실제로 손목시계 광고에 등장하는 것이 그 예다. 최근에는 전자 상거래 사이트에서 선글라스, 가방 등 다양한 종류의 제품이 '제임스 본드가 착용했던 모델'로 소개되는 등 채널의 자체 판촉으로 파생하는 사례도 볼 수 있다.

일본에서는 가정용 게임 소프트웨어 판매에 PPL이 활용되는 경우도 많다.

게임사 스퀘어 에닉스SQUARE·ENIX의 파이널 판타지ⅩⅤ에서는 게임 등장인물의 체력 회복 아이템으로 식품회사 닛싱(日清)의 컵 누들을 등장시켰다. 그리고 광고 및 유튜브 동영상, 패키지 및 판촉 이벤트와도 연계한 마케팅을 선보였다. 일본은 편의점 이용률이 높고 게임 이미지가 아주 정교한 경우가 많다. 따라서 '생각날 때마다 사러 가는' 편의품에서 게임은 효과적인 미디어 중 하나로 자리 잡고 있다.

향후 브랜디드 엔터테인먼트 기법은 더욱 발전할 것이다. 이 기법을 활용할 때는 왜 실시하는지 그 목적을 분명히 한 뒤 상위 경영 전략, 마케팅 전략과의 융합을 꾀해야 한다.

---

### ② 판매 촉진(세일즈 프로모션)

광고는 소비자의 의식 속에 누적되는 형태로 이미지를 침투시킨다. 반면 판매 촉진은 광고를 통해 높아진 소비자의 관심을 구매로 직결시키려는 의도를 가지며, 비교적 즉물적인 면이 강하다. 또한 광고와는 달리 소비자의 관심을 구매로 연결할 때 유통업자라는 단계를 거치게 되는데 유통업자는 단독 또는 제작사와 공동으로 소비자에게 구매를 권유한다. 단, 밀어내기가 되지 않도록 특히 명품의 경우 쌓아 올린 브랜드 에쿼티(292쪽 참조)를 무너뜨리지 않도록 세심한 주의가 필요하다.

판매 촉진은 유통업자를 대상으로 하는 것과 소비자를 대상으로 하는 것 두 가지로 나뉜다(도표 8-5 참조). 유통업자를 대상으로 한 판매 촉진은 도매업자나 소매업자에게 주는 인센티브를 말하는데, 소비자의 눈에는 띄지 않는 경우가 많다. 반면 소비자를 대상으로 하는 판매 촉진은 주로 유통업자를 통해 잠재 고객에게 시험적 사용을 권하거나 가격 인하 및 기념품 같은 경품을 제공하는 등의 수단을 강구해 구매 의욕을 환기시킨다. 매장 디스플레이나 프로모션용 패키지, 카탈로그(유통업자용, 소비자용) 작성 등도 눈에 띄지는 않으나 중요한 판촉 업무의 일환이다.

최근에는 소비자를 대상으로 판촉을 진행할 때 스마트폰 앱을 활용한 모바일 쿠폰이 자주 이용된다. GPS나 비콘Beacon 같은 위치 측정 기술을 활용해 소비자가 점포에 가까이 갔을 때 쿠폰을 보내 주어 집객과 구매 촉진을 시도하는 기업도 있다. 또한 편의점 매장에서 받은 쿠폰을 음식점 체인에서 사용하게 하는 등 이종 업종 간 협업 사례도 나타나고 있다. 한편, 이러한 시책을 쓰려면 사전에 앱을 다운로드받게 하고, 위치 정보 취득에 관해 소비자의 양해를 얻어야 하는 등 일정한 장벽이 존재한다. 게다가 온갖 앱이 난무하는 상황에서 소비자에게 우선순위가 높은 존재가 되려면 다양한 아이디어가 필요할 것이다.

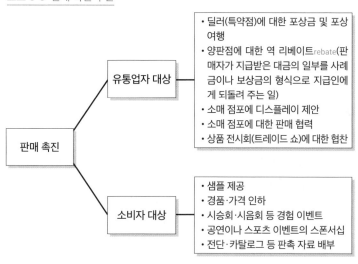

유통업자 대상
- 딜러(특약점)에 대한 포상금 및 포상 여행
- 양판점에 대한 역 리베이트rebate(판매자가 지급받은 대금의 일부를 사례금이나 보상금의 형식으로 지급인에게 되돌려 주는 일)
- 소매 점포에 디스플레이 제안
- 소매 점포에 대한 판매 협력
- 상품 전시회(트레이드 쇼)에 대한 협찬

판매 촉진

소비자 대상
- 샘플 제공
- 경품·가격 인하
- 시승회·시음회 등 경험 이벤트
- 공연이나 스포츠 이벤트의 스폰서십
- 전단·카탈로그 등 판촉 자료 배부

## 푸시 전략과 풀 전략

커뮤니케이션 전략(나아가 유통 전략)을 말할 때 푸시Push 전략, 풀Pull 전략이라는 표현을 쓸 때가 있다.

푸시 전략은 제조사(생산자)로부터 유통업자를 거쳐 제품이 소비자에게 도달하는 과정에서 유통 채널에 적극적으로 판매하는 전략이다. 제조사는 도매 등 중개업자에게 자금 면의 원조, 제품 설명, 판매 방법 지도, 판매 의욕 환기(리베이트) 등의 판매 촉진책을 취한다. 이를 받은 도매업자는 소매업자에게 적극적인 판매 시책을 취한다. 최종적으로 소매업자가 소비자에게 제품·서비스의 우수함을 강조하여 구매를 자극하는 구조다. 이처럼 푸시 전략을 쓸 때는 유통 전략도 함께 생각해야 한다.

풀 전략은 광고나 소비자에 대한 판매 촉진 등을 통해 제조사가 소비자를 대상으로 직접 판매에 나서서 소비자가 그 제품을 사게 하는 것을 말한다.

인터넷의 검색 연동형 광고처럼 구글이나 야후의 키워드 검색에서 상위에 표시되도록 대책을 강구하는 SEOSearch Engine Optimization(검색 엔진 최적화)도 풀 전략의 일종이라 할 수 있다.

푸시 전략과 풀 전략은 트레이드오프의 관계가 아니라 서로를 보완하는 관계다. 푸시 전략을 중시한다고 해서 광고 활동 등을 일절 하지 않으면 아무리 유리한 거래 조건을 내놓더라도 소매점은 그 기업의 제품을 적극적으로 취급하려 하지 않을 것이다. 반대로 아무리 광고에 자금을 쏟아부어 제품의 인기를 끌어올리려 하더라도 판촉 지원을 소홀히 하면 소매점은 더 좋은 조건으로 판촉과 영업 활동을 펼치는 다른 제조사의 제품을 소비자에게 먼저 권할 것이다.

또한 모바일 앱 등 푸시 전략·풀 전략의 구분이 없는 시책도 나타나고 있다. 예를 들어 8장에서 사례로 든 코크 온은 중요한 채널 중 하나인 자판기를 통해 소비자에게 적극적으로 작용한다는 점에서 푸시 전략이다. 동시에 앱을 통해 코카콜라의 제품이나 브랜드를 소구한다는 점에서는 풀 전략이기도 하다.

동종 업계 기업이라도 제품 특성이나 채널 사정, 시장의 성숙도, 경쟁 상황, 자사의 강점과 약점 등의 차이에 따라 푸시 전략과 풀 전략의 최적 조합은 달라진다. 가령 과거 마쓰시타 전기(현 파나소닉)는 전국 수만 개에 이르는 계열 판매점의 채널 파워를 활용한 푸시 전략을 중시하는 전통이 있었다. 반면 소니는 제품의 기술적 우위를 배경으로 한 풀 전략에 중점을 두었다. 또한 같은 기업 내에서도 타깃으로 삼는 고객층이 다르면 당연히 푸시와 풀의 조합이 달라진다.

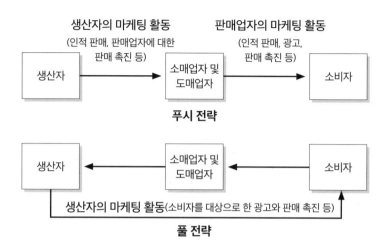

생산자의 마케팅 활동          판매업자의 마케팅 활동
(인적 판매, 판매업자에 대한          (인적 판매, 광고,
판매 촉진 등)          판매 촉진 등)

생산자 → 소매업자 및 도매업자 → 소비자

**푸시 전략**

생산자 ← 소매업자 및 도매업자 ← 소비자

**생산자의 마케팅 활동**(소비자를 대상으로 한 광고와 판매 촉진 등)

**풀 전략**

출처: P. 코틀러, G. 암스트롱, 온조 나오토 《코틀러, 암스트롱, 온조의 마케팅 원리》, 마루젠 출판. 2014년

### ③ 인적 판매

영업 담당자나 판매원을 통한 영업 판매 활동을 말한다. 담당자는 고객에게 직접 접촉해 제품의 특징과 장점, 사용 방법을 설명하며 쌍방향 커뮤니케이션을 한다. 이런 활동은 경쟁 제품에 관한 정보를 얻거나 자사 제품에 관한 고객의 불만 및 요망을 파악하는 기회가 되기도 한다. 인터넷의 보급과 제품 경험 축적 등에 의해 눈이 높아진 고객이 많아졌으므로, 이전처럼 광고 중심의 일방적인 정보 제공이 아니라 쌍방향 의사소통을 통해 고객의 생생한 목소리와 사용 실태 등을 정확하게 파악해야 한다. SNS나 리뷰 사이트 등에 인적 판매의 평판

도 적잖이 올라온다.

따라서 영업 담당자는 단순히 제품을 팔기만 해서는 안 된다. 거래처가 원활하게 제품을 판매할 수 있도록 돕거나 시장의 목소리를 관계 부문에 신속하게 피드백하는 등 항상 기업·브랜드를 대표해 고객과의 커뮤니케이션에 임하는 것이 중요 역할이다. 그러기 위해 제품에 대한 지식 습득뿐 아니라 고객이 느끼는 문제를 특정하고 해결책을 제공하기 위한 스킬과 커뮤니케이션 능력 등을 갈고닦는 것도 중요하다.

### ④ 퍼블리시티(홍보)

퍼블리시티는 종종 광고와 혼동되는데, 원래는 전혀 다른 것이다. 광고는 기업이 비용을 부담해 정보를 발신하지만, 퍼블리시티는 그 기업이나 제품에 관해 TV나 신문, 잡지 등 제삼자인 미디어가 뉴스나 기사를 통해 다루어 줌으로써 정보가 발신되는 것을 말한다.

퍼블리시티 대응을 잘하면 기업은 호감 가는 이미지나 신제품 정보를 미디어를 통해 퍼뜨릴 수 있다. 게다가 공적인 입장에서 보도되는 것이기 때문에 소비자와 거래처는 이를 신뢰성 높은 정보로 받아들인다. 또한 홍보 등 퍼블리시티 관리 부문이 일을 잘하면 공개할 필요 없는 정보나 숨겨야 하는 정보의 유출도 막을 수 있다. 이는 리스크 관리라는 점에서도 중요하다.

효과적인 퍼블리시티는 홍보 담당자 및 임원과 기자가 얼마나 좋은 관계를 유지하는지에 달려 있다. 또한 평소에 기자의 관심을 알고 그에 맞추어 정보를 발신하려는 자세도 필요하다. (대가를 지불하는) 기사광고를 제외하면 미디어는 자신이 관심 있는 내용이나 사회에 이익이 되는 것에만 관심을 가지기 때문이다.

### ⑤ 입소문

입소문이란 소비자 사이에서 정보가 퍼지는 것을 말한다. 소비자는 기업이 내놓는 일방적인 정보보다 친한 사람에게서 얻는 정보를 신뢰할 수 있다고 느낀다. 따라서 입소문은 소비자의 구매 행동에 큰 영향을 미친다. 특히 고액 또는 무형의 상품은 입소문에 따라 구매를 멈추는 역효과를 낼 수도 있다.

입소문에 따라 긍정적인 정보가 퍼지면 기업은 신규 고객을 획득하기 쉬워진다. 예를 들어 미용 기구를 판매하는 류미에리나Lumielina의 헤어드라이어, 헤어 아이론은 미용사와 고객의 입소문을 타고 평판이 퍼진 덕에 고부가 가치 상품으로 인기를 누릴 수 있었다.

입소문은 얼굴을 마주 보는 관계를 통해서만 퍼지는 것이 아니다. 인터넷이 지역과 세대를 초월해 보급되면서 전자 상거래와 리뷰 사이트, SNS 등 웹을 통한 정보 확산의 중요성이 급속히 커지고 있다.

웹상의 입소문은 기업이 통제하기 어렵지만, 계기를 제공하는 엔터테인먼트나 뉴스 제공 등 의도적인 노력을 할 수는 있다. 이러한 시책을 **버즈 마케팅**buzz marketing이라고 한다. 예를 들어 아카기(赤城) 유업의 빙과 가리가리군은 기본 아이스바 외에도 소비자를 깜짝 놀라게 하는 엔터테인먼트적 요소를 가미한 기간 한정판 변종 상품을 다수 선보였다. 그중에서도 콘포타주 맛은 뉴스 기사에도 다루어지며 SNS에서 화제를 불러 모았다. '전자레인지에 데워 먹으면 맛있다.'라는 기발한 아이디어가 퍼지며 거대한 프로모션 효과를 낳은 것이다.

입소문을 활용한 마케팅 방식 중에서도 SNS나 블로그를 통한 전파를 염두에 둔 것을 **바이럴 마케팅**viral marketing이라 부르기도 한다.

## 3. 커뮤니케이션 미디어

모든 커뮤니케이션 수단은 미디어(전달 경로)를 거쳐 실행된다. 여기서는 미디어를 매스 미디어, OOH 미디어, 유통 채널, 다이렉트 미디어, 인터넷 광고, 소셜 미디어 등 여섯 가지로 크게 나누고 각각의 특징과 활용 방법에 관해 설명한다. 마케팅 담당자는 각 미디어의 장점과 한계를 이해한 뒤 목적에 따라 적절한 미디어 믹스를 생각해야 한다(도표 8-6 참조).

소비자는 일상적으로 복수의 미디어를 접하며 다양한 정보를 주고받는다. 특히 근래 들어 소비자가 발신하는 정보가 늘었고 전체 정보량도 늘어났다.

기업은 판매자의 관점으로만 미디어 전략을 생각하지 말고 타깃 고객이 평소에 어떤 미디어를 접하고 어떤 정보를 어떤 방법으로 얻는지 의식해야 한다.

### ① 매스 미디어

TV나 신문 등 수십만에서 수백만 명 단위의 시청자나 독자를 향해 균일한 정보를 일방적으로 발신하는 미디어를 매스 커뮤니케이션 미디어(매스컴) 또는 간략히 매스 미디어라고 부른다. 일반적으로 매스 미디어는 TV, 라디오, 신문, 잡지 등 네 가지를 가리킨다.

#### • TV

매스 미디어 중 가장 광범위하게 소구할 수 있는 것이 TV다. TV는 영상과 음성을 결합해서 정보를 전달한다. 따라서 단시간 강력하게 소비자의 감각에 호소할 수 있어 제품 인지 및 이미지 형성에 임팩트가 큰 커뮤니케이션을 할 수 있다. 주간 드라마는 주부, 심야 프로그램은 젊은 층 등 시간대나 프로그램의 성격에 따라 시청하는 소비자는 다소 다르다. 하지만 전체적으로 광범위한 속성의 소비자에게 정보를 전달할 수 있는 것이 큰 특징이다.

TV 광고는 프로그램 광고(프로그램 협찬 광고)와 토막 광고(프로그램을 방송하는 사이에 나가는 광고) 두 가지로 나뉜다. 프로그램 광고는 어느 프로그램에서 방송될지 정해져 있고 제품 광고가 나갈 뿐 아니라 협찬사로 기업·브랜드 네임이 소개된다. 프로그램의 시청자층에 맞추어 메시지를 전할 수 있다는 이점이 있다. 이에 반해 토막 광고는 방송국이 정한 때에 방송되는 것이다. 기업 입장에서는 통제하기 어렵지만 비교적 낮은 광고료로 광고할 수 있다는 점과 폭넓은 소비자층에 인지도를 넓힐 수 있는 장점이 있다.

최근 HDD(하드 디스크 드라이브) 비디오 리코더 등 고화질, 고성능 녹화 기기의 보급으로 TV 프로그램을 녹화한 뒤 원하는 시간에 시청하는 이른바 타임 시프트 시청이 크게 늘었다. 광고를 건너뛸 수 있어 방송국 입장에서는 달갑지 않지만, 시청자 눈높이에서 '보고 싶은' 광고를 만들어 내는 것만이 해결책일 것이다.

도표 8-6 미디어의 특성

| 미디어 | 매체 | 장점 | 단점 |
|---|---|---|---|
| 매스 미디어 | TV | • 시각, 청각 등 인간의 감각에 호소하는 경우가 많다<br>• (다른 미디어보다) 시청자가 많다<br>• 주목도가 높다 | • 비용이 많이 든다<br>• 많은 정보를 전달하기 어렵다 |
| | 라디오 | • 지역, 인구 통계, 라이프 스타일에 따른 세그먼테이션이 가능하다 | • 시각에 호소할 수 없다<br>• 청취자 수가 적다 |
| | 신문 | • 매체 신뢰도가 높다<br>• 지역별 세그먼테이션이 가능하다<br>• 잡지보다 독자가 많다<br>• 원고 마감 후 게재까지의 시간이 짧아 시의적절하게 광고할 수 있다 | • 하루 만에 매체 가치가 사라진다<br>• 회전율이 낮다<br>• 잡지보다 종이 질이 나쁘고 색의 재현성도 떨어진다<br>• 인구 통계에 따른 세그먼테이션이 어렵다 |

| 매스<br>미디어 | 잡지 | • 인구 통계나 라이프 스타일에 따른 세그먼테이션이 가능하다<br>• 매체 가치가 장기간 유지된다<br>• 색의 재현성이 뛰어나다<br>• 회전율이 높다 | • 광고 원고 마감 후 게재까지 시간이 걸린다<br>• 신문보다 독자가 적다<br>• 게재 페이지 지정이 어렵다 |
|---|---|---|---|
| OOH 미디어 | | • 지역별 세그먼테이션이 가능하다<br>• 넓은 공간을 쓸 수 있다<br>• 행동 동선 위에 설정되므로 재접촉률이 높다<br>• 디지털 사이니지를 이용해 시각에 강렬하게 호소할 수 있다. | • 인구 통계나 라이프 스타일에 따른 세그먼테이션이 어렵다<br>• 단시간에 여러 번 내용을 교체하기 어렵다 |
| 유통 채널 | | • 구매가 이루어지는 순간 영향력을 행사할 수 있다<br>• 현물과 커뮤니케이션을 조합할 수 있다 | • 채널별 대응이 각기 다를 가능성이 크다<br>• 채널 통제가 어렵다 |
| 다이렉트 미디어 | | • 일대일의 심도 있는 커뮤니케이션이 가능하다<br>• 구매 의사 결정 프로세스의 후반에 효과적이다 | • 개인 정보 취급에 주의가 필요하다<br>• 비용 대비 효율이 높지 않다 |
| 인터넷 광고 | | • 정보 갱신이 용이하다<br>• 광고 효과를 측정하기 쉽다<br>• 모바일 대응으로 생활 동선상에서 자극을 줄 수 있다<br>• 고객 참여형 광고가 용이하다 | • 정보 과다로 묻힐 위험성이 있다 |
| 소셜 미디어 | | • 정보 확산성이 크다<br>• 각 SNS의 특성에 따라 구분해서 사용할 수 있다<br>• 인터넷 광고를 함께 편성할 수 있다<br>• 일대일, 일대 다수 모두 커뮤니케이션할 수 있다<br>• 쌍방향 의사소통이 가능하다 | • 누구나 정보를 발신할 수 있어 기업 측의 정보 통제가 어렵다<br>• 발신되는 정보의 신뢰도를 판단하기 어렵다 |

TV는 TV 프로그램을 시청하기 위한 기기라는 상식이 바뀌고 있다. 최근 TV로 시청하는 미디어 중 주목받고 있는 것이 SVODSubscription Video On Demand(월정액 주문형 비디오)다. 렌털 비디오의 대체 수단으로 자리 잡은 VODVideo On Demand의 일종인데, 비교적 저렴한 정액 요금으로 수많은 콘텐츠를 시청할 수 있는 서비스다(콘텐츠 중 일정 비율은 개별 과금으로 제공되는 경우가 많다).

일본 국내에서는 휴대폰으로 제공되는 SVOD 등 다양한 시도가 나타났지만, 'TV 프로그램은 무료로 시청하는 것'이라는 상식 말고도 시청하기 위해 특별한 기기를 갖춰야 한다는 장벽 때문에 크게 성행하지는 못했다. 그러다가 2018년에 넷플릭스Netflix와 아마존이 시장의 기폭제가 되었다.

넷플릭스는 미국에서 회원 수를 크게 늘렸고, 해외 진출에도 많은 힘을 쏟았다. 일본을 포함한 각국 TV 리모컨에 처음부터 'Netflix' 버튼을 장착해 판매하는 등 시청자가 일반 TV 프로그램과 비디오를 장벽 없이 경험할 수 있게 하는 시책을 선보이기도 했다. 이는 가정의 TV를 인터넷에 연결해 다양한 서비스를 제공하려는 TV 제조사와 급성장한 넷플릭스의 저변 확대 의도가 맞아떨어졌기 때문이다. 아마존의 경우는 무료 배송 특전이 있는 프라임 회원에게 추가요금 없이 SVOD를 이용할 수 있게 한 시책이 효과적이었다.

넷플릭스와 아마존 모두 오리지널 프로그램의 제작에도 힘을 쏟고 있다. 스폰서 기업의 의향을 신경 쓰지 않고 프로그램을 제작할 수 있고 중간 광고로 시청 경험이 끊기지 않는다. TV 프로그램이나 영화보다 양질의 경험을 실현할 수 있다는 점도 큰 장점이다.

SVOD를 이용한 프로모션으로는 오리지널 제작 드라마의 PPL이 주류 중 하나로 떠오르고 있다. 작품의 등장인물이 사용하는 휴대폰이나 손목시계, 좋아하는 식품 등에 특정 제품을 쓰게 하는 기법이다. 드라마 스토리의 손상 없이 주인공의 인물상과 스토리에 잘 녹아들게 함으로써 화제를 불러일으킨다.

• 라디오

라디오는 TV보다 광고비가 적게 드는 미디어지만, 소구 대상인 소비자는 무척 한정적이다. 낮 시간대는 자동차 운전자, 야간에는 중고생이나 고령자가 주요 청취자다. 또한 지리적 범위도 TV보다 일정 지역에 한정적인 경우가 많다.

최근에는 라디오를 매스 미디어가 아니라 타깃 미디어(전달 대상의 범위를 좁힌 미디어)로 보는 마케팅 담당자도 많다.

라디오의 커뮤니케이션은 청각만을 통한 것이어서 영상을 전할 수 없다. 또한 운전자는 운전 중에 듣기 때문에 주의를 집중해서 듣는 것이 아니라서 전달할 수 있는 정보에 한계가 있다. 하지만 그만큼 광고비는 대폭 줄일 수 있다. 그리고 청취자의 상상력을 자극함으로써 TV와는 다른 임팩트를 줄 수도 있다.


• 신문

신문은 일정 지역 내 성인의 구독률이 높아 TV와 함께 광범위한 정보 전달을 목적으로 한 매스 미디어의 대표 격으로 꼽힌다. 또한 대형 일간지는 광고비가 많이 든다. 하지만 활자나 도판만 가지고 광고를 제작할 수 있어 TV보다 원고 마감 후부터 게재까지의 조달 기간이 짧다. 따라서 속도가 필요한 경우나 TV 광고 15초 이내에 다 넣지 못하는 대량 정보를 고지하는 커뮤니케이션에 적합하다.

다만 최근에는 인터넷의 보급에 밀려 독자가 중장년층 이상에 편중되어 있고, 특히 대도시권에서는 가구 구독률도 줄고 있어 이전만큼 널리 효과를 거두기는 어려워지고 있다.

• 잡지

잡지에는 다양한 종류가 있어 인구 동태나 가치관, 라이프 스타일 등 다양한 속성의 독자층이 대상이다. 잡지 하나의 독자 수는 많아야 수십만 명, 때로는 수천 명 규모에 그치기도 할 만큼 독자의 기호는 점점 세분될 것으로 생각된다.

따라서 제품·서비스에 관심이 있는지 알 수 없는 광범위한 소비자에게 일제히 정보를 전달하려 할 때는 적합하지 않다. 반면 타깃 고객층이나 그 가치관을 명확히 알 경우에는 고객층과 일치하는 독자를 보유한 잡지를 이용하면 효율적인 커뮤니케이션을 할 수 있을 가능성이 크다. 그래서 라디오와 마찬가지로 잡지도 매스 미디어보다는 타깃 미디어의 특징이 더 크다고 할 수 있다. 또한 잡지는 고객 맞춤형 이벤트와 연계하기도 쉬운 미디어다. 광고비도 TV나 신문보다 저렴하다.

② OOH 미디어

옥외에는 고객과 커뮤니케이션할 기회가 곳곳에 널려 있다. 도로변에 세우는 선간판, 역 구내의 간판 및 전광판, 포스터, 지하철 내 천장 광고 및 차창 스티커, 애드벌룬(광고 풍선), 택시 안 전단, 버스 차체 광고, 빌딩 벽면이나 전신주에 부착된 간판 등이 모두 여기 해당한다.

주로 이용객이 많은 대중교통과 그 관련 시설이 미디어로 이용되기에 교통 광고라 불리기도 한다. 이 책에서는 교통 광고와 그 외의 옥외 광고를 포함해 OOHOut Of Home 미디어라고 부르기로 한다.

OOH 미디어는 매스 미디어를 보지 않는 소비자와도 광범위하게 커뮤니케이션할 수 있는 것 외에도 이벤트나 장소에 따라 라이프 스타일이나 직업 같은 속성으로 타깃층을 좁혀 입소문 등의 시너지로 높은 효과를 올릴 수 있는 장점도 있다. 예를 들어 대학 캠퍼스에서 가장 가까운 역 내에 광고를 하면 학생들의 주목을 받아 화제를 모을 것이라 기대할 수 있다. 또한 지하철 내 천장 광고 등 일정 시간에 아무 일을 하지 않고 보내는 사람들이 많은 장소에서는 상당히 자세한 내용이라도 읽는 경우가 많다.

반면 특정 타깃층에 대한 명확한 효과가 있는 장소와 그렇지 않은 장소는 광고비에 극단적인 차이가 발생한다. 도쿄 긴자 중심가의 빌딩 벽면에 대형 간판을 내려면 매월 수억 엔이 들지만, 도시 교외의 역에 붙이는 포스터에는 수만 엔밖에 들지 않는다.

한편, 새로운 수단으로 주목받고 있는 것이 디지털 사이니지Digital Signage(전자 간판)이다. 표시와 통신에 디지털 기술을 이용한 디지털 사이니지는 기술 진화에 따른 비용 절감 덕에 비약적으로 보급되고 있다. 이 기술은 고화질 영상으로 강렬한 인상을 남기는 메시지를 전할 수 있을 뿐 아니라 시간이나 날씨, 인근의 이벤트 개최 상황에 맞추어 타깃을 더욱더 세밀하게 정의해 정보를 제공할 수 있다. 이에 24시간

표시에 변화가 없는 광고보다 비용 대비 효과가 높다고 평가된다. 또한 그 앞을 지나는 사람들이 소유한 모바일 기기와 연계해 쌍방향성을 활용하는 사례도 나타나면서 향후 더 큰 발전이 기대된다.

### ③ 유통 채널

소비자가 제품·서비스 정보에 가장 강한 관심을 가질 때는 당연히 그 제품을 구매하는 순간이다. 그런 의미에서 판매를 담당하는 유통 채널은 사실 커뮤니케이션에서 가장 중요한 미디어이기도 하다.

유통 채널에서는 판매원에 의해 이루어지는 인적 판매도 물론 중요하지만, 매장에 전시된 상품에 첨부된 POP 광고와 패널 등도 상당히 중요한 역할을 한다. 실제로 슈퍼마켓 같은 매장에서는 POP 광고를 보고 구매를 결정하는 사람이 많다. 뛰어난 POP 광고는 상품의 특징을 매력적으로 전달하면서 서체나 레이아웃 등에 아이디어를 더해 많은 이의 눈길을 사로잡는다.

요즘은 디지털 사이니지 기술의 진보를 적극적으로 POP에 활용하는 움직임도 선구적인 유통업자 사이에서 나타나고 있다.

### ④ 다이렉트 미디어

매스 미디어, OOH 미디어는 유통 채널이 모두 불특정 다수의 소비자를 위한 커뮤니케이션 경로이다. 반면에 편지나 전화, 이메일이나 모바일 쿠폰 등으로 특정 개인에게 직접 발신하는 커뮤니케이션 경로를 다이렉트 미디어Direct Media라고 한다.

다이렉트 미디어를 이용한 커뮤니케이션은 상대에게 맞추어 조정할 수 있다. 따라서 협상에 필요한 정보 이끌어 내기, 만날 약속 정하기, 구매 계약 맺기 등 구체적인 행동으로 유도하는 데 매우 효과적이다. 또한 전국(때에 따라서는 전 세계) 어디에 있더라도 커뮤니케이션을 할 수 있으므로 지리적 조건에 의한 제약이 매우 적다는 장점도 있다.

그러나 상대가 자사에 관해 아무것도 모른다면 직접 커뮤니케이션을 하려 해도 무시당하거나 경계의 대상이 되거나 회사의 이미지 손상으로 이어질 우려가 있다. 그렇지 않으면 '부정한 방법으로 연락처를 알아낸 것 아니냐.'는 의심을 받아 개인정보 부정 이용으로 고소당하는 경우도 있다.

이메일을 이용한 광고만 해도 사전 동의 없이 광고·선전 메일을 보내는 행위를 금하는 옵트인Opt-in 규제가 도입되어 스팸 메일을 차단하려는 움직임이 강해지고 있다. 이미 평판이 확고한 메일 매거진에 게재하는 등의 궁리를 하지 않는 한 비용 대비 효과를 높이기 어렵다.

제품·서비스를 널리 인지시키고 좋은 이미지를 심으려는 초기 단계의 마케팅 커뮤니케이션에 다이렉트 미디어를 쓸 때는 특히 연락 방법과 메시지 내용에 관해 고민할 필요가 있다.

### ⑤ 인터넷 광고

지금은 온갖 미디어가 인터넷으로 통하는 인터넷 미디어 전성시대다. 이 같은 흐름은 앞으로도 변하지 않을 것이다. 그래서 최근 인터넷 미디어 중 특히 진화가 뚜렷한 **인터넷 광고**에 관해 살펴보려 한다. 인터넷 광고는 정해진 분류법이 따로 있지 않아서 다양한 방식으로 분류할 수 있다. 이 책에서는 실무적인 관점에서 광고 수단을 중심으로 분류했다.

#### • 검색 연동형 광고

무언가를 알아보고 싶거나 어떤 상품의 구매를 검토할 때, 대부분은 웹상의 검색 엔진을 통해 조사할 것이다. 그런데 인터넷에는 다종다양한 정보가 넘치는 탓에 원하는 정보를 제대로 찾아내기가 쉽지 않다. 따라서 사람들은 검색했을 때 바로 나오는 정보일수록 많이 읽는다. 이 점에 주목해 검색 엔진의 키워드 검색에서 가능한 한 상위에 표시되도록 SEO(검색 엔진 최적화) 대책에 주력하는 기업이 많다.

**검색 연동형 광고**는 키워드 검색의 결과와 같은 화면에 같은 스타일로 표시되는 형태의 광고를 말한다. '광고'라고 명확히 표시함으로써 검색 결과와의 차이를 나타낸다. 하지만 소비자는 그 키워드에 관한 정보를 얻으려고 검색하는 것이기 때문에 광고 내용이 원하는 바와 맞으면 열람하게 되고, 이것이 구매 행동으로 이어지기 쉽다. 또한 정보를 클릭함으로써 광고비가 발생하는 시스템이어서 비교적 저렴한 비용에 실시할 수 있는 광고 중 하나다. 단, 연동하는 키워드의 인기와 그 수에 따라 비용은 크게 달라진다. 동일한 키워드에 여러 입찰이 있으면 입찰가와 광고의 품질에 따라 표시되는 위치가 달라진다.

검색 연동형 광고는 리스팅listing 광고라고 불리는 경우도 많다. 하지만 리스팅 광고라는 용어는 다음 항목에 소개되는 디스플레이 광고까지 포함하는 넓은 개념으로도 사용되므로 주의해서 써야 한다.

• 디스플레이 광고

**디스플레이 광고**는 웹 사이트나 앱의 광고란에 텍스트·영상·동영상 형식으로 표시되는 광고를 말한다. 직사각형이나 정사각형으로 표시되는 배너 광고는 디스플레이 광고의 대표적인 예다. 또한 모바일 앱에서는 앱을 시작할 때 또는 설정 초기화 때 표시되는 것과 앱 조작 화면에 항상 표시되는 것이 있다.

소비자가 관심을 가지는 키워드에 연동시키는 검색 연동형 광고가 기존 고객을 타깃으로 한 것인데 비해 디스플레이 광고는 잠재 고객을 중심으로 한 폭넓은 타깃에 대해 인지도를 높이고 흥미를 불러일으키는 역할을 한다.

또한 자사 웹 사이트를 방문한 소비자를 파악한 뒤 그 소비자에게만 다른 사이트를 볼 때도 자사 광고를 표시하는 기법도 디스플레이 광고의 일종이다. 이를 리타기팅retargeting 광고 또는 리마케팅 remarketing 광고라고 부른다.

IT의 발달로 소비자에게 세심하게 접근할 수 있게 된 한편, 이처럼 소비자를 지속적으로 추적하는 데 반발해 스토커 광고라고 비난하는 반응도 있다. 따라서 이를 이용하는 기업은 소비자의 입장을 배려해 세심하게 운용해야 한다.

• 동영상 광고

동영상 광고란 동영상과 음성을 이용한 디스플레이 광고의 일종으로 유튜브에서 표시되는 것이 대표적인 예다. 당연히 텍스트와 이미지만으로 구성되는 광고보다 임팩트가 강하고 정보를 이해하기 쉽다는 특징이 있으며 SNS를 통해 확산되는 사례도 늘고 있다.

광고 표시 형식에는 동영상 콘텐츠의 전후나 도중에 재생되는 인스트림instream 광고, 웹 사이트를 스크롤해서 광고 영역이 화면에 나타났을 때 재생되는 인리드in-Read 광고 등이 있다.

동영상을 활용한다는 점에서는 TV 광고와 같지만, 광고의 개시·종료를 비교적 유연하게 정할 수 있다. 그리고 타깃을 세세하게 정할 수 있어 인지도를 넓히고 흥미를 불러일으킬 수 있으며, 데이터를 이용해 효과를 검증하기 쉽다는 장점이 있다. 또한 시청자의 판단으로 동영상 표시를 건너뛸 수도 있으며 일정 시간 내에 시청이 종료됐을 때는 광고비가 들지 않는 특징도 있다.

이상의 내용을 고려할 때, 동영상 광고는 앞으로 더욱 발전할 것으로 예상된다. 단 동영상 제작에는 일정 기간과 비용이 들고 좋든 나쁘든 상품 및 브랜드의 이미지를 깊이 인상에 남긴다는 특징을 고려해 세심하게 기획, 운용해야 한다.

## • 이메일 광고

이메일 광고는 이메일 안에 표시되는 광고이다. 메일 매거진이나 뉴스 중 일부를 활용하는 메일 매거진형 광고와 열어 본 메일 내용이 전부 광고인 다이렉트 메일형 광고로 나뉜다.

이메일 광고는 열어 보지 않으면 광고의 효과가 거의 없다. 따라서 제목이나 미리 보기 화면에 표시될 내용을 잘 생각하여 어떻게 하면 '열어 보고 싶게' 만드는지가 성패를 가른다. 또한 모든 고객 목록을 대상으로 발신할 수도 있지만, 몇몇 기준에 따라 타깃층을 정해서 발신할 수도 있다. 이때는 타깃 선정과 제목·발신 내용을 세심하게 연동시키는 것이 중요하다.

## • 네이티브 광고

잡지 등의 매체에서 기사에 가까운 형태로 제품을 소개하는 광고는 예전부터 있었다. 네이티브native 광고는 기사광고를 한층 발전시킨 것이다. '광고'라고 명시하면서도 제품 소개에 그치지 않고 읽는 이의 관심사에 가까운 정보를 미디어 포맷에 교묘하게 맞춘 형태로 제공하는 것을 말한다.

또한 SNS나 블로그, 큐레이션 미디어curation media(웹상의 콘텐츠를 어떤 주제나 카테고리별로 수집하고 정리·편집하여 적절한 콘텐츠를 제공하는 서비스나 웹 사이트) 등의 내용에 잘 녹아든 광고를 인피드in-feed 광고라고 부른다. 이것도 네이티브 광고의 일종이다.

네이티브 광고는 자사 브랜드에 맞는 형태로 드러난 고객과 잠재 고객에게 유익한 정보를 제공하는 데 중점을 둔다. 따라서 소비자가 자연스럽게 읽고 호의적인 반응을 보이는 경우도 많다. 하지만 타깃 층에 효과적으로 메시지를 전하겠다는 기획을 실현하려면 그 나름의 비용과 시간이 들기 마련이다. 또한 네이티브 광고의 형태를 취하더라도 '기업의 이익을 위한 호소'라고 받아들여지면 결과적으로 부정적 이미지로 이어질 수 있어 이 점에도 주의해야 한다.

### ⑥ 소셜 미디어

소셜 미디어는 원래 인터넷에서 개인과 개인이 커뮤니케이션할 수 있는 블로그나 입소문 사이트를 나타내는 키워드다. 최근에는 소셜 네트워킹 서비스SNS 전반을 가리키는 말로 사용되고 있다. 따라서 여기서는 SNS를 전제로 설명한다.

미디어로서 SNS의 특징은 PC나 모바일을 통해 개인과 개인이 온라인에서 이어지고 손쉽게 커뮤니케이션할 수 있다는 것이다. 게다가 커뮤니케이션 상대는 일대일도 있지만, 특정 그룹 내, 전체 사용자 등 매우 다양하다. 등록된 프로필에 의해 사용자의 속성이 어느 정도 특정되기 때문에 광고를 발신하는 미디어로 활용할 수 있다. SNS에 대한 기업의 접근으로는 자사 계정을 만들어 사용자와 연결한 다음 정보 제공, 고객 반응 수집, 광고 발신 및 쿠폰 배포 등의 판촉 활동을 하는 사례를 들 수 있다. 대부분이 '정보가 재빠르게 확산된다.'라는 SNS의 특징을 염두에 둔 시책이다.

2018년에는 페이스북, 인스타그램, 트위터, 그리고 일본에서는 라인이 대표적인 SNS로 떠올랐다.

페이스북은 20대 이상의 폭넓은 연령층을 흡수한 SNS이다. 실명 등록을 전제로 하므로 실제 알고 있는 친구 사이의 연결 고리가 기본이다. 사용자가 등록한 다종다양한 정보를 근거로 타깃을 세심하게 설정한 광고를 하기 쉽다는 특징이 있다. 페이스북 사용자 수는 세계적으로 매년 늘어 2018년에는 20억 명을 돌파했다.

인스타그램은 사진·동영상의 가공 기능과 함께 사용자끼리 공유할 수 있는 SNS이다. 페이스북과 같은 타깃 운용이 가능한 미디어로 지금까지는 비교적 젊은 사용자층이 많았는데 최근에는 40대 사용자도 늘었다. 사진·동영상이 주가 된다는 특징 때문에 패션 등 유행에 민감한 영역이나 외식업계와의 친화성이 높다. 그래서 '인스타그램에 올릴 만큼 멋지다'는 의미의 '인스타그래머블instagrammable하다'라는 점을 강조해 정보 확산을 노린 제품 전략이나 점포 전개에 이용되는 경우도 많다.

트위터는 '트윗'이라 불리는 단문의 메시지를 올리거나 마음에 드는 사용자를 팔로우해서 그 사람의 트윗을 퍼뜨리는 SNS이다. 익명의 계정이 많아서 직접 면식이 없는 사용자를 가볍게 팔로우하는 경향이 있다. 사용자 정보가 한정적으로 제공되므로 페이스북처럼 등록 정보를 토대로 태그하기는 어렵다. 하지만 트윗에 나온 키워드를 이용해 타기팅하고 폭넓은 고객층의 잠재 니즈를 발굴해 내는 데 활용되고 있다.

라인은 일본에서 널리 사용되는 SNS로 메시지 주고받기와 무료 인터넷 통화가 중심 기능이다. 무료 또는 유료로 배포되는 '스탬프'도 특징으로 꼽힌다. 폭넓은 연령층이 활용하고 있으며, 가족 또는 지인 그룹 등 어느 정도 한정된 관계 안에서 메시지를 주고받는 데 이용하는 경우가 많다. 정보 확산용으로는 적합성이 떨어지지만, 일상적으로 활용되므로 쿠폰 배포의 비용 대비 효과는 크다.

참고로 SNS는 이벤트와 연동해서 활용되는 경우도 많다. 예를 들어 페이스북이나 트위터에서 이벤트 개최 정보를 퍼뜨리거나 이벤트 참여 의사를 나타내는 '참여' 버튼으로 동참 욕구를 자극하고 참여 예정자 수도 파악한다. 일본 최대 패션 페스티벌인 도쿄 걸즈 컬렉션은 인스타그램과 적극적으로 연계한다. 이벤트에 등장한 탤런트와 모델을 인스타그램 영상(섬네일)으로 살펴본 뒤 클릭하면 해당 인물이 런웨이를 가볍게 워킹하는 모습과 메시지를 동영상으로 시청할 수 있게 한 것이다. 또한 정지 화면에서 '#브랜드네임'을 클릭하면 해당 브랜드가 제공하는 동영상뿐 아니라 채널이나 소비자가 올린 사진이나 동영상도 볼 수 있다.

SNS는 각각의 특징을 살리면서도 약점을 보완하는 방법을 지속적으로 모색하고 있으며 단기간에 진화하는 경향을 보인다. 그러므로 각 소셜 미디어의 특징은 점차 변할 것이고 그 활용 영역, 활용 형태도 향후 변할 것으로 예상된다.

## 애드테크의 진화

시장이 성숙해지면 기업은 고객과 더 강력하게 '연결'되기를 원한다. 한편 소비자는 스마트폰을 비롯한 다양한 디지털 단말기를 소유하면서 SNS 등 정보를 수집할 수 있는 자신만의 환경을 갖추었다. 이는 '정보를 어떻게 얻는가'는 물론이고 '무엇과 연결되는가'에 관해서도 소비자 측이 주체적으로 선택할 수 있게 되었다는 의미다. 종래에는 기업이 정보의 발신자였고 어느 정도 통제가 가능했다. 하지만 이제는 과거의 방식대로 접근하다가는 '고객과 이어지기' 어렵다.

그래서 광고주인 기업과 전달 매체로서의 미디어는 '타깃 고객에게 자사의 정보를 선명하게 전하고 싶지만 어떻게 해야 가장 직접적, 효율적으로 접근할 수 있을지'에 관한 숙제를 안게 되었다. IT는 소비자의 힘을 키웠고, 동시에 기업에게 숙제를 던져 그 숙제를 풀기 위한 무기로서의 존재 가치도 키웠다.

예를 들어 한 기업의 웹 사이트를 방문한 소비자의 브라우저에 이력을 남기는 쿠키Cookie 기술이 그렇다. 쿠키란 웹 서버에 접속했을 때 서버에서 부여받는 ID 같은 것으로 두 번째 이후의 접속이 동일 인물인지를 ID로 판단하는 시스템이다. 회원제 사이트에 대한 접속의 경우, 두 번째 이후에는 ID와 비밀번호 입력이 생략되는 것도 이 기술 덕분이다. 이 기술을 활용함으로써 인터넷상의 사용자를 특정할 수 있게 되었고, 다양한 행동을 쉽게 파악할 수 있게 되었다.

최근에는 광고 매체를 네트워크로 관리하는 애드 네트워크AdNetwork 시스템과 개별 인터넷 사용자의 속성과 행동 등 다양한 데이터를 통합하는 DMP(데이터 매니지먼트 플랫폼)라는 지원 시스템이 등장했다. 이를 통해 자사 서버에 축적된 자사 사이트 방문 이력뿐 아니라 인터넷상(사외)의 웹 서버에 축적된 데이터와 조합해서 소비자가 인터넷상에서 보여 주는 행동을 파악할 수도 있다. 앞서 언급한 쿠키와 자사 회원 ID 및 SNS ID를 묶어서 인식하는 것도 DMP 기능 중 하나다. 다시 말해 소비자·고객에 관한 데이터를 방대하고, 저렴하고, 신속하게 관리할 수 있게 된 것이다. 이를 통해 기업은 더욱더 정밀한 타기팅이 가능하고, 가장 효과가 큰 미디어와의 매칭도 주체적으로 검토할 수 있게 되었다.

또한 모바일이나 웨어러블 단말기의 위치 정보, 센서를 이용한 안면 인식 및 감정 인식 기술 덕분에 인터넷상의 행동뿐 아니라 실제 행동까지 고려한 최적의 타기팅과 접근 방법도 검토되고 있다.

광고에 관한 기술을 애드테크AdTech라고 하는데, 이는 프로모션이나 마케팅 전략과 떼려야 뗄 수 없는 관계라는 인식이 자리 잡고 있다. 하지만 테크놀로지가 모든 과제를 해결하는 것은 아니다. '어느 타킷으로부터 어떤 인지를 얻는다'거나 '어떤 행동을 이끌어 낸다' 등 자사의 광고 목적을 파악해야 한다. 또한 이를 위해 '어떤 고객 접점을 만들고 어떻게 접근할 것이냐' 하는 광고의 과제를 파악해 시책을 디자인하는 본질적인 프로세스를 실행해야 한다. 이는 동서고금을 막론하고 마케팅 담당자의 중요한 임무이다.

---

## | 세 가지 미디어를 통합 운용하는 트리플 미디어

지금까지 미디어에 관해 다각적으로 살펴보았는데, 최근 이러한 내용과는 별개로 **트리플 미디어**Triple Media라는 개념이 널리 쓰이고 있다. 트리플 미디어는 페이드 미디어paid media, 온드 미디어owned media, 언드 미디어earned media 등 세 가지로 구성되고 일본에서는 주로 트리플 미디어로 총칭해 쓴다(서양에서는 각 표현의 머리글자를 따 POE Media로 불린다). 처음에는 디지털 미디어만을 분류하는 개념이었지만, 오늘날에는 디지털을 중심으로 현실에서 소비자와 접촉하는 이벤트와 미디어까지 포함하게 되었다.

페이드 미디어란 말 그대로 기업이 '사는' 미디어로 광고 전반 또는 이벤트에 들이는 스폰서십 등이 해당된다. 온드 미디어는 자사가 소유하는 미디어라는 의미로 기업·브랜드의 웹 사이트나 전자 상거래 사이트, 메일 매거진 그리고 최근에는 SNS 내 자사 계정도 포함된다. 마지막으로 언드 미디어는 고객을 포함한 소비자의 평판을 얻는 미디어로 뉴스 사이트의 기사나 게시판, 블로그·SNS에 올린 글이나 반응(예를 들어 페이스북의 '좋아요!') 등이 있다.

과거 일본 국내 시장에서는 프로모션 중에서도 광고가 중심이였기 때문에 페이드 미디어에 편중하는 경향이 짙었다. 하지만 무한 경쟁 환경 속에서 소비자에게 강력하게 인지되는 것이 어려워졌고, 더욱이 인지도가 올라간다 해도 구매에 이르지 못하는 상황이 속출했다. 따라서 다른 두 가지 미디어에도 시선이 쏠리게 되었다. 오늘날에는 세 가지 미디어를 연계해야 한다고 주장하는 트리플 미디어 개념이 마케팅에서 큰 의미를 차지하고 있다(도표 8-7 참조).

도표 8-7 트리플 미디어의 관계성

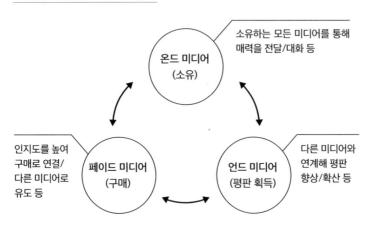

이제 소비자는 모바일 단말기나 PC 등을 통해 항상 인터넷에 접속해 있다. 가령 통근·통학 시에 전철 안 OOH 미디어를 통해 신상품이 출시된다는 사실을 알게 되고, 마음에 들면 그 자리에서 상세 정보를 얻기 위해 해당 브랜드의 웹 사이트에 접속한다. 그야말로 ZMOT(244쪽 참조)인 것이다. 거기에 표시된 메시지나 콘텐츠가 소비자의 기대에 부응하지 못하면 구매 행동까지는 이르지 못한다. 그러나 광고와 자사 사이트가 적절히 연계되어 있고, 소비자가 알고 싶은 정보를 올바르게 제공할 뿐 아니라 구매 행동을 자극한다면 결과는 달라진다. 그 순간의 인상과 상품을 구매해 만족한 경험이 SNS를 통해 확산되는 선순환이 일어난다면 더할 나위 없이 이상적이다.

8장에서 소개한 대로 코카콜라는 온드 미디어인 코크 온을 트리플 미디어의 중심에 두고 그 모든 것을 활용했다. 페트병에 붙어 있는 코카콜라 라벨을 리본 모양으로 만들 수 있는 크리스마스 버전 패키지나 그해 마지막 날에 고객을 끌어들이기 위한 카운트다운 이벤트는 디지털의 경계를 초월한 일종의 온드 미디어라 할 수 있다. 또한 그러한 이벤트 개최는 주요 SNS에 고지되었고, 그에 대한 반응이 인터넷 상에 확산되었다.

한편 코크 온은 회원 확대에도 SNS를 이용했다. SNS를 통해 지인을 소개한 경우, 소개자와 신규 회원 양쪽에 모두 혜택을 주었다. 이는 온드 미디어와 언드 미디어를 연동시킨 시도라 할 수 있다. 코크 온 자체의 인지도는 TV 광고 등을 통해서도 크게 높아졌다. 소비자의 마인드셰어mind share(인지도)가 높아지도록 TV와 SNS 동영상 광고를 통해 널리 알렸으니 페이드 미디어의 역할도 컸다고 할 수 있다.

트리플 미디어를 잘 활용한 기업으로는 닛싱 식품도 좋은 사례다. 닛싱 식품은 제품 개발력도 뛰어나지만, 독특한 프로모션으로도 유명한 기업이다. 여기 소개할 예는 자사 전자 상거래 사이트 한정으로 출시한 '닛싱 야끼소바 U.F.O 댐 플레이트'이다. 컵라면 용기에 뜨거운 물을 붓고 댐 사진이 인쇄된 접시를 겹친 뒤 물을 따라 내면 댐에서 물이 방류되는 기분을 느낄 수 있는 제품이다. 신문이나 웹 미디어의 기사에 올리는 동시에 SNS에서 그 정보가 퍼지면 실제 구매한 고객이 그 경험을 공유하기를 기대한 기획이었다. 정보를 접하고 '그 외에도 재미있는 상품이 있는지' 궁금해서 홈페이지에 접속한 소비자도 많았을 것이다.

이처럼 과거에는 일회성 또 일과성 화제에 그쳤던 상품이 이제는 트리플 미디어를 의식한 시책으로 화제 몰이에 성공하고 프로모션 성과도 우수한 사례가 있다.

기업은 리스크를 부담해서라도 트리플 미디어를 육성해야 한다. 하지만 다종다양한 특성이 있고 소비자의 활용 형태도 급변하는 SNS를 잘 구분해 사용하며 상호 연계를 꾀하는 것은 매우 어려운 작업이다. 기존에 프로모션의 중심을 차지했던 광고도 페이드 미디어로 발전시키고, 다른 미디어와 유연하게 연동시키는 방안이 모색되고 있다. 앞으로 어떤 새로운 성공 모델이 생기고 발전할지 마케팅 종사자로서 큰 관심사이며 중요한 도전 과제 중 하나라 생각한다.

제2부

# 응용편

ADVANCED

# 제9장 · 브랜드 전략

브랜드는 소비자 선택의 근거이며 사용·경험의 만족도를 높이는 기능을 한다. 또한 브랜드는 기업이 경쟁 우위를 점하고 장기적으로 수익을 창출하는 데 기반이 되는 자산이다. 따라서 브랜드 전략은 기업의 정체성 및 경영 전략과 관련지어 생각해야 하는 주요 테마다. 바야흐로 강한 브랜드 구축은 기업이 풀어야 할 필수 과제가 되었지만, 하루아침에 이룰 수 있는 일이 아니므로 장기적이면서도 전략적인 활동이 요구된다.

2014년 7월 중국 공장에서 사용 기한을 넘긴 닭고기 사용, 2015년 1월 일본 국내에서 재료에 이물질 혼입…… 등 일본 맥도날드는 먹거리 안전을 심각하게 훼손하는 문제를 연달아 일으켰다. 그리고 금전상의 큰 손실과 브랜드 이미지 추락이라는 위기를 맞은 바 있다.

그러나 이 같은 불상사가 일어나기 이전부터 실적은 악화되고 있었다. 맥도날드 홀딩스의 실적이 2011년도를 정점으로 2분기 연속 수익 감소를 기록한 것이다. 간접적 원인은 할인 판매로 인한 브랜드 이미지 손상을 들 수 있다. 1998년의 '반값 행사'와 2005년부터 전략적으로 전개한 '100엔 맥'은 당시에는 큰 성공을 거두었지만, 싸구려 이미지가 고착되면서 '싼 게 비지떡'이라는 말처럼 품질까지 의심받는 분위기를 낳았다.

실적 악화에 대한 대응이 있었으나, 충분한 효과를 거두지 못했다. 2012년의 'Enjoy! 60초 서비스'는 계산 후 상품 제공까지 소요되는 시간을 쟀을 때 60초를 넘으면 햄버거 무료 교환권을 주는 행사였다. 하지만 인터넷상에 햄버거 패티 위에 번이 제대로 자리 잡지 못한 사진이 올라오면서 '속도에 신경 쓰느라 제품을 엉망으로 만든다.'라는 원성을 샀다.

그런 가운데 2013년에 CEO로 취임한 사라 카사노바Sarah L. Casanova는 소비자의 신뢰와 이미지를 회복하기 위해 가격, 제품 품질, 서비스 품질 등 세 가지 관점에서 새로운 시책을 내세웠다.

우선 가격 체계를 재정비하고 쿠폰 전략을 변경하는 등 가격 정책을 전체적으로 수정했다. 예를 들어 밸류 세트는 사이드 메뉴와 음료의 선택지를 확대해 천 가지 이상 조합할 수 있게 했다.

그리고 먹거리 안전과 관련해서는 닭고기 파동 직후에 소비자 의견 및 질문에 답하는 Q&A 사이트 '품질 관리에 관해 말씀드리겠습니다'를 개설했고, 동영상으로 정보를 공개했다. 또한 2014년 10월에는 제조 공장의 감사 체제를 강화했고, 공급자의 품질 커뮤니케이션을 강화하는 프로그램을 도입해 품질 관리 시스템을 정비했다.

브랜드 신뢰 회복과 관련해서는 가장 먼저 자녀가 있는 여성을 타 깃으로 한 시책을 내놓았다. 맥도날드에 오는 엄마들은 중, 고등학생 시절부터 맥도날드를 좋아해 방과 후에 맥도날드를 자주 이용했던 층이다. 자녀가 생기고부터는 아이들을 데리고, 또는 다른 엄마들과 맥도날드를 찾는다. 다시 말해 원래는 브랜드 충성도(브랜드에 대해 애착이 있으며 적극적, 지속적으로 구매하려는 의지가 강함)가 높은 고객인 것이다. 일반적으로 엄마들은 가족이나 자녀에게 나쁜 음식을 먹이고 싶어 하지 않기 때문에 먹거리 안전에 관심이 높다. 그래서 그들이 수긍하는 수준의 제품을 제공하면 먹거리에 대한 부정적인 인상을 씻고 브랜드 이미지를 회복할 수 있을 것이라고 생각했다. 2015년 5월에 시작한 '마마즈 아이 프로젝트'에서는 일본 맥도날드 CEO 사라 카사노바Sarah Casanova와 임원들이 전국 47개 도도부현(都道府県: 광역 지자체)을 돌며 엄마들을 대상으로 의견 교환회를 열었고, 점포와 생산 현장을 시찰했다.

서비스 품질을 향상하기 위해서는 설문 조사 앱 KODO를 도입해 매장을 방문한 고객으로부터 매장을 이용하고 느낀 점 등을 실시간으로 응답받았다. 설문 조사에 응하면 쿠폰을 받을 수 있는 시스템이었다. 매장 측은 신속히 현황을 파악하고 개선할 수 있고, 고객의 의견에서 얻은 통찰이 직원들에게 새로운 동기를 부여할 것이라 기대했다.

동시에 커뮤니케이션 전략도 기존의 매스 미디어 광고 외에 소셜 미디어와 팬의 의견을 활용하는 방향으로 전환하고, 1, 20대를 타깃으로 삼아 확산력이 큰 트위터를 주축으로 잡았다. 또한 고객의 눈에 띄는 빈도를 높이기 위해 전에는 매달 수차례에 그치던 행사를 매주 펼치기로 했다. 버거 이름 모집이나 맥도날드 총선거 같은 고객 참여형 이벤트도 늘렸다.

이렇게 고객 의견에 귀를 기울이고 고객의 눈높이에서 가치를 창출하려는 활동은 상당한 시간이 지나서야 성과를 거두었다. 일본 맥도날드의 2017년 12월기 연결 결산(모회사, 자회사 등 모든 관련 회사의 사업 결과를 종합한 결산)은 최종 이익 240억 엔으로 사상 최고치를 기록했다. 이는 2013년 이후 4년을 노력해 얻은 결과였다.


**이론** ////

마케팅에서 브랜드 전략은 뿌리에 해당한다고 할 수 있다. 브랜드 관리는 마케팅의 성패를 결정한다 해도 과언이 아니다. 강력한 브랜드를 지키고 키움으로써 브랜드는 기업의 자산이 된다. 다음의 내용에서 브랜드란 무엇인지 그 가치를 살펴보고 강한 브랜드를 구축하기 위한 방법론에 관해 소개한다.

# 1. 브랜드란 무엇인가?

진화를 거듭하는 마케팅 선진국인 미국의 마케팅 협회가 내린 정의에 따르면, 브랜드란 판매자가 자신의 상품이나 서비스를 식별시키고 경쟁자와 구별하기 위한 명칭, 용어, 기호, 심벌, 디자인 혹은 그 결합체이다. 하지만 실제 마케팅상의 중요한 개념으로서의 브랜드는 단순히 식별용 기호에 그치지 않는다. 그 기호에 의해 연상되는 상품 및 상품군, 조직 등과 소비자 사이에 생기는 유대 관계 그리고 그 관계가 가지는 감정적 가치를 가리킨다.

브랜드는 눈에 보이는 디자인이 아니라 상품과 고객 사이에 존재하는 관계성이 어떻게 정의되는지를 나타낸다. 브랜드는 유형·무형의 복합적 가치에 따라 구축되므로 개념을 한마디로 표현하기는 어렵다. 따라서 그 개념을 정확하게 파악하려면 관련된 이론을 습득함과 동시에 실무 경험을 통해 감각을 키워야 한다.

브랜드는 왜 중요한가? 답은 정해져 있다. 강한 브랜드는 기업에 더욱더 큰 이익을 가져다주기 때문이다. 구체적으로는 다음과 같은 이유를 들 수 있다.

- 충성도가 높은 고객(충성 고객)을 확보할 수 있다.
- 매출 변동이 작아져 경쟁에 패배할 가능성을 떨어뜨린다.
- 높은 마진을 챙길 수 있다.

- 유통·소매의 지원을 받을 수 있다.
- 커뮤니케이션 효율이 올라간다.
- 라이선스의 가능성이 생긴다.
- 브랜드 확장이 가능해진다.

한편 이처럼 브랜드가 수익을 창출하는 이유를 따져 보면, 브랜드란 단순히 높은 지명도나 호감도를 가리키는 말이 아님을 알 수 있다. 브랜드는 그 가치가 고객, 자사 직원, 거래처 등의 스테이크 홀더에게 이해되고 평가될 때 비로소 의미를 가지게 된다. 브랜드 가치를 올바르게 이해받기 위해서는 장기적으로 꾸준히 브랜드를 구축하고, 구축한 브랜드의 가치를 부단히 지키고 키우는 활동(이러한 노력을 총칭해 브랜드 관리라고 한다)이 필수적이다. 사례에서도 언급했다시피 한번 브랜드 가치가 훼손되면 그 회복에는 오랜 시간이 걸린다.

## | 브랜드 전략과 전사 전략

브랜드는 기업 활동 및 그 성과와 밀접한 연관이 있다. 따라서 '우리 회사는 어떤 기업인가? 어떤 방식으로 사회에 가치를 제공하는가?'라는 이른바 기업 정체성과 부합해야 한다.

다시 말해, 자사 브랜드를 어떻게 확립·구현하고 사회에 전달하는가 등의 브랜드 전략은 기업 이념 아래에 자리 잡아야 하는 것이다(도표 9-1 참조). 기업 이념과 사명을 통해 회사의 존재 이유를 드러내고, 이를 바탕으로 기업 전체, 상품군 또는 상품의 방향성을 지시하며, 모든 스테이크 홀더와 커뮤니케이션할 수 있게 하는 것이 브랜드 전략이다.

따라서 서비스 구축, 제품 개발은 물론이고 모든 사업 단계에서 사내외의 모든 관계자가 이를 인식해야 한다. 브랜드 전략은 항상 사업 전체에 큰 영향을 미친다. 한편 마케팅도 매출 증가라는 관점에서 기업 전체에 영향을 미친다. 마케팅 활동을 할 때는 다른 사람과의 커뮤니케이션이 필수적이므로 늘 브랜드 전략을 계획의 시작점으로 의식해야 한다.

이처럼 브랜드 전략과 마케팅 활동은 매우 밀접한 관계에 있다. 브랜드 전략은 언제나 마케팅 계획의 실행에 큰 영향력을 발휘한다. 반대로 마케팅 계획을 실행하다가 브랜드 전략에 대한 시사점을 얻어 전략을 수정하는 경우도 있다. 마케팅 부문이 브랜드 전략을 관장하는 사례가 많은 것은 이 때문이다.

## 2. 브랜드 에쿼티

브랜드를 논할 때 중요한 개념 중 하나가 브랜드 에쿼티Brand Equity 이다. 브랜드 에쿼티란 브랜드의 자산 가치로 브랜드의 '힘'을 나타낸다. 이는 브랜드 전략에서 도달해야 할 목표를 설정할 때 매우 중요한 의미를 지닌다.

## | 브랜드 에쿼티의 구성 요소

브랜드 자산 관리와 전략 수립의 권위자인 전 캘리포니아 주립대학교 교수 데이비드 아커David A. Aaker가 제창한 브랜드 에쿼티는 '브랜드 인지', '지각된 품질', '브랜드 충성도', '브랜드 연상' 등 네 가지 요소로 설명할 수 있다(도표 9-2 참조). 아커 교수는 여기에 '기타 브랜드 자산'을 더해 다섯 가지 요소를 강조하기도 하는데, 이 책에서는 앞서 말한 네 가지 요소를 주로 살펴본다. 자사의 브랜드 에쿼티는 브랜드가 각 요소를 어느 정도 가졌는지를 계속 파악함으로써 확인할 수 있고, 그렇게 해야 브랜드 에쿼티를 향상할 시책도 쉽게 찾을 수 있다. 브랜드 에쿼티는 자산으로서의 브랜드 파워를 측정하는 개념이라 할 수 있다.

도표 9-2 브랜드 에쿼티의 구성 요소

### ① 브랜드 인지

브랜드 인지Brand Awareness란 그 브랜드가 '어느 정도 알려져 있는지'를 말한다. 인지의 대상이 브랜드의 명칭일 필요는 없다. 그 브랜드를 어떤 식으로든 알기만 하면 된다. 구체적으로는 로고나 브랜드 명칭을 봤을 때 그것을 알아보며, 무슨 상품인지 카테고리 정도는 이해할 수 있는 상황을 가리킨다. 단, 그 에쿼티는 그 브랜드에 대해 좋다, 나쁘다를 판단할 정도의 지식은 없다는 것을 말한다. 사람은 친숙한 것을 좋아하고 신뢰하는 경향이 있다. 따라서 다른 조건이 같다면 인지도가 높은 브랜드를 선택할 가능성이 높다는 관점에서 그 정도 수준의 인지도라도 에쿼티로 평가한다.

예를 들어 해외 여행지에서 햄버거를 먹고 싶은데 눈앞에 두 개의 햄버거 가게가 있다고 하자. 하나는 국내에도 점포가 있어 로고를 본 기억이 있지만, 다른 하나는 이름도 들어 본 적이 없다. 그럴 때 해외에 나왔으니 모르는 브랜드라도 한번 먹어보겠다는 모험심이 없는 한, 사람들은 브랜드 네임을 들어 본 적 있는 가게로 향하게 된다.

### ② 지각된 품질

지각된 품질Perceived Quality이란 소비자가 어떤 상품을 한번 써 볼 만하다고 생각하는 정도로 알고 있는 상황을 말한다. 쉽게 말해 한번 사 보고 싶다고 생각하는 상황이므로 브랜드 인지보다 한 발 더 진전된 상황이다. 몇 가지 상품을 비교할 때, 소비자는 다음과 같은 요소가 충족되는 브랜드를 선호하고 구매할 가능성이 높다.

- 퍼포먼스(자동차를 예로 들면 가속성, 조종성, 안전성, 속도, 쾌적성 등)
- 부가 기능(옷이라면 자외선 차단, 형태 안정성 등)
- 신뢰성(불량품, 결함, 고장 횟수가 적다는 점 등)
- 내구성(강도, 튼튼함 등)
- 부가 서비스(애프터서비스, 보증 등)

　지각된 품질에 관해서는 주의할 점이 세 가지 있다. 첫째, 같은 소비자라 할지라도 특정 용도나 상황에서 가치 있는 지각된 품질이 다른 용도나 상황에서도 동일한 가치가 있다고 장담할 수는 없다. 둘째, 실제로 품질이 뛰어난 것과 품질이 좋다고 지각되는 것은 같은 의미가 아니다. 인간이 객관적으로 지각할 수 있는 범위에는 한도가 있고 그 외의 부분은 주관적이다. 예를 들어 시금치 같은 채소는 사실 냉동한 것이 수확 후 바로 가공, 동결되므로 생채소보다 유통, 보존 단계에서 비타민C 파괴가 적다. 그러나 '생채소가 냉동품보다 영양가가 높다.'라고 생각하는 사람이 많다. 이처럼 소비자는 고정관념이나 특정 정보를 근거로 품질을 지각하는 경우가 많다.

　지각된 품질은 한번 구매하거나 진지하게 구매를 고민함으로써 형성된다. 실제로 이 같은 시도 경험을 거치는 과정에서 브랜드에 대한 태도, 브랜드 충성도의 구축 여부가 정해진다.

### ③ 브랜드 충성도

**브랜드 충성도**Brand Royalty란 고객이 그 브랜드를 반복해서 구매하겠다고 생각할 만큼 브랜드에 대한 애착이 커진 상황을 말한다. 브랜드 충성도가 높을수록 고객은 다른 브랜드로 갈아타기 어려우므로 기업은 안정적인 이익을 거둘 수 있다.

브랜드 충성도를 인식할 때, 지속률이 높다고 해서 '우리 고객은 충성도가 높다.'라고 보는 것은 섣부른 판단이다. 설사 특정 브랜드를 반복해서 구매하는 고객이라 해도 '주변 지역에 다른 경쟁 상품이 없어서' 등의 소극적인 이유로 선택했을 수도 있기 때문이다. 브랜드 에쿼티에서 충성도라는 것은 고객이 자발적으로 그 브랜드를 계속 구매하겠다고 생각하는 상황을 가리킨다. 그런 고객을 늘리고 관계를 강화해야 브랜드 에쿼티가 향상된다.

충성 고객은 안정적인 매출과 이익에 직접적으로 기여할 뿐 아니라 그 브랜드가 보여 줘야 할 모습에 관해 뚜렷한 의견을 가지고 있어 브랜드에 중요한 시사점을 던져 준다. 그러므로 브랜드 충성도는 브랜드 에쿼티의 요소 중에서도 특히 더 중요하다.


### ④ 브랜드 연상

**브랜드 연상**Brand Association은 소비자가 그 브랜드를 보고 연상 작용을 통해 자연스럽게 떠올릴 수 있는 상품 범위를 말한다. 단순히 브랜드 이름에서 연상되는 것을 가리키는 것이 아니라는 데 주의해야 한다. 예를 들어 '산토리의 위스키 야마사키'를 보자. '야마사키'는 위스키 브랜드로서 산토리가 보유하고 있는 오래된 증류소가 위치한 지명에서 따온 이름이다. 같은 증류주라도 가령 산토리가 '소주 야마사키'를 출시한다면 뭔가 크게 부자연스러운 느낌을 줄 것이다. 브랜드에서 연상되는 범주를 벗어났기 때문이다. 한편 유니레버Unilever의 도브는 처음에는 세안제로 일본에 들어왔지만, 지금은 샴푸와 보디 클렌저 등으로도 상품을 전개해 성공한 브랜드다. 세수뿐 아니라 몸 전체를 씻는다는 범위에서 브랜드 연상이 성립한 것이다.

브랜드 인지, 지각된 품질, 브랜드 충성도가 브랜드를 알고 여러 번 구매하는 것, 즉 브랜드에 대한 태도가 얼마나 굳건한지를 나타내는 요소인 데 반해 브랜드 연상은 브랜드의 범위를 규정하는 요소다. 나중에 언급할 브랜드 확장(313쪽 참조) 부분에서 중요한 지표로 다룰 것이다. 브랜드 연상을 벗어난 상품으로 브랜드를 확장하면 브랜드 훼손을 불러일으킬 수 있으므로 주의가 필요하다.

브랜드는 에쿼티가 있어야 비로소 관리의 대상으로 가치가 생긴다. 경영 자산으로 활용할 수 없는 수준의 지명도나 이미지는 에쿼티로 인정할 수 없다고 판단해 가차 없이 매몰 비용으로 취급해서 버리고, 새로운 자산 형성에 주력하는 것도 중요하다.

하지만 만들어 놓은 브랜드가 제대로 성장할 때까지는 이익보다 비용이 더 큰, 이른바 '밑 빠진 독' 상태가 지속된다. 그 단계에서는 앞으로 브랜드 에쿼티가 되어 이익을 가져올 가능성이 있는지, 줄곧 밑 빠진 독 상태가 지속될지를 간파하기가 매우 어렵다. 시간과 수고를 들였다는 이유로 '여기까지 온 것만 해도 가치가 있다.'라고 여기는 경우도 있다.

그러나 단순한 지명도는 브랜드가 아니다. 브랜드 에쿼티로 성장할 가능성이 없으면 관리를 해도 무의미하다. 그 차이를 꿰뚫어 보고 때로는 브랜드의 디스컨티뉴(판매 종료)를 결정하고 그 비용을 수용하기 위해 브랜드 에쿼티의 각 요소를 제대로 측정해 올바르게 판단해야 한다. 브랜드 전략을 명확히 하고 리서치를 실시해 브랜드의 상황을 지속해서 파악하는 것이 무엇보다 중요하다.

---

## | 브랜드 에쿼티 평가

브랜드 관리를 할 때는 각 브랜드가 자산으로서 어느 정도의 총량과 내용을 가졌는지를 파악하고, 시간의 흐름에 따라 비교하는 것이 중요하다. 글로벌 기업은 대부분 브랜드 헬스 체크 등의 조사를 정기적으로 실시한다.

또한 브랜드 에퀴티는 M&A(인수합병) 때의 매수 가격 평가나 브랜드 라이선스료 견적, 브랜드 관리의 자원 배분 수정 및 투자 효율 평가에도 이용되는 등 경영상 다양한 목적으로 활용된다. 브랜드 에퀴티를 금액으로 환산하는 평가 방법은 여러 가지가 있는데, 어떤 것이 좋은지는 의견이 분분하다. 상황에 따라 적절한 방법을 골라야 할 것이다.

## 3. 브랜드 전략의 입안과 실행

지금까지 살펴봤듯이 기업 이념 및 전사 전략과 맞추어 바람직한 브랜드 에퀴티를 형성, 유지하기 위해서는 브랜드 전략이 필수적이다. 브랜드 전략을 입안하고 실행할 때 유의해야 할 과제는 다음과 같다.

### | 브랜드 전략의 조건

브랜드 전략은 사외 인물(소비자나 거래처 등), 사내 직원을 포함한 모든 관계자의 브랜드에 대한 인지 및 연상을 확립·강화하기 위해 세운다. 이는 일반적으로 공유하기 어려운 감각(감정 포함) 및 개념을 공유할 수 있도록 커뮤니케이션을 확립하는 것이다. 따라서 표현 방법이 어떠하든 그러한 내용을 타깃에 맞춰 필요 충분한 형태로 전달해야 한다. 브랜드를 구체적으로 표현하는 행위나 표현된 내용을 총칭해서 **실행**Execution이라고 한다. 예를 들어 로고나 심벌마크 등도 실행이다.

브랜드 전략은 기업의 마케팅 활동에서 이루어지는 모든 커뮤니케이션의 방향성을 정하는 행위다. 따라서 활동에 관련된 모든 사람이 브랜드 전략을 정확하게 이해하여 실행의 방향을 잘못 잡지 않도록 해야 한다. 또한 전하고자 하는 사람별로 가장 전달하기 쉬운 형태를 취해 표현하는 것이 바람직하다. 그뿐만 아니라 전략이기 때문에, 해도 되는 것과 하면 안 되는 것이 명확해야 한다.

브랜드를 관리하는 사람들끼리만 브랜드 포지셔닝(303쪽 참조)을 통일해서는 제대로 된 브랜드 전략을 세울 수 없다는 점도 명심해야 한다. 브랜드는 사외 인물(특히 통제가 어려운 소비자)의 인식에도 부합해야 수용된다.

다시 말해 브랜드는 기업 측의 생각과 수용자의 인식perception이 겹치는 곳에만 구축할 수 있다. 좋은 브랜드 전략은 정기적으로 조사하고, 브랜드 실행을 끊임없이 조정하며, 때에 따라서는 구성 요소까지 깊이 파고들어 그 '겹치는 곳'을 정확하게 찾아내는 것이다.

## | 브랜드 전략의 요소

브랜드 전략이 만족시켜야 하는 구성 요소에 관해서는 여러 견해가 있지만, 이 책에서는 경험 마케팅의 대가인 컬럼비아 대학교의 교수 번 슈미트Bernd H. Schmitt가 주장하는 개념을 이용해 설명한다.

### ① 브랜드 핵심

우선 브랜드 전략의 최상위에는 브랜드 핵심brand core이 있다. 이는 브랜드의 핵심을 추출한 것으로 가장 추상도가 높은 계층이며 몇몇 형용사나 명사로 표현된다. 브랜드 핵심의 필수 요건은 다음의 다섯 가지다.

- 쉽게 커뮤니케이션할 수 있다.
- 쉽게 실무에 전개할 수 있다.
- 브랜드의 모든 활동이 핵심과 관련된다(반드시 관련되어야 한다).
- 브랜드의 모든 활동이 핵심으로 통합되어 있다(반드시 통합되어 있어야 한다).
- 브랜드 활동에 종사하는 모든 사람이 핵심을 이해해야 한다.

예를 들어 세계적인 경영 컨설팅 회사인 베인 앤드 컴퍼니Bain & Company의 브랜드 핵심 중에 '트루 노스true north(진실의 북극)'라는 것이 있다. 이는 지축 위의 북극을 의미하는 말로, 방위 자침이 가리키는 북극이 아니라 지축 위 진북을 말한다. 즉 베인 앤드 컴퍼니는 누구나 금방 알 수 있는 방위 자침의 북극이 아니라 거기서 조금 벗어난, 알기는 어렵지만 진짜 북극을 추구하는 집단이 되고 싶다는 의미를 드러낸다. 컨설턴트끼리 대화할 때도 "그거 트루 노스 맞아?"라는 식으로 사용한다. 쉽게 커뮤니케이션할 수 있고, 쉽게 실행되며, 모든 활동이 그것과 관련되고 통합되며, 사용하는 사람이 그것을 이해하고 있는 것이 브랜드 핵심이다.

### ② 브랜드 퍼스낼리티

브랜드 퍼스낼리티brand personality는 핵심보다 브랜드에 더 큰 구체성을 주고, 이미지를 더 쉽게 공유하기 위해 만들어진다. 슈미트 교수는 다음과 같이 말했다. "모든 강력한 브랜드에는 퍼스낼리티가 있다. 이를 인간의 퍼스낼리티와 같이 표현할 수 있어야 한다."

예를 들어 애플Apple이라는 브랜드를 사람에 비유하면, 대부분은 양복 입은 사람을 상상하지 않을까? 또한 아메리칸 익스프레스American Express라고 하면 10대 청소년을 떠올리는 사람은 없을 것이다. 브랜드 퍼스낼리티를 만들어 낼 때는 브랜드 핵심이라는 바탕 위에 구체적인 퍼스낼리티를 규정해 브랜드 가치를 세밀하게 공유할 수 있게 해야 한다.

### ③ 브랜드 포지셔닝

브랜드 핵심과 퍼스낼리티가 명확해졌으면 브랜드 전략을 더욱 압축하기 위해 브랜드 포지셔닝brand positioning을 계획한다. 이는 고객의 머릿속에 이미지를 형성하기 위한 요소를 끌어모으는 것으로 대부분 문장으로 표현된다. 그 브랜드가 누구에게 어떤 틀 안에서 어떤 수단을 제공할지 그리고 그것을 신뢰할 수 있는 이유는 무엇인지 등이 브랜드 포지셔닝의 요소다.

문장 외에도 기업에 따라서는 그림이나 이미지, 키워드를 나열해 표현하기도 한다. 가령 유니레버는 브랜드 키라는 열쇠형의 그림에 단어를 나열하는 방법을 사용한다.

결과적으로, 브랜드 포지셔닝은 기업의 미래 사업 영역을 보여 줄 수 있어야 한다.

### ④ 브랜드 전략의 실행

브랜드 핵심, 브랜드 퍼스낼리티, 브랜드 포지셔닝을 정비하면 무엇을 전달해야 하는지가 통일된 형태로 정해진다. 이것이 바로 브랜드 전략이며 이에 따라 브랜드 관리를 해 나가면 된다.

브랜드 관리를 할 때는 크게 두 가지 요소를 고려해야 한다. 하나는 장기적인 관점이 필요한 명칭, 심벌, 사운드 로고, 형상, 스타일 등이다. 또 하나는 어느 정도 짧은 기간에 수정 가능한 패키지 디자인, 프로모션, PR, 프레젠테이션 디자인, 교육 연수 내용 등이다. 사내, 사외와 커뮤니케이션을 할 때 어느 쪽을 실행하든 그 실행은 브랜드 전략을 토대로 이루어져야 한다.

실행에 관련된 관계자가 항상 자사의 브랜드 전략을 이해하고, 모든 터치포인트에서 전개되는 시책 모두가 브랜드 전략과 직결되어 있어야 한다. 그래야 경영 전략과 브랜드를 강하게 결속시키고 브랜드 에쿼티를 증대시킬 수 있다. 이를 끊임없이 실천하는 일이 브랜드 매니지먼트다.

실행할 때는 다음의 다섯 가지 요소에 주의한다.

- 브랜드 전략과 잘 맞아떨어질 것
- 각 기법의 특징에 따라 최대한의 효과를 끌어낼 것
- 세부적인 데까지 신경 쓸 것
- 목적이 알기 쉬워야 하며 목적에 맞을 것
- 결과를 측정할 수 있을 것

이들을 실현하기 위해 디자인 등을 통일하고 브랜드 가이드라인 같은 실행상의 규칙을 책정하는 경우가 많다. 그런데 때로는 규칙을 만들고, 지키게 하는 것 자체가 목적이 되어 버리기도 한다. 하지만 규칙은 어디까지나 브랜드를 보호할 목적으로 만들어진 수단에 불과하다. 무턱대고 규칙부터 만드는 행위는 자제해야 한다.

## | 브랜드에 관한 조사의 중요성

당연한 얘기지만, 상품 개발 직후에는 상품명에 대한 인지나 지각된 품질이 모두 불충분하므로 충성도도 생길 리 없다. 아무리 뛰어난 브랜드 전략을 입안하고 브랜드 관리를 실행했다 하더라도 어느 정도 소비자 사이에 침투, 정착하고 브랜드 에쿼티가 발생해야 의미가 있다. 반대로 생각하면, 일정한 리소스를 투입해도 브랜드 에쿼티로 성장하지 않는 상품은 버리겠다는 판단도 경영상의 중요한 의사 결정이라는 뜻이다.

또한 브랜드를 강하게 키우려면 매우 긴 시간과 노력이 필요하다. 한 번 잘 구축했다고 해서 안심할 수 있는 것도 아니다. 앞서 사례에서 언급한 맥도날드처럼 특정 시기(2000년 전후)에 성공한 시책일지라도 거기서 파생한 부정적인 이미지가 나중(2010년대 전반)에 실적을 방해할 수도 있다. 그럴 때는 고착된 부정적 이미지를 씻어 내고 원래의 브랜드 핵심으로 돌아가 브랜드 포지셔닝을 재정의해야 한다.

이처럼 브랜드를 바람직한 상태로 키우고 유지하려면 무엇보다 지속해서 자사 브랜드의 현황을 조사하고 파악하는 데 힘을 기울여야 한다. 구체적으로는 브랜드 에쿼티의 각 요소에 관해 대상자를 적절히 설정한 뒤, 설문 조사나 인터뷰를 한다. 동시에 브랜드가 가진 이미지를 파악하되 총량과 내용을 파악하도록 한다. 이러한 조사를 매년 1회 이상 실시하고, 시간의 흐름에 따라서도 파악한다. 기업에 따라

이러한 조사를 부르는 명칭은 다른데, 일반적으로는 브랜드 헬스 체크라고 불린다. 자사 브랜드가 현재 소비자에게 어떻게 인식되고 있는지를 정확히 파악해야 적절한 시책을 펼칠 수 있다. 브랜드 헬스 체크는 브랜드에 대한 건강 검진이라 할 수 있다.


## 4. 다양한 브랜드 전개

브랜드에는 회사 자체를 브랜드화한 기업 브랜드부터 상품군, 상품, 나아가 여타 브랜드와 연관된 브랜드까지 다양한 유형이 있다. 한 회사가 다양한 제품·서비스를 보유할 때는 보통 그 상품군 안에서 어떻게 브랜드를 전개할지가 경영 과제가 된다. 또한 그룹 안에서 서로 다른 비즈니스를 복수 전개하는 경우도 많다. 이렇게 여러 상품, 여러 사업이 얽힌 경우의 브랜드 관리에 관해 그 계층과 개념을 설명한다.


### | 기업 브랜드의 확립

기업 브랜드corporate brand란 기업명이 하나의 브랜드가 되는 것으로 기업 입장에서는 가장 상위 계층에 있는 브랜드 개념이다. '맥도날드', '도요타', '아마존' 등이 대표적이다. 2000년대에 들어 각 회사가 웹사이트 등의 온드 미디어를 소유하는 형태가 일반화되면서 기업 브랜드를 매우 중시하는 경향이 나타나고 있다.

기업 브랜드 확립의 이점으로는 다음의 다섯 가지를 들 수 있다.

• 채널에 대한 협상력이 향상된다

상품별로 채널과 협상하기보다 기업 전체의 상품 양으로 협상하면 총량이 커지므로 제조사 측의 협상력이 커진다.

• 메시지를 구조화할 수 있다

소비자뿐 아니라 직원도 기업이 주는 메시지와 상품별 메시지를 받을 수 있어 정보 정리가 쉬워진다.

• BtoB(B2B), BtoC(B2C) 모두 이용할 수 있다

BtoB용 상품·서비스라도 기업명이 브랜드가 되어 있으면 그 브랜드 파워를 이용할 수 있다.

• 투자를 끌어오기 쉽다

투자자는 기업을 판단하므로 기업 브랜드가 확립되면 커뮤니케이션 실패로 인한 손해를 막을 수 있다.

• 고객의 신뢰를 얻기 쉽다

상품만 브랜드화하기보다 기업 브랜드를 사회에 인지시키는 편이 신뢰를 얻기 쉽다.

이러한 이론의 근저에는 여러 브랜드를 세밀하게 소구하는 것보다 하나의 이념을 가진 기업 브랜드 전략을 확립한 뒤, 개별 제품·서비스의 브랜드 전략을 생각하는 것이 효율적이라는 사고방식이 깔려 있다. 기업 브랜드가 제대로 확립된 회사(예를 들어 존슨앤드존슨Johnson & Johnson 등)는 새로운 사업이나 브랜드를 인수해 시장에 진출할 때도 브랜드 전략상 차질이 없는 한 신규 사업에서도 신뢰를 쌓기 쉽다.


## | 브랜드 아키텍처

기업 브랜드 전략을 선택하면 자사 상품 브랜드와의 위상 문제가 발생한다. 그래서 자사의 여러 브랜드와의 무의미한 중복을 피하고자 각 계층의 브랜드와 상품을 정리해 정의하는데, 이를 브랜드 아키텍처Brand Architecture라고 부른다.

　기업의 사업 형태나 상품 구성에 따라 브랜드 아키텍처는 달라지
므로 기업마다 독자적인 방식을 취한다. 하지만 기업 브랜드와 상품
군 또는 상품 브랜드의 거리감에 따라 크게 네 가지 유형으로 나눌 수
있다(도표 9-3 참조).

### 도표 9-3 네 가지 브랜드 체계

| 단일 브랜드 체계 | 서브 브랜드 체계 | 추천 브랜드 체계 | 독립형 브랜드 체계 |
|---|---|---|---|
| 하나의 브랜드가 강한 이미지를 만들어낸다. 때에 따라 설명적 기술이 붙기도 한다. | 기업 브랜드와 강한 서브 브랜드가 조합된다.<br>서브 브랜드로 각 상품을 차별화하고 기업 브랜드를 강화한다. | 서브 브랜드를 전면에 내세우고 기업 브랜드가 그것을 추천하는 역할을 한다. | 상품군이 비교적 독립적으로 시장에 존재한다. |
| (예)<br>페데랄 익스프레스(페덱스FedEx)는 페덱스라는 브랜드에 익스프레스(항공 화물), 그랜드(소규모 육상 화물), 오피스(인쇄·제본 서비스) 등 산하 각 부문의 명칭만 부가한다. 브랜드는 페덱스로 통일했다. | (예)<br>애플은 아이폰, 아이패드, 아이튠즈 등 취급하는 각 제품, 서비스가 강력한 브랜드를 형성한다. 사과 모양 로고로 상징되는 기업 브랜드를 항상 병립 시켜 기업 브랜드도 강화한다. | (예)<br>메리어트 인터내셔널Marriott International은 산하에 있는 호텔 그랜드 중 코트야드 바이 메리어트, 페어필드 인 바이 메리어트 같은 일부 서브 브랜드의 브랜드 네임에 '메리어트'를 넣음으로써 메리어트 그룹 산하의 브랜드임을 명시한다. | (예)<br>P&G는 제품에 기업 브랜드를 등장시키지 않고 페브리즈(탈취, 방향제), 팸퍼스(기저귀), 팬틴(헤어 케어) 등의 상품 브랜드만 확립했다. |

출처: http://www.brandimgstrategyinsider.com/2008/01/the-language-2.html을 토대로
글로비스 작성

- 단일 브랜드 체계

단일 브랜드 체계는 하나의 브랜드가 강한 브랜드 이미지를 형성하고 그 브랜드 아래에서 모든 사업을 전개한다. 일반적으로는 기업 브랜드가 그 역할을 하는 경우가 많다. 이 전략을 선택할 때는 흔히 기업명 뒤에 사업을 가리키는 일반 명사를 조합해 명칭을 만든다.

- 서브 브랜드 체계

기업 브랜드에 독자적으로 형성된 강력한 상품 브랜드가 서브 브랜드로 조합되는 체계다. 강력한 서브 브랜드가 기업 브랜드의 이미지에도 좋은 영향을 주어 결과적으로는 기업 브랜드도 강화된다.

- 추천 브랜드 체계

여기서 기업 브랜드는 품질을 보증하는 추천자 역할을 한다. 서브 브랜드 체계와 달리 서브 브랜드를 전면에 내세운다. 인수가 거듭되는 브랜드 등에서 많이 볼 수 있는 체계다.

- 독립형 브랜드 체계

상품군 또는 상품 브랜드가 가장 강하게 드러나는 형태다. 복수의 타깃이나 전혀 다른 상품을 전개하는 기업이 흔히 선택하는 전략이다.

어떤 브랜드 체계를 선택하든 브랜드 육성, 평가, 관리 기법을 기업 차원에서 공유하고 매년 파악해야 다음 브랜드 전략을 세울 수 있다. 다음 성장 전략을 생각할 때는 과감한 브랜드 체계의 정리·재구축이 필요할 수 있는데, 그 판단은 브랜드 파워를 적절히 파악한 뒤에 가능하다.

## | 브랜드 얼라이언스와 코브랜드

브랜드의 가치를 알리기 쉬운 얼라이언스alliance나 스토리가 만들어지는 코브랜드co-brand 전략도 흔히 이용된다. 브랜드 구축에 있어 경험이나 스토리가 갈수록 중요한 역할을 하게 되었기 때문이다. 또한 기술의 진화로 인해 고객과 기업의 쌍방향성이 커져 터치포인트가 증가한 영향도 크다. 이제는 한 기업이 자사 브랜드의 메시지나 이미지를 자사가 통제할 수 있는 미디어 범위에서 제공하고 관리할 수 있는 시대가 아닌 것이다.

브랜드 얼라이언스는 비슷한 정도의 브랜드를 가진 기업들이 제휴를 통해 제품이나 서비스를 제공하는 것이다. 결과가 좋으면 얼라이언스가 그 자체로 브랜드가 되기도 한다. 그때는 얼라이언스에 참여한 사실이 개별 브랜드를 띄우는 힘을 가지게 된다.

예를 들어 항공 동맹 스타얼라이언스Star Alliance가 그렇다. 이용 이력이 없고 이름조차 모르는 항공사라도 스타얼라이언스에 참여하면 함께 참여한 유명 항공사와 똑같이 신뢰할 수 있는 회사라는 이미지를 고객에게 줄 수 있다. 새로운 브랜드 가치를 창출하면서 얼라이언스에 참여한 브랜드의 가치가 동반 상승하는 구조를 만들어 내는 것이다.

한편 주로 두 개의 브랜드 사이에서 이루어지는 코브랜드는 새롭고 효과적인 스토리를 만들어 내는 데 효과적인 기법이다. 이미 스토리를 가진 브랜드들이 손을 잡으려면 함께하게 된 새로운 스토리가 필수적이며, 그 스토리가 두 브랜드에 긍정적으로 작용하기 때문이다. 공동의 브랜드를 만들어 내면서 새로운 스토리까지 만들어 내는 것이다.

예를 들어 디즈니와 코치COACH의 코브랜드는 미국의 대표 브랜드 코치의 75주년을 미국의 대표 캐릭터 미키마우스가 축하하는 의미로 성사되었다. 디즈니는 이 협업을 위해 신작 동영상을 만들어 유튜브에 올림으로써 협업 상품의 세계관을 직접적인 스토리로 전파했다. 이 같은 개별 스토리는 사람의 마음을 파고들기 쉬워 서로의 브랜드를 동시에 띄울 수 있다. 브랜드 이미지의 관점에서 보더라도 두 브랜드의 브랜드 파워는 보완을 통해 윈윈하는 관계를 만들었다.

하지만 무턱대고 코브랜드를 만들면 역효과가 난다. 예를 들어 2011년에 다국적 에너지 기업 쉘shell과 레고LEGO가 만든 코브랜드는 환경 보호 단체 그린피스Greenpeace의 공격을 받아 실패로 끝났다. 환경을 파괴하는 석유 회사인 쉘과 아이들의 장난감 회사인 레고의 부조화가 공격의 이유가 된 것이다. 언뜻 보기에 그 조합은 아이들의 꿈을 키워 주는 브랜드인 레고의 이미지로 쉘이 자사 브랜드를 강화할 수 있고, 레고는 주유소에서 레고를 판매할 수 있다는 장점을 서로가 누릴 수 있을 것 같다. 하지만 거기에는 브랜드와 브랜드가 만들어 내는 스토리가 없었고, 그저 기업의 사정만 존재했다. 그 점이 문제가 된 것이다.

코브랜드를 만들 때는 브랜드 파워가 자사와 비슷한 정도의 브랜드 또는 자사보다 조금 더 강하지만 전혀 다른 분야의 브랜드를 선택하는 것이 좋다. 그런 다음 각 브랜드의 스토리가 융합될 수 있는 새로운 스토리를 만들어 두 브랜드에 긍정적으로 작용하는 관계를 만들어야 한다. 그리고 무엇보다 중요한 것은 그것을 소비자가 수용할지를 잘 따져 보는 일이다. 소비자가 스토리를 좋게 받아들여야 코브랜드 전략이 큰 효과를 낼 수 있기 때문이다.


## 5. 브랜드 확장

브랜드 성장 전략에서 브랜드 계층brand hierarchy과 관련해 자주 논의되는 것이 브랜드 확장Brand Extension이다. 특정 상품으로 확립한 브랜드명을 이용해 새로운 카테고리에 새로운 상품을 투입하는 것을 말한다. 이와 반대로 해당 브랜드의 기존 카테고리에서 신상품을 내는 것을 라인 확장이라고 하며 이 두 가지를 구별한다.

브랜드 확장은 새 브랜드를 내는 것보다 화제성은 떨어지지만, 대신 브랜드 연상 범위 내라면 낮은 비용으로 인지와 이미지 획득을 기대할 수 있다. 또한 기존의 브랜드 파워를 이용함으로써 고객의 사용을 촉진해 신 출시의 리스크를 줄일 수 있다. 물론 소비자의 호응도 얻기 쉽다. 기존 브랜드를 선호하는 사람은 같은 브랜드로 출시되는 신상품도 좋아할 확률이 높기 때문이다.

하지만 브랜드 확장에는 어려운 점도 있다. 브랜드 확장이 실패하면 신상품이 팔리지 않는 것은 물론이고 기존 브랜드의 가치까지 손상될 우려가 있는 것이다.

따라서 브랜드 확장의 실행을 판단할 때는 다음의 사항을 검증해야 한다.

- 해당 브랜드 네임을 새로운 상품 카테고리에 사용하는 데 소비자가 거부감을 느끼지는 않는가? 즉 브랜드 연상과 관련한 문제가 없는가?
- 새로운 상품 카테고리로 브랜드를 확장하면 기존 브랜드가 강화되는가? 적어도 악영향은 없는가?
- 새로운 상품 카테고리의 브랜드 확장이 다른 상품 카테고리의 브

한 권으로 끝내는 마케팅

랜드 확장을 저해하지 않는가?

예를 들어 세정력이 좋기로 유명한 세제 브랜드가 계면 활성제에 대한 연구 성과를 활용해 화장품을 개발했다고 해서 같은 브랜드 네임으로 화장품을 판매한다면 어떨까?

일단 세제에서 연상되는 것은 세탁이나 취사 같은 일상의 가사 노동인 데 비해 화장품에서 연상되는 것은 외출이나 꾸미기다. 벌써 둘 사이에 간극이 느껴진다. 또한 대부분의 화장품에 계면 활성제가 쓰이는 데도 왠지 '계면 활성제는 피부에 나쁠 것 같다.'라고 느끼는 소비자가 있을 수 있다. 이럴 때는 브랜드 확장을 해도 새 상품에 좋은 영향을 미칠 거라고 기대하기 어렵다.

또한 세제가 일반적으로 '(더러움을) 씻어 내는' 행위를 연상시키는 데 비해 화장품의 기본은 '(피부에) 바르는 것, 덧칠하는 것'이어서 자칫 립스틱이나 파운데이션의 얼룩을 연상시킬 수도 있다. 화장품으로 브랜드를 확장함으로써 원래 브랜드 가치 중 하나였던 세정력 관련 이미지가 약해져서 세제의 브랜드 가치가 떨어지거나 새로운 세탁 관련 상품으로 확장할 기회마저 놓칠 우려가 있다.

사실 가오는 계면 활성제 기술을 다양한 제품에 활용 중이다. 그리고 의류용 세제(어택, 뉴비즈), 식기용 세제(큐컷토), 주거용 세제(마이펫), 샴푸(아지엔스), 전신용 세제(비오레), 화장품(소피나) 등 사용하는 상황별로 서로 다른 브랜드 네임을 사용한다. 또한 화장품 시장에 진출할 때는 '가오 소피나'라는 서브 브랜드를 사용했다. 이렇게 함으로써 가오의 화장품 부문 실적 및 기업에 대한 신용에 힘입어 약국과 슈퍼마켓 등 유통에 대한 영향력을 발휘할 수 있었다. 반면 기존의 가오의 이미지가 강해 화장품 브랜드로서는 세련된 이미지를 표현할 수 없다는 부정적인 측면도 발생했다.

그만큼 브랜드 확장은 어려운 시책이다. 따라서 그 가능성을 검토할 때는 특히 기존 브랜드에 미치는 영향 등의 관점에서 신중하게 임해야 한다.

## 제10장 · 마케팅 리서치

POINT ////

마케팅 리서치는 마케팅 전략을 세울 때부터 시책을 전개한 후까지의 모든 단계에서 다양한 목적으로 실시된다. 리서치는 크게 소비자 니즈를 찾아 새로운 기회를 발굴하기 위한 목적의 '탐색형 리서치'와 마케팅상의 가설과 실시 결과를 검증하기 위한 목적의 '검증형 리서치'로 나뉜다. 목적을 명확하게 의식하여 예산, 실시 규모, 속도 등을 고려하면서 적절한 리서치 기법을 선택, 활용하는 것이 중요하다.

CASE ////

뚜껑을 열어 바로 마실 수 있는 알코올음료를 RTDReady To Drink라고 한다. 과거 RTD 시장을 이끈 제품은 알코올 도수가 낮고 달콤한 '캔 추하이(소주 칵테일 음료)'였다. 그러나 지금은 식사 중에 즐길 수 있는 음료로 알코올 도수가 높고 달지 않은 캔 추하이가 인기를 끌며 니즈의 변화를 보이고 있다. 아사히 맥주는 아사히 슈퍼 드라이 등 인기 상품을 거느리며 일본의 국내 시장 점유율 50퍼센트에 달하는 압도적 강자이다. 하지만 RTD 시장에서는 기린 맥주의 효케쓰, 산토리 스피리츠Suntory Spirits의 -196℃가 양대 강자로 군림하는 가운데 크게 뒤처져 있었다.

RTD 시장이 계속 성장하는 와중에도 아사히 맥주 RTD 사업부의 매출은 침체를 벗어나지 못했다. 2011년부터는 고 알코올 소주 하이볼과 하이리키 더 스페셜 등의 신상품을 차례로 투입했지만, 어느 하나도 시장의 대표 주자로 자리매김하지는 못했다.

기사회생을 노린 아사히 맥주는 신제품 개발 프로젝트를 출범시켜 4,150명 이상을 대상으로 한 정량 조사Quantitative Research와 약 360명을 대상으로 한 일대일 면접 등 사상 최대 규모의 시장 조사를 단행했다. 그리고 탄생한 것이 새로운 캔 추하이인 '아사히 모기타테'였다. 당초 2014년 출시 예정이었으나, 소비자 니즈를 파악하기 위한 리서치에 예상외의 시간이 걸려 계획보다 2년 늦게 출시되었다.

프로젝트팀이 조사 과정에서 직면한 과제는 '불만'에 대한 물음에 소비자가 모호한 대답만 한다는 것이었다. 그래서 '평소 어떤 순서로 마시는가?'라는 식의 질문으로 바꿔 술자리를 연상시키도록 물은 뒤, 실제 제품을 마시게 해서 향과 알코올 도수 등의 항목을 세심하게 분석했다.

철저한 니즈 조사를 통해 소비자가 느끼는 이상적인 추하이는 '선술집에서 마시는 과일 생즙이 들어간 칵테일', 즉 눈앞에서 과일즙을 짜 잔에 따르는 생생한 느낌과 '신선함'이 살아있는 추하이지만, 기존의 캔 추하이에서는 '인공적인 맛(잡미)과 향이 느껴진다는 것을 알아

냈다. 아사히 맥주는 이러한 리서치 결과를 바탕으로 '신선함'과 '과일'을 핵심 포인트로 잡아 신제품 개발에 나섰다.

제조 단계에서 아사히는 시행착오 끝에 '아사히 프레시 킵 제법'이라는 새로운 제법을 개발해 제조 후 시간이 흘러도 과일의 신선하고 상큼한 맛을 유지할 수 있게 했다.

또한 네이밍은 과일의 신선함을 전하겠다는 생각으로 800가지 안 중 소비자 조사에서 높은 점수를 얻은 '모기타테(갓 수확했다'는 의미)'로 정했다. 사실 '모기타테'라는 네이밍은 초기에 나왔지만, 새롭지 않다는 이유로 윗선의 반응이 좋지 않았는데 결국 낙점된 것이었다. 패키지도 신선함을 강조하면서 높은 알코올 도수를 표현할 수 있는 디자인으로 골랐고, 결국 소비자 조사 결과에서 반응이 좋았던 현재의 패키지로 결론이 났다.

그리고 출시 직전에 50만 명 규모의 샘플링을 시행한 결과, 트위터에는 아사히 모기타테의 과일 맛에 관한 트윗이 예상외로 많이 올라왔다.

모기타테는 출시 직후부터 히트를 했고 아사히 맥주의 RTD 역사상 최대 판매량을 기록했다. 그리고 핵심 타깃이었던 3, 40대 RTD 소비층뿐 아니라 폭넓은 세대의 호응을 받으며 RTD 사업의 주력 브랜드로 성장했다.

마케팅 부문은 '리서치 실행 부문'으로 오해받을 만큼 마케팅 활동과 리서치는 떼려야 뗄 수 없는 관계를 이룬다. 리서치는 브랜드 전략, 마케팅 전략의 책정, 실행, 재수정이라는 PDCA 사이클의 다양한 국면에서 중요한 시사점을 던지고, 마케팅 전략의 성공 확률을 높이는 데 일조한다.

여기서는 리서치의 의의, 리서치 데이터, 실시 프로세스, 주의 사항 등을 살펴본다.

## 1. 마케팅 리서치의 의의

마케팅 리서치는 마케팅 활동의 불확실성을 줄이기 위해 실시한다. 고객 중심으로 전략을 세우는 마케팅에서는 고객의 반응을 살피는 리서치 활동이 필수적이다. 기업이 아무리 열심히 마케팅 활동을 펼치더라도 그 결과는 모두 고객에 달려 있다. 고객의 열렬한 지지를 얻으면 대대적인 히트 상품이 되고, 아무리 노력했어도 고객의 반향이 없으면 손실만 초래할 뿐이다. 이러한 불확실성에 대해 미리 고객의 반응을 가늠할 수 있다면 고객이 싫어할 시책을 내놓는 우를 범하지는 않을 것이다. 물론 고객의 미래 반응을 '확실히' 예측하기는 불가능하다. 하지만 한정된 조건 안에서 현실적인 기법을 사용하여 조금이라도 불확실성을 줄일 수 있다면 더 바랄 것이 없을 것이다. 그러기 위한 기법이 마케팅 리서치다.

마케팅 리서치는 적중률이 떨어지므로 헛돈 쓰는 일이라는 말도 가끔 듣는다. 하지만 그런 경우 대부분은 리서치 방법이 틀렸기 때문이다. 기업이 알고자 하는 바를 조사를 통해 고객으로부터 이끌어 내려면 고도로 전문적인 지식을 갖추고 있어야 한다. 아마추어 감각이 아니라 수긍할 수 있는 수준의 노력을 들여야 한다는 말이다.

리서치를 통해 고객의 목소리에 귀를 기울이는 행위는 꼭 '이 상품이 잘 팔릴까, 안 팔릴까?'와 같은 대략적인 논점에만 관련된 것은 아니다. 처음에 고객의 니즈가 어디에 있는지를 알아보는 신상품 개발 초기의 조사뿐만 아니라 사례에서 살펴본 아사히 맥주처럼 상품명은 무엇이 좋을지, 패키지 디자인은 어떻게 할지, 다양한 특징 중 무엇을 전면에 내세워 선전할지 등 구체적인 집행 내용을 결정할 때도 매우 중요하다. 마케팅 활동의 전체 프로세스에서 마케팅의 불확실성을 줄이고, 의사 결정을 지원하는 데 도움이 되기 때문이다.

나아가 마케팅 전략을 책정할 때나 프로모션을 실행할 때 외에도 시책을 전개한 뒤에 실시하는 사후 조사도 중요하다. 시책의 효과를 검증하고 거기서 얻은 반성할 점을 다음 전략 책정에 활용함으로써 PDCA 사이클을 효과적으로 돌릴 수 있기 때문이다.

## | IT와 함께 진화하는 마케팅 리서치

IT의 급속한 진보로 인해 우리는 엄청난 양의 데이터를 즉각적으로 입수할 수 있게 되었다. 특히 '언제, 어디서, 누가, 무엇을 했는지' 사람의 행동을 기록한 행동 데이터에 관한 파악이 늘어났다. 웹 사이트 등을 열람한 이력을 보고 고객이 관심을 가지는 사항을 추측하거나 다양한 사례를 살펴 가격을 기동적으로 변경해 고객의 반응을 보기도 한다.

하지만 고객이 그 행동을 했을 때 무슨 생각을 했는지까지는 행동 데이터만으로 파악할 수 없기 때문에 설문 조사나 면접 같은 기존의 마케팅 리서치가 여전히 필요한 실정이다.

마케팅에 주력하는 기업은 이 같은 리서치를 통해 얻은 데이터(조사 데이터)와 행동 데이터를 조합한 뒤 전문 데이터 애널리스트Data Analyst에 의한 고도의 데이터 해석으로 넘어가는 것이 기본이다. 또한 AI(인공 지능) 등을 활용해 빠른 속도로 대규모 데이터를 분석하고 PDCA를 실시해 사람이 처리하는 것과는 비교도 안 될 만큼 정밀하고도 빈번하게 마케팅 활동을 펼치는 것도 이제 드문 일이 아니다. 예를 들어 개별 고객의 니즈에 대해서도 즉각적으로 섬세하게 대응할 수 있다. 이제는 이러한 대량의 데이터를 사용한 리서치와 그것을 토대로 한 마케팅 활동이 주류를 이루는 시대인 것이다.

## | 마케팅 리서치의 세 가지 한계

아무리 적절한 기법으로 리서치를 한다 해도 마케팅 리서치에는 한계가 따른다. 다음의 세 가지 이유 때문이다.

• 불확실성을 완전히 없앨 수는 없다

리서치를 함으로써 불확실성을 상당한 정도는 제거할 수 있다. 그러나 조사 결과는 '반드시 이렇게 된다.'라는 확실한 미래 예측이 아니다.

• 의사 결정을 할 수는 없다

리서치는 흑백이 명확히 가려지도록 설계할 수 없다. 조사 결과를 읽을 때는 어느 정도 해석이 필요하다. '가격은 300엔에 사는 사람이 가장 많다.'라는 조사 결과를 얻었다 할지라도 응답자 전원이 '300엔이 아니면 사지 않겠다.'라고 답한 것이 아니다. 응답 수가 가장 많다고 해서 '가격은 300엔'이라고 정하는 것이 반드시 사업에 좋은 판단이라고 할 수는 없다. 의사 결정은 사업과 관련한 기타 요소까지 모두 고려한 뒤에 해야 하며, 리서치는 어디까지나 보조적인 역할을 한다.

- 전제 조건에 좌우된다

리서치를 할 때는 가설로서 일정 정도의 전제 조건이 필요하다. 예를 들어 가격 리서치에서 설문의 선택지를 만들 때는 만드는 측의 전제가 선택지의 상하한 및 각 선택지 사이 범위에 반영된다. 답하는 측은 의도대로 유도한 바에 따라 생각하게 되고 생각지 못한 답은 나오지 않게 된다.

이처럼 마케팅 리서치를 활용할 때는 결과가 무엇을 의미하는지를 차분하게 관찰한 뒤 얻어낸 사실을 판단에 반영해야 한다.

## | 마케팅 리서치의 목적별 유형

마케팅 리서치는 정보를 얻어 가설을 구축하거나 과제를 발견하기 위한 탐색형 리서치와 가설을 검증하거나 결론을 얻기 위한 검증형 리서치로 그 목적에 따라 나뉜다. 검증형 리서치는 다시 '이 상품을 과거 한 달 동안 구매한 사람의 연령 구성'처럼 상황을 정량화·언어화하는 기술형 리서치와 '이 상품을 구매한 사람이 TV 광고를 보고 샀는지, 매장에서 눈에 띄었기에 샀는지' 등 인과 관계를 찾아내는 인과형 리서치 두 가지로 나뉜다(도표 10-1 참조).

탐색형 리서치는 리서치의 기법에서 가장 자유도가 높다. 아직 과제를 발견하지 못해 가설이 굳지 않은 단계부터 어느 정도 가설의 구체성을 높이는 단계까지 이용할 수 있다. 리서치를 진행하면서 임기응변식으로 설계나 내용을 변경할 수도 있다. 구체적인 탐색형 리서치로는 인터넷 검색이나 사례 연구를 찾아보는 데스크 리서치와 기존의 데이터 분석, 집단 면접이나 심층 면접, 행동 관찰 등의 정성 조사 Qualitative Research 등을 들 수 있다.

아사히 맥주의 사례에서 'RTD 시장에서 소비자는 무엇을 원하는가?', '기존 자사 제품은 무엇이 부족했는가?', '경쟁 상품이 인기를 끄는 이유는 무엇인가?' 등의 조사는 신상품 개발 때 가설을 세우기 위한 아이디어와 기준을 찾기 위한 리서치에 해당한다.

기술형 리서치는 이러한 가설을 검증하기 위한 것이므로 더 계획성이 요구된다. 아사히 맥주의 사례에서는 '소비자는 신선함을 원하는 것 아닐까?', '상품명에 들어가는 키워드로 '모기타테'는 어떨까?'에 관해서 설문 조사 등을 통해 확인했다. 이런 경우 샘플링이나 질문을 신중하게 설계해야 한다. 예를 들어 샘플 수를 늘리려 한다면, 구체적인 형식은 조사 비용을 고려해 설문 조사와 데이터 분석이 주가 되는 경우가 많다.

인과형 리서치는 실험형과 통계 해석형으로 나뉜다. 실험형은 인과 관계에 관련되는 요소를 모두 갖춘 환경을 준비하고 그 안에서 조사가 이루어진다. 따라서 완벽한 조사는 어렵지만, 구매 환경을 똑같이 재현한 조사실 등을 보유한 기업도 있어서 인과 관계를 특정해 낼 수 있다. 또한 통계적인 처리로 어느 정도 인과 관계를 특정할 수도 있다. 이 경우에는 대량의 데이터가 필요하고 리서치할 요소 외의 영향을 완전히 배제하고 분석하기 어렵다. 이러한 조사와 분석을 확실히 하려면 데이터 사이언티스트Data Scientist(데이터의 다각적 분석을 통해 조직의 전략 방향을 제시하는 기획자이자 전략가)로서의 실력도 필요하지만, 심리과학적인 소양도 필요하다. 그렇기에 마케팅 리서치에서 인과형 리서치를 감당할 수 있는 인재는 소수에 불과하다.

신상품을 출시했을 때는 우선 상품의 특성과 매력을 자유롭게 탐색하기 위해 탐색형의 정성 조사를 하고, 거기서 얻은 결과를 수량으로 파악하기 위해 기술형의 정량 조사를 하는 것이 일반적이다. 최근에는 인터넷에서 저렴하게 대량의 샘플을 모을 수 있게 되었다. 따라서 데스크 리서치로 간단하게 탐색형의 정량 조사를 하고, 그 결과에 따라 정성 조사에서 깊이 파고든다. 그리고 그 후에 다시 대규모로 인과형이나 기술형 리서치를 하는 사례도 늘고 있다. 탐색형으로 조사할 때는 데스크 리서치라는 관점에서 웹 사이트상의 사용자 반응을 수집하는 소셜 리스닝을 실시한다. 그리고 충분한 정보가 모이면 그대로 기술형의 정량 조사를 하기도 한다. 조사 기법과 활용 방법도 나날이 발전하고 있으므로 각 과제에 맞는 조사를 적절하게 조합하는 것이 중요하다.

| | | 실사(實査) 방법 | 특징 | 용도 |
|---|---|---|---|---|
| 가설을 구축하기 위한 조사<br>Exploratory Research | 탐색형<br>Exploratory | 집단 면접<br>데스크 리서치<br>사례 연구<br>기타 정성 조사 | 유연함<br>다목적으로 실시할 수 있으나 결론을 내는 것은 아님(가설 구축에 기여) | 아이디어나 인사이트 발견 |
| 아이디어나 인사이트 발견 | 기술형<br>Descriptive | 일반적인 정량 조사<br>패널 조사<br>기타 일반적인 정성 조사(데스크 리서치 포함) | 사전 설계가 중요<br>구조적<br>결론이 나옴 | 시장 상황 파악 |
| | 인과형<br>Causal | 실험형<br>통계 해석형 | 복잡한 분석 조작을 수반<br>마케팅 조사의 경험과 다변량 해석에 뛰어나지 않으면 이용할 수 없음 | 인과 관계를 특정할 경우 이용 |

## 2. 마케팅 리서치에 이용되는 정보

마케팅 전략을 책정하고 실시할 때는 다양한 정보가 필요하다. 리서치는 그러한 정보를 얻기 위해 마케팅 프로세스의 모든 단계에서 여러 차례에 걸쳐 실시한다. 이때 사외 리서치 전문 회사 등도 활용하게 된다.

## | 데이터의 종류

리서치 때 수집하는 정보(데이터)를 분류하는 방법은 다양하다. 여기서는 대표적인 두 가지 분류법을 설명한다.

### ① 1차 데이터와 2차 데이터

데이터는 크게 1차 데이터와 2차 데이터로 나뉜다. 1차 데이터는 특정 목적을 위해 수집하는 데이터이고 2차 데이터는 다른 목적을 위해 이미 수집된 데이터를 말한다. 2차 데이터는 다시 외부 기관이 작성한 데이터(외부 데이터)와 사내에서 다른 목적을 위해 수집된 데이터(내부 데이터)로 나눌 수 있다. 외부 데이터로는 정부 기관, 업계 단체, 조사 회사, 업계 소식지나 잡지 등이 공개하는 통계 데이터나 간행물, 데이터베이스 등을 이용할 수 있다. 내부 데이터로는 판매 데이터나 손익 정보, 고객 정보 등을 들 수 있다. 영업 담당자나 콜 센터 등으로 들어오는 불만이나 의견도 신제품 아이디어나 제품 개량의 힌트가 되는 중요한 정보다.

1차 데이터는 이용 목적에 따라 필요한 데이터를 입수할 수 있지만, 처음부터 일일이 다 수집해야 하므로 수집이나 처리에 어느 정도의 시간과 비용이 든다(단, IT의 발달로 특히 고객이나 자사의 행동 데이터는 환경만 갖춰져 있다면 즉시 대량으로 수집할 수 있다). 이에 비해 2차 데이터는 비교적 용이하게 입수할 수 있고 이용 가능한 데이터 소스만 파악하고 있으면 효율적으로 조사를 진행할 수 있다.

일반적으로는 기업의 마케팅 활동에서 리서치 목적의 핵심 부분에 유효한 데이터가 2차 데이터로 들어오는 일은 거의 없다. 또한 2차 데이터는 원래 다른 목적으로 작성된 것이므로 조사 방법, 정확성, 신선도, 신뢰성 등에 주의할 필요가 있다. 선택지의 작성법과 질문 방법 하나에 따라서 조사 결과가 달라진다. 가공 전 데이터를 입수해 자기 방식으로 다시 집계할 수도 없는 노릇이다.

최근에는 인터넷을 이용해 단기간에 저비용으로 손쉽게 데이터를 모을 수 있다. 2차 데이터를 활용해 필요하다고 생각되는 정보가 떠오르면, 단기간에 데이터를 모을 수 있는 인터넷 조사를 통해 1차 데이터를 가능한 한 많이 모으는 것이 좋다.

## ② 정량 데이터와 정성 데이터

정량 데이터는 판매 데이터 등 수치로 나타낼 수 있는 데이터를 말한다. '예/아니오'나 만족도 등과 같이 수치로 바꿀 수 있는(예: 예를 '0', 아니오를 '1'로 나타냄) 것도 정량 데이터에 포함된다. 반면에 문장이나 이미지, 음성 등으로 표현되는 수치화할 수 없는 정보가 정성 데이터이다. 직접 면접을 하거나 투영법 등 피험자의 심층 심리를 파고드는 기법을 사용함으로써 정량 데이터로는 얻을 수 없는 귀중한 정보를 입수할 수도 있다. 또한 최근에는 문서를 해석하는 텍스트 마이닝text mining 같은 수단이 발달해 정성 데이터를 분석하기 쉬워졌으므로 정량 데이터와 조합해 종합적으로 결과를 해석할 수도 있다.

정성적인 정보를 주로 모으는 조사 기법을 정성 조사라고 하는데 집단 면접, 심층 면접, 행동 관찰이 이에 해당한다. 한편 정량적인 정보를 주로 모으는 조사는 정량 조사라고 불린다. 인구 조사처럼 조사표에 답변하는 조사가 이에 해당되는 경우가 많다.


## 3. 마케팅 리서치 프로세스

리서치의 구체적인 절차를 살펴보자. 여기서는 리서치의 프로세스를 '①리서치 과제 설정하기, ②가설 세우기, ③리서치의 설계 및 실사, ④데이터 분석과 가설 검증' 등 네 단계로 나누어 설명한다.

### ① 리서치 과제 설정하기

리서치의 첫 단계는 '왜 하는지'를 아는 것이다. 다시 말해 '누가 어떤 목적으로 언제까지 어떤 정보를 원하는지'를 명확히 짚어 둔다는 의미다. 리서치는 목적이 아니라 수단이다. 즉 리서치 과제를 명확하게 정의하지 않으면 리서치 설계는 물론이고 유의미한 결과도 얻을 수 없다. 하지만 현실에는 목적이 모호한 리서치가 많다.

예를 들어 시장 조사 회사가 '20대 전반 여성의 결혼관을 조사해 달라.'는 의뢰를 받았다고 하자. 그런데 '결혼관'이 구체적으로 무엇을 가리키는지 그리고 리서치를 통해 무엇을 밝혀내고 싶은지를 모른다면 작업에 착수할 수 없다. 웨딩드레스 시장을 파악하고 싶은지, 결혼식에서 제공할 서비스의 질을 높이고 싶은지 등 의뢰인이 요구하는 내용에 따라 수집해야 하는 정보와 질문 설계가 크게 달라지기 때문이다. 예를 들어 '10년 후 웨딩드레스 시장의 규모 추정'이 목적이라면 '몇 살에 결혼하고 싶은지', '결혼식에서 웨딩드레스를 입고 싶은지' 등을 물어야 할 것이다.

### ② 가설 세우기

그 어떤 리서치도 조사 결과에 대한 이미지 없이 실시해서는 안 된다. 가설을 세우지 않고는 리서치를 생각할 수 없다는 말이다. 리서치를 통해 무엇을 알 가능성이 있는지, 그것을 통해 향후 어떤 시나리오가 그려지는지에 관한 이해 없이는 리서치를 설계할 수 없다.

물론 모르는 게 있으니 리서치를 하겠지만, 조사할 수 있는 정보에는 한계가 있다. 한정된 질문 항목과 시간 내에서 필요한 정보를 효율적으로 수집하려면 일정 정도 예상을 할 필요가 있다. 리서치 비용은 투자인 만큼 그를 통해 얻는 효과가 비례해야 한다. 이 점을 알고 무엇을 조사해야 가장 효율이 높을지 범위를 좁히는 것이 중요하다.

예를 들어 어떤 외국계 프랜차이저가 일본에 진출한다고 가정하자. 그 회사는 어떤 입지에 출점해야 가장 효율적으로 손님을 모을 수 있을지 알고 싶어 한다. 이때 '도시에서 집객력과 상관관계가 가장 큰 요소는 역까지의 거리일 것이다.'라는 가설을 세우면 유사 업태의 동일 규모 점포에 대해서 역까지의 거리와 집객력에 관해 조사·분석할 수 있다.

하지만 문제점이 막연한 경우 또는 정보가 부족해서 처음부터 적절한 가설을 세울 수 없는 경우도 종종 있다. 이럴 때는 우선 2차 데이터를 이용한 문헌 조사나 관계자 및 전문가 인터뷰 등을 통해 과제에 대한 이해를 높여야 한다. 그리고 그것을 토대로 초기 가설을 세우는 것이 좋다. 그러고 나서 더 필요한 조사와 우선순위를 파악한다. 다음으로 정성 조사와 질문 수가 적은 정량 조사로 그 가설을 보다 심도 있게 파고든다. 정성 조사를 활용할 때는 소수의 사용자에게 세심하게 이야기를 듣고 아이디어를 굳힌다. 그리고 그 아이디어가 더 많은 사람의 지지를 얻을 수 있을지를 확인하는 단계를 밟는 등의 활용법을 생각할 수 있다. 이러한 일련의 리서치가 앞서 언급한 탐색형 리서치에 해당한다.

이런 방법은 언뜻 보기에 멀리 돌아가는 것처럼 보일 수도 있지만, 충분한 조사를 하지도 않은 상태에서 시책을 내고 실패하는 경우에 비해 훨씬 효율적인 방법이다. 아사히 맥주의 사례에서도 고객에게 어떤 점이 가장 영향을 주는지, 니즈와 인사이트(소비자 행동의 원천이 되는 심리. 자각적으로 의식하지 못하는 경우도 많다)를 찾는 데 시간이 걸렸지만, 그 단계에서 제대로 찾아냈기 때문에 히트 상품을 개발할 수 있었다.

### ③ 리서치의 설계 및 실사

가설을 세운 뒤에는 리서치의 구체적인 내용을 결정한다. 어떤 리서치든 생각해야 할 기본적인 사항은 동일하다. 어떤 데이터가 필요한지 분명히 챙긴 뒤에 누구에게(샘플 설정) 무엇을 물을지(질문 설계), 구체적으로 어떤 방법을 사용할지(리서치 기법 선택)를 정한다. 이러한 요소들은 서로 연관되어 있으므로 정합성을 염두에 두고 설계해야 한다. 실사는 한 번 만에 끝난다고 장담할 수 없다. 개별 실사를 통해 무엇을 밝힐지 생각했으면 그에 따라 실시할 조사의 종류와 횟수 등을 조합해 조사 프로젝트 전체를 설계한다.

어떻게 데이터를 분석하고 어떤 결과 이미지를 떠올릴지도 미리 생각해 두는 것이 좋다. 구체적으로는 보고서의 이미지를 먼저 만들어 두기를 권한다. 결과 이미지가 모호한 상태에서 리서치를 설계하면 나중에 아무리 정밀하게 분석해도 핵심을 벗어난 결과를 얻기 쉽다. 리서치의 전체 프로세스 중에서 가장 긴 시간을 들여야 하는 것은 설계 부분을 검토하는 것이다.

더 구체적인 리서치 기법을 설계하고 실시 방법, 데이터 분석 등의 실무를 처리할 때는 고도의 전문 지식이 필요한 경우가 많다. 따라서 조사 회사나 광고 회사 등 외부 기관에 위탁하도록 한다. 상세한 지식 없이 구체적 조사에 손을 대는 행위는 위험하다. 그렇다고 모든 일을 맡겨서는 안 된다. 다음에 제시하는 리서치 설계의 핵심 사항을 잘 익혀서 그 리서치와 분석 방법이 적절한지 판단할 수 있도록 해야 한다.

• 샘플 설정

리서치를 할 때는 집단을 대표하는 일부 인물(샘플, 표본)에 대한 조사를 바탕으로 그 집단 전체의 경향을 밝혀내는 기법이 이용된다. 대상이 되는 샘플을 추출하는 행위를 샘플링(표본 추출)이라고 한다. 샘플링을 얼마나 잘하는지에 따라 리서치의 정밀도가 올라가므로 샘플링은 매우 중요하다. 그래서 우선 대상자의 조건을 명확히 하고 필요한 샘플 수를 정한 뒤, 추출 방법을 생각하도록 한다.

리서치의 목적에 맞는 대상자에게 정확하게 접근하려면 대상자의 조건을 가능한 한 구체적으로 정의해야 한다. 인터넷을 통해 모은 패널(설문 조사에 응답하기 위해 미리 광범위하게 모인 등록된 인물)을 샘플로 이용할 경우, 성별, 연령과 같은 대상자의 기본적인 인구통계학적 요소는 처음부터 파악하고 있는 경우가 많다. 하지만 연봉 등 더 세세한 인구통계학적 요소나 심리학적 요소를 조건에 넣을 때는 패널 전체에 간단한 스크리닝용 조사를 실시해 대상자를 특정한 뒤 본 조사에 들어가는 기법을 쓴다.

하지만 '수도권에 거주하는 2, 30대 1인 가구 여성 중에서 과거 1년 사이에 아파트를 매입한 사람'처럼 대상자의 조건을 세세하게 설정할수록 샘플 수는 확보하기 어려워진다. 요구하는 조건에 만족하는 샘플을 실제로 모을 수 있을지 없을지는 조사 회사를 선택하는 중요 기준이 된다.

다음으로 중요한 것이 적절한 샘플 수를 정하는 것이다. 특히 정량 조사를 할 때는 샘플 수가 너무 적으면 통계 해석의 의미가 사라진다. 통계적으로 어느 정도의 샘플 수가 필요할지 산출하는 계산식이 있으므로 그러한 수치를 참고해서 리서치 규모를 정한다.

리서치의 품질(정확성)과 비용 효율(금전적·시간적)은 트레이드오프 관계에 있다. 샘플 수를 늘리면 정확도는 높아지지만, 그만큼 비용도 증가한다.

또한 샘플 수집 방법에 따라서 대상으로 삼고자 하는 집단과는 이질적인 집단을 상대하게 될 위험성도 있으므로 주의가 필요하다. 예를 들어 고령자 샘플을 수집할 때, 인터넷 조사로 필요한 수의 샘플을 모으면 인터넷을 잘 이용하는 고령자층은 한정적이기에 대상으로 삼고자 하는 집단을 충분히 대표하지 못하는 샘플링이 될 가능성이 크다. 거리에서 임의로 대상자를 모을 때는 무의식중에 접근하기 쉬운 사람, 눈에 띄는 사람, 목소리가 큰 사람 등을 샘플로 선택하기 쉬워 그들의 응답을 과대평가하기 쉽다. 탐색형 리서치에서 사용되는 집단 면접에서도 집단의 성격이나 활동성이 이야기의 내용에 큰 영향을 미칠 수 있다.

그뿐만 아니라 설계 단계에서는 적절한 샘플을 선택했다 하더라도 실제 응답자가 특정 층에 편중될 수도 있다. 이처럼 샘플을 설계하고 추출할 때는 주의가 필요하기에 데이터를 읽을 때 샘플의 특성에 충분히 조심해야 한다.

• 질문 설계

질문의 내용이나 방법도 리서치의 정밀도에 큰 영향을 미친다. 리서치에서는 물어본 사항 이상의 정보는 얻을 수 없다. 그 질문을 함으로써 가설을 검증하는 데 필요한 정보를 정말 얻을 수 있을지를 충분히 검토해야 한다.

조사표(설문 조사)를 준비할 때는 질문 형식(응답 방법), 질문의 양, 질문의 표현 방법, 사례 여부 등에 따라 응답자의 협력 정도나 회수율이 크게 달라진다. 예를 들어 선택식(예: '아래에 제시한 브랜드 중에서 당신의 취향에 맞는 브랜드는 무엇입니까?')으로 할지 자유롭게 대답하는 기술식(예: '당신이 좋아하는 맥주 브랜드를 써 주세요.')으로 할지 등이 있다. 선택식일 경우 응답은 하나만 하게 할지, 복수 응답도 가능하게 할지 등의 사항이 있다. 여기에 관해서는 대상자의 부담과 입수하고 싶은 정보의 균형을 고려하면서 신중하게 설정해야 한다.

질문 분량이나 질문 내용의 순서에도 주의해야 한다. 질문이 너무 많아 답하는 데 시간이 오래 걸리면 대상자는 피곤을 느낀다. 그러면 응답에 대한 집중도가 제각기 달라지고 조사표 회수율도 떨어진다. 또한 전혀 관계없는 질문이 랜덤으로 나오면 대답을 잘하기 어렵기 때문에 대답하기 좋게 질문을 나열할 필요도 있다.

질문의 문장이나 용어도 의도가 명확히 드러나도록 세심한 주의가 요구된다. 예를 들어 '왜 당사의 4WD 자동차를 구매했습니까?'라는 질문은 두 가지 질문이 하나의 문장 안에 들어 있는 이중 질문 double-barreled question이므로 피해야 한다. 이 경우 '왜 타사가 아닌 당사의 차를 샀느냐?'라는 의미로도 받아들일 수 있고, '왜 당사의 세단이 아닌 4WD 자동차를 샀느냐?'라는 의미로도 받아들일 수 있다. 각기 다른 대답을 할 수 있기 때문에 틀린 해석이나 판단을 초래할 우려가 있다는 것이다. 이 외에도 프라이버시에 관한 질문, 불쾌감을 줄 만한 질문이 없는지 살펴야 한다.

자주 하는 실수로는 고르고 싶은 선택지가 없는데 억지로라도 고르지 않으면 다음으로 넘어갈 수 없게 설계된 질문이 있다. '얼마면 사겠는가?'라는 질문에 '사고 싶지 않다.'라는 응답 선택지가 없는 경우다. 이때 조사 대상자는 거기 나와 있는 선택지 중에서 할 수 없이 고르게 되고 응답 결과의 정밀도가 떨어지게 된다. 또한 선택지에는 순서 효과가 있어서 응답자는 위에 나온 선택지를 고르기 쉬운 경향이 있다.

조사의 정확도를 떨어뜨리는 방해 요인을 이해하고 올바른 결과를 얻을 수 있는 조사표를 작성하려면 고도의 전문 지식을 갖추고 있어야 한다. 조사표나 면접 가이드 작성이 언뜻 단순해 보이지만, 주의해야 할 점이 많다. 따라서 조사 회사나 광고 회사 등 조사 전문가의 지식을 활용해서 작성하는 것이 좋다.

조사표를 작성할 때는 다음의 다섯 가지 요소를 고려해야 한다.

- 응답하기 쉬운 흐름으로 이루어져 있는가?
- 질의응답의 로직이 제대로 설계되었는가?
- 선택지는 MECE(상호배제와 전체포괄-겹치지 않으면서 빠짐없음)가 맞는가?
- 정보량이 소→대로 이루어져 있는가?
- 정보를 조작하는 질문을 하고 있지 않은가?

인터뷰할 때는 구두로 보충 설명이나 추가 질문을 할 수 있어서 조사표를 이용할 때보다 질문의 자유도가 높아진다. 하지만 질문해야 할 내용을 잘 정리해 두지 않으면 정말 필요한 답을 얻을 수 없다는 점은 마찬가지다.

어쨌든 한정된 조사 항목, 한정된 시간 내에 얼마나 많은 유용한 정보를 끌어낼 수 있는지는 사전 준비에 달려 있다. 리서치 실시 전에 사전 테스트로 몇 사람에게 응답을 받아 질문 내용을 반드시 체크하자. 작성자가 미처 느끼지 못했던 질문의 문제점이 발견되거나 기대한 대로 응답을 받아내지 못한다고 판명되면 사전에 수정할 수 있기 때문이다.

• 리서치 기법의 선택

리서치 기법의 선택도 결과에 큰 영향을 미친다.

1차 데이터 수집 방법은 서베이법(조사표를 이용), 커뮤니케이션법(면접), 관찰법(대상자에게 직접 응답받는 것이 아니라 그 행동을 관찰)으로 나뉜다. 그리고 질문의 양이나 길이, 정확성, 샘플의 특징, 시간, 비용, 조사원의 관리 등의 점에서 각기 장점과 단점이 있다. 예를 들어 방문 면접은 조사원이 면접 시에 유연한 대응을 할 수 있다는 장점이 있지만, 실시 지역이 한정적이고 비용과 시간이 많이 든다. 그리고 조사원에 대한 훈련도 필요하다. 인터넷 조사는 장소·시간의 제약이 적고 단시간에 결과를 얻을 수 있다. 또한 비용도 비교적 저렴하고 디지털 데이터로 입수할 수 있기 때문에 이후 처리도 간편하지만, 처음부터 대상자가 편중되어 있고 본인 확인이 어렵다는 단점이 있다.

따라서 예산, 시간(납기), 샘플 규모, 조사 항목(질문의 양과 깊이) 등을 고려하면서 가장 효율이 좋은 방법을 선택해야 한다. 실제 마케팅 활동에서는 기업 이미지나 브랜드 조사는 서베이법, 탐색형 리서치는 집단 면접이나 심층 면접, 패키지나 디자인 평가는 현장 테스트 등 목적에 따라 복수의 기법을 사용하게 된다.

집단 면접이나 심층 면접으로 개인의 심층 심리를 파고들 때는 모더레이터moderator(조사 때 인터뷰를 진행하거나 진행을 돕는 퍼실리테이터 facilitator의 역할을 하는 사람)가 자리의 분위기를 어떻게 만드는지, 질문을 얼마나 교묘하게 던지는지 등 전문적인 기술이 리서치의 결과를 좌우할 만큼 중요하다. 면접은 조사표를 작성할 때보다 현장 대응이 훨씬 어렵다. 질문하기에 따라서 답을 특정 방향으로 유도할 수도 있기 때문이다. 원래 대상자에게서 이끌어 내고 싶지 않았던 단어를 모더레이터가 말해 버리는 순간, 그 조사 결과는 무용지물이 된다. 모더레이션도 전문 지식이 필요한 기술이라 아마추어가 감당하기는 역부족이다. 전문적인 모더레이터의 존재도 조사 회사 선정 때 중요한 기준이 된다.

도표 10-2 자주 사용되는 분석 기법

| | |
|---|---|
| 상관 분석 | 변수 간 상관관계를 조사하는 기법. 예를 들어 기온 변화와 맥주 매출에는 어떤 관계가 있는지를 조사할 때 이용한다. |
| 인자 분석 | 상관관계가 강한 변수의 집합을 만들고 공통의 특성을 찾는 기법. 세그먼테이션이나 포지셔닝 때 이용한다. |
| 클러스터Cluster 분석 | 서로 다른 성질의 섞여 있는 변수 중에서 유사성이 높은 것을 모아 그룹을 만들고 분류하는 기법이다. |
| 대응 분석 | 여러 변수 간 유사도나 관계성을 조사하기 위한 기법으로 결과를 산포도(도수 분포의 모양을 조사할 때, 변량의 흩어져 있는 정도를 가리키는 값)의 형태로 나타낸다. 주로 포지셔닝 맵 작성 이용한다. |
| 컨조인트Conjoint 분석 | 몇몇 제품의 속성을 조합한 대체안을 제시하여 응답자에게 순위를 매기게 한 뒤, 그 기호를 분석하는 기법이다. 제품의 가격이나 색, 디자인, 품질 등의 속성이 각각 어느 정도 기호에 영향을 미치는지를 조사할 때 이용한다. |
| (중요)회귀 분석 | 여러 변수 간 관계를 x차 방정식으로 나타내고 결과 변수(종속 변수)에 요인 변수(설명 변수)의 영향이 얼마나 되는지를 분석하는 기법이다. 예를 들어 가격, 광고비, 영업 담당자 수(설명 변수)를 통해 매출 수량(종속 변수)의 변화를 평가·예측할 때 이용한다. |

## ④ 데이터 분석과 가설 검증

데이터를 분석하고 해석할 때는 적절한 분석 기법을 이용해 수집한 데이터를 다각적으로 살펴야 한다. 단순 통계뿐 아니라 크로스 집계(속성이나 카테고리별로 응답 결과를 집계)나 그래프를 작성해 보면 데이터를 해석하기 쉽다. 또한 정량 조사에서는 하나의 변수만을 단독으로 분석하기보다 통계 기법을 이용해 여러 변수 간 상관관계나 인과 관계를 밝힘으로써 가설을 검증하는 경우도 많다. 마케팅에서 자주 이용하는 통계 분석 기법은 도표 10-2에 나와 있다.

분석 결과를 검토할 때는 평가 기준을 명확히 해 둔다. 가령 고객 만족도 조사에서 5점 만점에 '3'이라는 평가가 나온 경우, 높다고 볼지 낮다고 볼지 등 어떤 결과가 나오면 좋게 볼지에 관한 기준을 정해 두어야 결과를 올바르게 평가할 수 있다. 한 번에 평가할 수 없을 때는 정점 관측 등을 이용해 경향치를 보면서 판단하기도 한다.

앞서 언급한 대로 리서치 실무는 조사 회사나 광고 회사 등에 위탁할 수 있어 담당자가 직접 복잡한 통계 처리를 하지 않아도 된다. 하지만 제시된 데이터나 결과를 올바르게 읽어 내고 해석하려면 리서치 설계나 통계에 관한 지식이 어느 정도는 필요하다. 또한 조사 회사를 선택할 때, 납기나 가격뿐 아니라 통계적인 지식이나 정확성이라는 질적인 부분까지 살필 필요가 있다. 따라서 그에 관한 판단력도 갖추는 것이 좋다.

분석 결과가 나온다고 리서치가 끝나는 것이 아니다. 중요한 것은 그 이후의 이어질 해석과 제안을 얼마나 잘 도출해 내느냐 하는 것이고, 여기서 마케팅 담당자의 수완이 드러난다. 따라서 분석 결과로부터 무엇을 끌어낼 수 있는지, 마케팅 시책에 어떻게 활용할 수 있는지를 고민해야 한다.

## | 리서치 결과 보고

리서치 결과는 통상 보고서와 프레젠테이션을 통해 의사 결정자나 관계자에게 전달된다.

보고서를 작성하고 프레젠테이션 내용을 정할 때는 누구에게 무엇을 전해야 하는지를 명확히 의식해야 한다. 하나의 리서치 결과도 대상자에 따라 알고 싶은 정보가 다를 수 있으므로 각자에게 맞는 내용을 추출해서 보고해야 한다.

또한 그래프나 표 같은 시각적인 표현을 효과적으로 사용하면서 사실을 제시하는 것도 좋지만, 그것을 향후 의사 결정에 어떻게 이용할 수 있을지 제안하는 내용도 포함하면 좋다. 나아가 '리서치의 한계'도 분명히 짚으면 의사 결정자는 그것을 참고해 판단할 수 있고, 결과가 좋지 않았을 때의 원인 해명에도 도움이 된다.

## 4. 마케팅 리서치의 주의 사항

리서치에서 가장 중요한 것은 목적을 잃지 않는 것이다. 실시 목적이 명확하지 않으면 리서치가 목적이 될 수도 있다. 그저 데이터를 수집하고 분석한 뒤, 그래프를 작성하는 선에서 만족하는 '리서치를 위한 리서치'가 된다는 말이다. 다양한 질문을 던지고 집계하기는 했지만, 의미 있는 메시지를 도출하지 못하고 끝나 버리는 예가 많은 이유는 목적과 가설이 애매한 상태로 리서치를 진행했기 때문이다. 마케팅 리서치는 시간, 자금, 인력을 낭비하지 않도록 마케팅 전략의 의사결정에 도움 되는 정보를 얻고 일정 사항에 대한 불확실성을 줄일 목적으로 실시한다는 것을 잊어서는 안 된다.

물론 목적이나 가설이 명확하다고 해서 반드시 정보를 잘 도출할 수 있다는 말은 아니다. 리서치의 세심한 설계에 문제가 있으면 더 그렇다. 특히 질문 설계는 결과를 크게 좌우한다. 가설을 의식해 직접적으로 질문하면 흑백을 가릴 수 있는 결과를 낼 수 있지만, 가설의 수정이나 발전에 도움 될 힌트를 얻기는 어렵다. 한편 자유 기술식이 많으면 대상자가 지쳐 버리는 탓에 응답을 회피하기도 한다. 질문은 대상자가 대답하기 쉽고 자신이 알고 싶은 정보를 얻을 수 있도록 설계해야 한다. 그래야 얻어내는 정보량이 눈에 띄게 많아지며, 리서치의 효율성이 향상된다. 또한 인과형 리서치를 할 때는 통계 처리에 필요한 샘플 수를 확보해야 할 뿐 아니라 선택지의 독립성 담보 등 더 많은 주의 사항이 있으므로 전문가에게 맡겨야 한다. 리서치를 설계할 때는 최종적인 목적을 염두에 두고 그 조사 결과를 구체적으로 어떻게 활용할지, 가설이 검증된 뒤의 행동도 생각해야 한다.

리서치 현장에서는 '리서치를 믿지 말라.'는 역설적인 말을 많이 한다. 리서치 결과에 과도한 기대를 걸거나 너무 표면적으로 받아들이면 잘못된 행동을 선택할 수 있기 때문이다. 리서치는 의도하지 않아도 자의적 결과를 얻을 수 있다. 질문을 설계할 때 자기 생각을 뒷받침할 결과를 유도하면 어느 정도는 설계자의 의도대로 답을 얻을 수 있기 때문이다. 실제로 의사 결정에 도움되는 것 이상, 즉 기획을 승인받을 목적으로 리서치 결과를 첨부하는 사례도 많다. 리서치만 하면 만사 오케이라고 생각할 것이 아니라 비용과 수고를 들여 리서치하는 의미를 제대로 인식하고 적절히 이용해야 한다는 사실을 명심하자.


## | 커뮤니케이션 수단으로서의 리서치

리서치는 팩트를 파악하는 수단이다. 따라서 사내외 커뮤니케이션을 원활히 하는 측면이 있다. 예를 들어 상사나 사내 관계자에게 마케팅 시책을 제안할 때, 리서치 결과를 제시하면서 '○○퍼센트의 고객이 이 같은 불만을 품고 있으니 그것을 해소하기 위한 시책을 전개해야 한다.'라고 말함으로써 근거를 쉽게 설명할 수 있고 설득력도 높일 수 있다. 그래프나 차트 등을 효과적으로 이용하면 상대의 이해를 돕기도 쉽다. 실제로 기획서를 낼 때 리서치 결과를 첨부하도록 의무화한 기업도 많다.

또한 법인을 상대하는 비즈니스 등은 리서치가 고객과의 커뮤니케이션 기회가 되기도 한다. 예를 들어 영업 담당자가 리서치에 협력해 달라고 의뢰하거나 설문 조사지를 회수하기 위해 고객을 방문하면 고객과의 접촉 기회가 생긴다. 조사와 관련해 고객의 협력을 얻어냄으로써 자사 제품이나 그 제품 카테고리에 대한 주의를 환기하고 다양한 감정을 느끼게 하는 기회를 만들 수 있다.

반면 지금까지 그리 의식하지 않았던 불만을 떠올리게 할 위험성도 있다. 그러나 '긁어 부스럼 만들지 말자.'라고 생각한다면 그것은 안이한 자세다. 고객이 클레임을 제기하지는 않았지만, 불만을 가지고 있었음을 파악하고 대책을 강구하는 편이 장기적으로 봤을 때 기업에 더 좋은 결과를 가져온다.

다만 사전에 파악하고 있었던 고객의 불만이 리서치를 통해 다시 불거지는 실패 사례도 있으므로 신중히 처리하는 것이 가장 중요하다. 커뮤니케이션상의 역할이나 파급 효과는 리서치의 주된 목적이 아닐 수 있지만, 그러한 측면도 고려하면서 효과적으로 활용하는 것이 좋다.

## 제11장 · 고객 경험과 고객 여정

**POINT** ////

디지털을 기반으로 한 IT의 진화로 마케팅의 목적은 제품 및 서비스를 소비자에게 인지시켜 사게 하는 데서 고객의 경험을 연출하는 쪽으로 바뀌고 있다. 상품의 포지셔닝을 알려 판매한다는 개념이 고객의 관점에서 다이내믹한 경험을 창출하며 그 속에 제품 및 서비스가 존재하기를 기대하는 개념으로 변화하고 있는 것이다. 과거에도 '고객 중심 사고'는 강조되었다. 하지만 그 말은 정말 철저히 지켜졌을까? 프로덕트 아웃Product Out이라는 발상을 뛰어넘지 못한 것 아닐까? 이 같은 반성에서 새로운 마케팅 개념이 생겼고 '고객 중심주의 Customer Centric'라는 표현도 나타났다.

**CASE** ////

인스턴트 면의 선구자 닛싱 식품은 지금껏 수많은 제품을 시장에 선보였다. 그중에서도 치킨 라멘과 컵 누들은 일본의 3, 40대 이상 세대라면 모르는 사람이 없는 브랜드다. 반면 태어나 보니 이미 수백 종의 인스턴트 라멘이 시장에 나도는 환경을 살아 온 10대 사이에서는 당연히 그 브랜드 파워가 약하다. 또한 오랜 단골도 고령화로 입맛이 바뀌면 당연히 매출에 영향을 미친다. 이에 브랜드 노화에 대한 대책으로서 젊은 층 흡수가 닛싱 식품의 과제로 떠올랐다.

이런 가운데 컵 누들 뮤지엄(정식 명칭은 안도 모모후쿠(安藤百福) 발명 기념관)이 '어린이 한 명 한 명이 가진 창의력과 탐구심을 움 틔워 너르게 키우기 위한 경험형 박물관'을 지향하며 설립되었다.

보통 기업 박물관은 기업 이념과 창업 정신, 회사의 역사를 알리려는 의도에서 지어지기에 기념할 만한 물품을 진열대에 넣어 전시하는 형식이 대부분이다. 하지만 컵 누들 뮤지엄은 오감에 호소하는 경험형 미디어의 기능을 중시한다.

주요 코스는 밀가루 반죽, 양념, 건조, 패키지 디자인 등 인스턴트 라멘의 제조 과정을 전부 경험할 수 있는 치킨 라멘 팩토리와 직접 디자인한 용기에 마음에 드는 수프와 건더기를 넣어 자신만의 컵 누들을 만들 수 있는 마이 컵 누들 팩토리다. 둘 다 방문자에 한해 자신만의 인스턴트 라멘을 만들 수 있게 되어 있다. 또한 평소에는 볼 수 없는 제조 공정을 견학해 식자재의 안전성을 확인함으로써 인스턴트 라멘에 대한 관점이 바뀌고 브랜드에 대한 신뢰감을 키우는 효과도 노렸다.

거대한 공장 안에서 자신이 컵 누들의 '면'이 되어 제면에서 출하까지 생산 공정을 경험할 수 있는 체육 시설에서는 어린이가 면을 제조하는 기계 속을 통과하는 사이에 실제 제면 공정을 경험하며 배울

한 권으로 끝내는 마케팅

수 있다. 창업자가 치킨 라멘을 개발한 장소를 재현한 모모후쿠 연구실은 특별한 시설이 없어도 아이디어가 있다면 흔히 사용하는 도구만으로 세계적인 발명을 할 수 있다는 메시지를 전한다. 결코 넉넉하다고 할 수 없는 여건 속에서 연구를 지속한 창업자를 떠올리면 누구라도 친근감을 느낄 것이다.

그뿐만 아니라 식사 공간인 월드 면로드NOODLES BAZAAR에서는 세계 각국의 면을 맛볼 수 있고, 컵 누들 맛이 나는 소프트아이스크림을 컵 누들 용기에 담아 제공한다. 인스턴트 면과 소프트아이스크림이라는 기발한 조합은 현장에서만 맛볼 수 있는 메뉴다. 기업의 간판 상품을 디저트로 변신시킨 도전적 자세가 돋보인다.

한편 컵 누들 뮤지엄의 목적은 수익이 아니다. 오히려 대규모 설비에 유지비가 들어 흑자는 기대할 수도 없다. 그런데도 왜 이 같은 시도를 하는 걸까?

닛싱 식품은 어린이들이 쉽게 접근할 수 있는 전시, 놀면서 배울 수 있는 경험형 장치를 통해 아동 외에 젊은 층도 컵 누들과 치킨 라멘을 오감으로 느끼게 해 주어 팬으로 만들기 위함이었다. 실제로 이곳에서는 어린이만 즐겁게 노는 것이 아니다. 어릴 때부터 알고 지낸 치킨 라멘과 컵 누들을 만드는 경험은 비일상적이라 어른들도 재미를 느낄 수 있다. 그래서 아이들을 데리고 온 부모들도 진심으로 즐기는 모습이다. 뮤지엄을 통해 닛싱 식품은 특유의 브랜드 경험을 제공하고 브랜드의 팬을 만들고 있다.

무엇보다 사실적인 경험이 제일 좋다. 좋은 경험을 하고 나면 브랜드를 친숙하게 느끼게 되고, 좋아하게 되며, 다른 사람들에게도 경험을 이야기하게 된다. 호감을 느낀 브랜드의 상품에는 경쟁 상품보다 손이 더 자주 가게 마련이다. 브랜드의 팬을 만든다는 것은 어찌 보면 멀리 돌아가는 느낌이다. 하지만 결과적으로는 브랜드와 강한 유대감으로 엮인 고객층을 구축할 수 있고, 궁극적으로 충성심 높은 고객을 늘릴 수 있다.

컵 누들 뮤지엄의 내방객 수는 2017년 6월에 누계 600만 명에 달했다. 이제는 '나만의 컵 누들을 만들 수 있다.'라는 닛싱 식품 최대의 강점을 소구해 국내뿐 아니라 해외에서도 관광객이 찾아오는 명소로 알려져 있다.

### 이론 ////

디지털 환경의 진화로 마케팅 전략의 입안 방법은 고객 중심주의로 대전환을 이루었다. 11장에서는 현대의 마케팅 전략 입안에서 근간을 이루는 고객 경험 마케팅이라는 콘셉트와 그 구체적인 기법인 고객 여정Customer Journey에 관해 설명한다.

# 1. 고객 경험을 중시하게 만든 두 가지 변화

디지털 툴의 발전은 마케팅을 크게 변화시켰다. 단순히 정보의 양만 늘어난 것이 아니다. 소비자가 정보를 접할 때 넘어야 하는 장벽이 낮아졌고, 무엇보다 소비자 자신이 자유롭게 정보를 발신할 수 있게 되었다. 따라서 기업이 고려해야 할 소비자와의 터치포인트는 무수히 많아졌다. 터치포인트란 기업 또는 브랜드와 소비자의 접점을 총칭하는 용어다. 예를 들어 '친구가 어떤 브랜드의 이름을 말했다.', '브랜드 로고를 인터넷에서 발견했다.' 등의 접점부터 '매장에서 상품을 보았다.', '구매했다.', '서비스를 받았다.' 등의 접점까지 모두 터치 포인트가 될 수 있다. 터치포인트의 수와 정보량이 늘어나면서 기업이 소비자에게 제공해야 할 가치가 상품에서 경험으로 크게 변했다. 그리고 다음과 같은 두 가지 변화가 생겼다.

## | 기업이 고려해야 할 정보 미디어의 변화

SNS와 블로그 같은 커뮤니케이션 툴이 보급되면서 누구나 손쉽게 정보를 발신할 수 있게 되었다. 그 결과 미디어의 계층 구조는 개인이 발신한 정보를 모으는 기능을 가진 인터넷 미디어(네이버 마토메, 허핑턴 포스트, 버즈 피드 등. 미들 미디어라고도 부른다)와 신문·잡지·TV·라디오 등의 매스 미디어로 나뉘었다. 그리고 개인이 발신한 정보가 단기간에 전 세계로 퍼질 수도 있는 시대가 열렸다. 예를 들어 개인이 올린 트윗이 순식간에 대량 리트윗되고 미들 미디어의 취재를 받아 기사로 재탄생하면 그것을 본 매스 미디어가 그 정보를 재차 퍼뜨리는 것이다.

미디어의 수가 비약적으로 늘어났다는 것은 기업과 소비자간 터치 포인트의 종류와 수도 비약적으로 늘어났음을 의미한다. 이처럼 터치 포인트가 늘어나면 기업이 소비자와의 커뮤니케이션을 통제하기 어려워진다. 특히 인터넷상의 정보는 검색 사이트를 비롯한 플랫폼에서 선별된다. 소비자가 그 정보를 선별하겠다는 의사 결정을 하지 않는 한 전달되지 않는다. 게다가 기업은 어느 소비자가 어느 터치 포인트에서 자사 정보를 접하는지도 완벽하게 통제할 수 없다. 가령 '사용자를 우연히 보았거나', '그 기업에 관해 다른 사람과 이야기를 나눈' 경우는 기업 측이 감지할 수 있는 사례가 아니므로 통제도 불가능하다.

한편 자사 정보를 모순 없이 소비자에게 전달하기 위해서는 각 터치 포인트의 중요도와 상관없이 모든 터치포인트에서 정보를 가능한 한 통제하고 정합성을 따져야 한다. 그래서 자사와 관련이 깊을 것 같은 소비자에 대해서는 가급적 1차 접점을 늘리고 소비자가 원할 만한 정보를 제공하게 된다. 이때 활용되는 것이 고객과 가망 고객의 데이터를 활용한 마케팅 활동이다.

상황이 이러하기에 기업은 미디어 전략을 짤 때 8장에서 언급한 트리플 미디어를 잘 구분해서 사용하려 한다. 또한 엄청난 양의 정보

한 권으로 끝내는 마케팅

를 각 소비자에게 맞게 커스터마이징해서 효율적으로 통제하기 위해 IT와 알고리즘을 활용하는 방식도 일반화했다. 이제는 시스템 부문보다 마케팅 부문의 IT 투자액이 더 커졌고, IT를 빼놓고는 마케팅을 논할 수 없는 시대다. 소비자에게 모순 없이 적절한 정보를 전하기 위해서는 IT와 데이터 분석을 활용한 커스터마이제이션이 필수인 것이다. 예를 들어 아마존의 추천 기능이나 구글의 검색 결과 표시 순서는 각 소비자의 활용 이력 데이터를 근거로 커스터마이징되고 있다.

광고업계와 미디어 업계에서도 고객(광고주)을 획득하는 데 있어 IT를 이용한 진화는 생사를 좌우하는 중요한 화두로 떠오른 지 오래다. 이러한 미디어 기업 간 치열한 경쟁이 마케팅 기법의 IT화 그리고 데이터 중시 추세를 가속하는 면도 무시할 수 없다.


## ┃ 고객의 경험을 중시하는 발상으로 변화

터치포인트의 비약적 증가는 고객 중심주의적 전환에도 큰 영향을 미쳤다. 마케팅에서 '고객 중심' 개념은 P. 코틀러 때부터 여러 차례 강조되어 왔다. 그러나 실제로 마케팅 전략의 입안·실행과 관련해서는 자사 제품을 어떻게 소비자에게 팔 것이냐 하는 판매 중심적 발상을 벗어나지 못했다.

하지만 디지털 미디어의 확대로 소비자와의 터치포인트가 비약적으로 증가했고 그 대부분은 기업이 통제할 수 없는 상황이 되면서 판매 중심적 발상의 한계가 드러났다.

기존의 마케팅 방식은 특정 상품의 포지셔닝이 정해지면 그 상품에 관한 정보를 TV 등 매스 미디어를 통해 온갖 수단을 사용하여 소비자에게 발신하기만 하면 됐다. 하지만 앞으로는 소비자의 경험 속에서 터치포인트로 삼을 요소를 발견해야 한다. 소비자 경험의 순간마다 개별 니즈에 맞추어 그들이 원하는 정보를 제공하고, 결과적으로 상품을 선택하게 하겠다는 발상이 중요하다. 다시 말해 고객을 주어로 놓고 마케팅을 생각해야 한다는 뜻이다.

이처럼 발상을 전환하면 소비자에게 제공해야 하는 것이 상품에 관한 정보만은 아님을 알게 된다. 소비자의 일상생활 속에 관련 있을 것 같은 모든 경험을 고려해 상품의 가치를 전해야 한다. 기업의 수익은 소비자가 상품을 사는 순간에 발생한다는 점에서는 변함이 없지만, 그 순간을 소비자가 원하도록 어떻게 소비자에게 정보를 발신할지를 설계해야 한다. 일방통행으로 상품 정보를 제공해도 되는 시대는 이미 지나갔다.

한편 소비자의 니즈와 관련해 두 가지 새로운 변화가 일어나자 기업 마케팅 전략의 목표도 크게 변했다. 단적으로 말해서 그때그때 소비자의 인사이트에 부응하는 경험을 제공해 경험 가치를 느끼게 해야 한다는 것이다.

닛싱 식품을 예를 들어 보자. 기존 방식대로라면 컵 누들의 마케팅 활동은 TV 광고나 소매점 매장, 전단 등을 이용해 어떻게 구매 의욕을 환기할 것인가만 생각했을 것이다. 그러나 고객 중심주의적 발상으로 바뀌면서 고객이 주어가 됐다. '고객은 컵 누들의 어떤 측면을 보면 맛있다, 훌륭하다, 먹고 싶다고 생각할까?', '컵 누들을 어떤 상황에서 접하게 해야 좋아할까?', '컵 누들이라는 한 가지 상품이 아니라 인스턴트 라멘이라는 카테고리 전체를 좋아하게 하려면 어떻게 해야 할까?' 하는 점을 생각하게 된 것이다.

그렇게 닛싱 식품은 매장에서 살 수 있는 상품으로서의 컵 누들과는 직접 관계가 없는 전시를 활용해 경험형 뮤지엄을 만들었다. 다양한 측면에서 오감으로 닛싱 식품을 경험한 뒤, 각자가 닛싱 식품과의 정서적인 연결 고리를 가지도록 함으로써 기업의 독창성과 재미를 표현한 것이다.

이 같은 시책을 소비자와 기업의 모든 터치포인트를 이용해 동시에 시행할 수 있다면 이상적이겠지만, 자원의 문제도 있으므로 실현은 어렵다. 무엇이 정말 중요한 터치포인트인지, 무엇이 최선의 시책인지를 따져 보는 것도 중요하다. 하지만 무수히 많은 터치포인트에 대해 할 수 있는 일을 계속 실시해 효과적인 방안을 찾는 것이 빠른 길이다. 터치포인트를 둘러싼 여건도 매스 미디어처럼 안정적이지 않고 매일 변화하고 있기에 더욱더 그렇다. 따라서 환경의 변화에 맞추어 역동적으로 그리고 연속적으로 시책을 내놓기 위해 민첩한 발상(실시→수정→실시)을 할 필요가 있다. 마케팅 전략 수립 방식이 지금까지와는 크게 달라진 것이다.


## 2. 고객 경험 관리

컬럼비아 대학교 비즈니스 스쿨의 번 슈미트 교수는 일찍이 마케팅 전략의 변화에 주목해 고객 경험을 관리해야 한다고 주장했다. 또한 그는 고객 경험 관리를 '고객과 제품 또는 기업과의 관계 전체를 전략적으로 관리하는 프로세스'라고 정의했다.


### | 기존 마케팅의 세 가지 한계

슈미트 교수는 경험에 초점을 맞추어 볼 때, 기존의 마케팅에서 다음의 세 가지 한계를 발견할 수 있다고 말했다.

• 마케팅 콘셉트
마케팅 콘셉트는 '상품의' 콘셉트를 만드는 것으로, 상품 중심의 발상에서 벗어나지 못한 것이다. 포지셔닝도 '상품의' 포지셔닝이기 때문에 4P에 따라 구성되는 마케팅 믹스는 '상품을 어떻게 팔지'에 관한

To Do 리스트가 되고 만다.

• 고객 만족

고객 만족을 측정하려면 고객에게 '이 상품에 만족했는가?'라고 질문하게 되는데, 이렇게 질문한 순간 고객의 진짜 생각은 알 수 없게 된다. 상품에 대한 만족은 고객의 경험에 대한 만족을 나타내지 않는다. 고객 만족은 프로세스에 관련된 것이라서 어떤 상황에서 그 상품을 샀는지, 어떤 환경에서 사용했는지 등 상품 외의 상황에 크게 좌우된다.

• 고객 관계 관리CRM

CRM의 경우, 구매 이력이나 문의 이력 등 기업이 관측할 수 있는 범위 내의 상품·고객 관계를 토대로 시책이 정해진다. 그런데 실제로 고객이 그 기업이나 상품의 정보를 접한 터치포인트의 폭은 더 넓다. 고객을 둘러싼 경험을 주목해야 하고, 고객과 브랜드의 정서적 연결고리 구축의 중요성을 알아야 한다.

이러한 슈미트 교수의 주장은 상품이나 브랜드 등 기업이 팔고 싶은 것이 주어가 되는 마케팅은 무의미하다는 생각이 바탕에 깔려 있다. 슈미트 교수가 주장한 고객 중심의 마케팅은 실무에서 상품 중심의 발상으로 흐르기 쉬운 상황에 경종을 울린 것이라고 할 수 있다.

## | 고객 경험의 구성 요소

슈미트 교수는 SEM Strategic Experiential Modules(전략적 경험 모듈)이라는 틀로 고객 경험을 설명할 수 있고 관리할 수 있다고 말했다. SEM은 고객의 생활이 기업 및 상품군과 만나는 터치포인트에서 어떤 경험 가치를 만들어 내는지 정리·해설한 것이다. 다음 그 종류와 내용을 설명했다.

• Sense: 감각적 경험 가치

센스란 시각, 청각, 촉각, 후각, 미각 등 오감을 통해 느끼는 것을 말한다. 실제로는 그 감각을 맛보지 못하더라도 '아름다울 것이다.', '촉감이 좋을 것이다.', '맛있어 보인다.' 같은 감각도 포함한다. 예를 들어 주얼리 브랜드인 티파니의 매장에서 '이 반지는 디자인이 티파니다워서 멋지다.'라고 생각한 사람이 있다고 가정하자. 이때 '○○다워서 멋지다.'라는 것이 감각적 경험이다. 구체적인 표현 요소로는 시각 면에서 색, 형태, 서체, 청각 면에서 음량, 가락, 박자 그리고 촉각 면에서 소재와 촉감 등이 있다. 이러한 것들이 브랜드 전략에 토대를 둔 특정 주제 아래에 일정 스타일로 제시되면 인지적 일관성과 감각적 다양성이 생긴다. 그렇게 되면 고객은 오감을 통해 들어오는 미적 즐거움을 얻을 수 있다.

• Feel: 정서적 경험 가치

고객이 기업이나 브랜드에 대해 애착을 느끼거나 감정 이입을 할 때 나타나는 가치를 말한다. 정서적 경험은 기분과 감정으로 나뉜다. 기분은 정서적 경험 중에서도 가벼운 경험으로 왜 그러한 기분을 느끼는지 이유를 특정할 수 없는 상태를 가리킨다. 예를 들어 오늘은 평소보다 힘이 넘친다, 기분이 언짢다, 보통이다 같이 무심코 느끼는 감각이다.

이에 반해 감정은 분명하게 계기나 이유를 특정할 수 있는 정서적 경험을 가리킨다. 이런 감정이 생기는 계기를 상품이 제공할 수 있지만, 타인이나 이벤트가 제공할 수도 있다. 예를 들어 특정 프로 야구팀의 팬이 그 팀이 이겼을 때 느끼는 정서는 감정이다. 정서적 경험으로 만들려면 가능한 한 그 감정 수준에 변화를 일으켜야 한다.

고객이 가장 정서적 가치를 느낄 때는 그 상품을 소비할 때다. 쇼핑을 위해 외출을 하고, 술집에서 술을 마시고, 영화를 보러 가고, 여행을 가는 등이다. 운전할 때는 종종 호의적인 감정과 소비 활동이 결합된 상황이 빚어진다. 이 경우 기분과 정서 모두가 정서적 경험이 된다.

또한 정서적 경험은 서비스를 받을 때 강하게 일어난다. 백화점에서 옷을 살 때 점원으로부터 잘 어울린다는 말을 듣고 권유받았을 때의 느낌, 고장 난 물건을 수리받았을 때의 서비스 경험, 호텔이나 식당에서 받은 접객 경험을 떠올리면 이해하기 쉬울 것이다.

- Think: 창조적·인지적 경험 가치

고객이 깊이 창조적 사고를 한 뒤 기업이나 브랜드에 대한 자신의 평가를 결론짓는 것이 바로 창조적·인지적 경험이다. 이 경험의 가치는 생각하기에 따라서 낡은 가설이나 과거의 기대를 뒤엎고 패러다임의 전환을 일으킬 수 있다. 또한 연상 작용을 촉진하는 말을 접하거나 새로운 지식을 얻어 사고방식을 바꿀 때 가치가 생겨난다. 그러려면 고객이 놀라서 흥미·관심을 나타내고 그에 관해 직접 알아보고 싶어져야 한다. 이때 기업이나 브랜드가 충분한 정보를 제시할 수 있다면 결정적 한 수가 될 것이다.

- Act: 육체적 경험 가치와 라이프 스타일 전반을 통해 얻어지는 가치

고객이 실제로 경험하거나 타인과 접촉함으로써 생기는 가치를 말한다. 어느 쪽이든 어떤 행동을 한 결과로 얻어지므로 경험을 유도하는 구체적인 장치나 스토리가 없으면 이 경험을 관리하기는 어려울 것이다. 한편 관리가 미치지 못하는 곳에서 고객이 그 상품을 사용할 때 항상 경험하는 가치를 의미하기도 한다. 이는 끊임없이 창출되는 가치라고도 할 수 있다.

한 권으로 끝내는 마케팅

• Relate: 준거 집단 및 문화와의 관련

특정 집단의 일원이거나 같은 문화를 공유하는 감각에는 경험 가치가 있다. 쉽게 말해 귀속 의식으로 자신이 어떤 사회적 자아를 가지고 있으며 어떤 브랜드 커뮤니티에 소속되어 있는지를 말한다. 예를 들어 할리 데이비슨 애호자, 아메리칸 익스프레스 멤버 등의 귀속 의식을 경험 가치로 정의한다.

이 경험 가치가 반드시 특정 상품으로 직결된다고 할 수는 없다. 가령 가부키를 보면서 일본 문화의 좋은 점을 깊이 느낀다는 문화적 가치관이나 자신은 고급 숍보다 대형 마트에서 쇼핑하므로 중산층이라는 사회 계층적 귀속 의식도 여기에 포함된다. 따라서 동경하는 인물과 동료가 되고 싶다거나 그 사람과 같은 물건을 가지고 싶다는 의식을 이용한 마케팅이 이뤄진다. 인플루언서 마케팅 등이 그런 예다.

슈미트 교수는 위의 다섯 가지 가치가 고객 경험을 만든다고 보고 이들 요소를 통제함으로써 고객 경험 마케팅을 달성할 수 있다고 설명했다.

예를 들어 컵 누들 뮤지엄은 자신만의 오리지널 컵 누들을 만드는 과정에서 Sense와 Act를 만족시키고, 엔터테인먼트성을 가미함으로써 Feel을 자극하며, 일본(나아가 세계)의 식문화에서 인스턴트 라멘이나 컵 누들이 얼마나 사랑받는지를 느끼게 해 줌으로써 Think와 Relate도 갖추었다.

## | 마케팅 전략과 고객 여정

고객 중심주의 마케팅 시책으로 고객 경험 가치를 높이려면 어떤 전략을 세우고 실시해야 할까? 방법론 중 하나로 자리 잡고 있는 것이 고객 여정 지도Customer Journey Map를 활용하여 마케팅 전략을 관리하는 것이다.

고객 여정이란 고객이 매일 하는 행동 및 고객의 오감이 접하는 것들을 시간의 흐름에 따라 가능한 한 구체적으로 상상하고 파악하는 것을 말한다. 기업으로서는 SEM(전략적 경험 모듈)으로 전 인류의 모든 경험을 통제하고 싶겠지만, 이는 당연히 불가능하다. 그래서 우선은 관찰해야 하는 고객의 행동을 한정한 뒤, 터치포인트를 찾아내고 고객이 어떤 순간에 어떤 경험을 하게 할지를 가시화한다. 그 과정에서 만들어진 것이 고객 여정 지도다.

고객 여정 지도를 만들려면 다음의 단계를 거쳐야 한다.

1. 브랜드 전략을 확인하고 기업이 원하는 고객과의 정서적 관계를 정의한다.
2. 브랜드 전략과 조사를 토대로 페르소나(가상 고객)를 설정한다.
3. 페르소나를 이용해 고객 여정 지도를 그린다.
4. 진실의 순간moment of truth을 찾아낸다.
5. 실행할 진실의 순간을 결정하고, 구체적인 행동 계획을 세우고,

KPI Key Performance Indicator(핵심 성과 지표)를 설정한다.

6. 필요에 따라 고객 여정 지도를 수정한다.

7. 3으로 돌아간다. 이때 브랜드 전략을 반영할 목적 이상으로는 페르소나에 집착하지 않는다. 얻어진 결과를 토대로 민첩하게 내용을 바꾸어야 한다.

8. 4 이하를 반복한다.

### 1~2단계: 브랜드 전략과 조사를 토대로 페르소나를 설정한다

9장에서 언급한 브랜드 전략을 토대로 우선은 자사 사정에 가장 적합한 페르소나를 설정한다. 흔히 오해하는데, 페르소나는 현실의 고객이 아니다. 어디까지나 고객 여정 지도를 만들 때 이미지를 부풀리기 위해 설정하는 촉매로서의 인격이다. 타깃(표적) 등의 표현이 아니라 페르소나(가면)라 부르는 것도 그 때문이다. 다시 말해 좋은 점과 나쁜 점을 모두 포함해 가장 많은 터치포인트를 가질 것 같고, 동시에 거기서 생생한 반응을 보여 줄 것 같은 인격을 명확하게 설정하는 것이다.

그렇다고 해도 페르소나가 완전히 상상의 산물이 되어서는 안 된다. 브랜드 전략에 따라 그는 행동 하나하나가 실존할 법한 인격이어야 한다. 따라서 페르소나를 설정하기 전에는 반드시 고객 리서치를 거쳐야 한다.

### 3단계: 고객 여정 지도를 그린다

고객 여정 지도를 작성하는 방법은 다양하지만, 마케팅 전략 입안의 관점에서 단순하고 합리적인 순서가 있다. ①페르소나의 행동을 추출해 시간의 흐름에 따라 적고 필요하다면 분류하기, ②행동에 따라 일어난 감정과 사고를 기록하기, ③그 순간의 미디어와 터치 포인트를 기록하기 등이다.

'지도'를 만들기 위해 가로축에 인지의 흐름에 따른 행동을 적고, 세로축에 행동, 감정, 사고, 미디어와 터치포인트를 적는다. 가급적 행동을 세밀하게 적어야 고객 여정 지도를 섬세하게 작성할 수 있다.

### 4단계: 진실의 순간을 찾아낸다

마케팅 용어로서의 '진실의 순간'은 스칸디나비아 항공의 CEO 얀 칼슨Jan Carlson이 주장한 개념이다. 그는 항공 회사 직원이 고객과 직접 대응하는 평균 시간이 15초이며, 그 시간이 실제 고객 만족도를 결정적으로 좌우한다는 사실을 알았고, 그 순간을 진실의 순간이라고 불렀다. 그 후 P&G는 소비자가 매장에 진열된 상품을 보고 구매 의사 결정을 하는 순간과 구매 후 실제로 상품을 사용하는 순간 두 가지를 진실의 순간이라고 불렀다. 또한 구글은 인터넷의 보급으로 소비자의 구매 행동이 변화하여 매장에서 상품을 구매하기 전에 검색을 하는 등 온라인을 이용한 정보 수집이 기점이 되므로 구매 전에 온라인에서 브랜드에 접촉하는 순간도 진실의 순간이라 주장했다.

이러한 순간은 모두 확실하게 고객의 경험에 큰 영향을 주는 터치 포인트라고 할 수 있다. 그리고 마케팅 전략 입안의 관점에서 공통적으로 진실의 순간이란 좋은 의미든 나쁜 의미든 고객의 기대치를 넘어서는 경험을 설계해서 고객의 기대치와는 다른 감정을 일으켜 둘 사이에 커다란 간극을 일으킬 수 있는 또는 일으킨 상황을 말한다. 이러한 진실의 순간을 찾아 통제하는 것이야말로 고객 경험을 구체적으로 통제하는 것이라 할 수 있다(도표 11-1 참조).

도표 11-1 고객 경험 속 진실의 순간

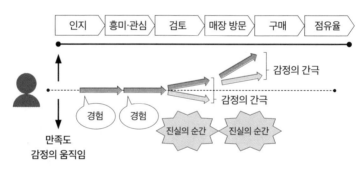

고객의 인지 흐름에 영향을 주는 다양한 터치 포인트를 찾아낸 뒤, 그 안에서 고객의 기대치와 다른 간극을 일으키는 순간(진실의 순간)을 발견한다.

고객의 인지 흐름에 영향을 주는 다양한 터치포인트를 찾아낸 뒤, 그 안에서 고객의 기대치와 다른 간극을 일으키는 순간(진실의 순간)을 발견한다.

### 5단계: 구체적인 행동 계획을 짜고 KPI를 설정한다

진실의 순간 또는 진실을 순간을 만들어 내는 터치포인트를 여러 가지 찾아냈다 해도 그것들의 중요도는 각기 다르고, 실시하는 데 수많은 제약이 있다. 그러므로 마케팅 전략상 가장 효율적이고 구체적으로 행동할 수 있는 진실의 순간을 찾아 구체적인 시책으로 녹여내도록 한다. 그리고 그 효과를 위해 수치 목표(KPI)를 설정한다.

KPI를 설정해야 실행한 행동이 성공했는지 실패했는지 그리고 그 이유는 무엇인지를 파악할 수 있다. 그렇게 함으로써 다음 행동을 생각하고 PDCA 사이클을 돌릴 수 있는 것이다. 설정한 KPI는 반드시 고객 여정 지도에 기재한다.

### 6단계: 고객 여정 지도를 수정한다

행동한 뒤에는 그 행동을 반드시 되돌아보고 그 결과가 전체 마케팅 전략에 어떤 영향을 주었는지 평가해야 한다. KPI가 기대한 대로 흘러가지 않았더라도 전체에 좋은 영향을 줄 수도 있고, 그 반대일 수도 있다. 단순히 결과가 좋은지 나쁜지만 보고 끝내지 말고 처음에 고객 여정 지도를 새로 그릴 필요가 있었는지, 진실의 순간 파악과 페르소나 설정은 적절했는지 등 성역을 두지 말고 항상 행동의 인과 관계를 깊이 생각하는 것이 중요하다. 이렇게 고객 여정 지도를 계속해서 수정함으로써 마케팅 전략은 더 세밀해진다.

.

## | 고객 경험 마케팅의 주의 사항

고객 중심주의적 관점에서 고객 경험 마케팅을 할 때는 역설적이지만, 너무 세심한 원투원 마케팅one to one marketing의 덫에 빠져서는 안 된다. 고객의 인지나 감정에 초점을 맞추고 마케팅 전략을 세운다는 발상은 중요하다. 하지만 개개인의 차이에 지나치게 얽매이면 현실적으로 시책을 조합하기가 복잡해진다는 문제가 있다. 따라서 어디까지나 행동 하나하나에 주목해 이런 행동을 하는 고객에게는 이런 시책을 적용한다는 구체적 방책을 쌓는 것이 중요하다.

고객 경험 마케팅에서 주목해야 하는 점은 고객의 행동과 그에 동반되는 고객의 경험 그리고 그로 인해 생겨나는 고객 경험 가치다. 고객과 브랜드의 정서적 관계는 어디까지나 개별 경험 가치의 축적에 의해 생겨나는 것이다.

그러므로 특별한 이유가 없는 한 하나의 브랜드에 한 명의 페르소나와 한 개의 고객 여정 지도면 충분하다. 페르소나와 고객 여정 지도가 몇 개로 나뉠 때는 다시 한번 브랜드 전략 단계로 돌아가 볼 것을 권한다. 브랜드 전략이 명쾌하면 자연히 고객상도 명쾌하게 설정할 수 있기 때문이다.

본문에서 언급한 대로 고객 경험 마케팅은 지금도 발전을 거듭하고 있다. 디지털 마케팅의 선진 기업으로 유명한 컴퓨터 소프트웨어 제공사 어도비 Adobe가 강조하는 실무상의 네 가지 요점을 소개한다.

## 1. Know me and respect me
고객이 이 회사·브랜드는 자신을 알아주되, 모른 척함으로써 존중한다고 느끼게 할 것

기업 측에 자신의 정보를 제공한 기억이 없는데 자신에 관해 자세히 안다는 사실이 눈에 보이면 감정이 상하기 마련이다. 예를 들어 어딘가에 회원 가입 또는 등록한 직후 그 기업으로부터 전화가 걸려 오면 고객은 대부분 불안감에 휩싸인다. 따라서 기업이 고객에 관해 아는 것은 중요하지만, 너무 많이 알아서는 안 된다. 고객을 존중한다고 느끼게 하는 것도 중요하다.

## 2. Speak in one voice
어느 디바이스로 접속하더라도 동일 고객으로 취급받으며 기업이 주는 메시지에 차이가 없다고 느끼게 할 것

요즘 고객은 PC뿐 아니라 태블릿이나 스마트폰 등 다른 디바이스도 여럿 이용한다. 사용하는 디바이스가 바뀔 때마다 새로운 고객, 다른 고객처럼 취급받으면 그때까지 쌓아 온 경험 가치가 무용지물이 된다.

## 3. Make technology transparent
고객이 기술에 관해 어려움을 느끼지 않게 할 것

예를 들어 ID를 잊어버려 서비스를 전혀 이용할 수 없게 되었다거나, 매번 또는 몇 번이고 비밀번호를 입력하라고 하거나, 간단한 등록인데도 입력 시간이 오래 걸린다고 생각해 보자. 그런 경험은 고객을 불쾌하게 만들기만 할 뿐

좋은 경험을 줄 수 없다. 보안이 문제가 될 수도 있겠지만, 고객이 귀찮다고 느끼는 사태만큼은 피해야 한다.

### 4. Delight me at every turn
모든 터치포인트에서 고객을 만족시킬 것

당연한 얘기지만, 번지수가 틀린 서비스를 제공해서는 안 된다. 인터넷이든 실제 경험이든 고객이 원하는 서비스를 그 자리에서 즉시 제공할 수 있도록 항상 준비해 두어야 한다.

---

# 제12장 · BtoB 마케팅

**POINT** ////

법인이 주요 고객인 비즈니스에서도 마케팅 개념과 시장 기회의 발견부터 4P에 이르는 마케팅 프로세스는 유효하다. 하지만 고객 특성과 제품 특성이 다르므로 각론에서 역점을 두어야 할 부분은 달라진다. 특히 객관적으로 전체를 내려다보고 솔루션을 염두에 두며 가치의 표현 방법(가치 설정)에 유의하는 것은 매우 중요하다. 또한 최근 고객 및 경쟁 환경이 변하면서 고객 접점·안건 창출과 관련해 마케팅에 대한 기대가 어떻게 바뀌고 있는지도 주목해야 한다.

**CASE** ////

제조업 분야의 BtoB 마케팅에서 고객 접점과 관계 구축은 10년 전만 해도 고객 기업의 제품 개발을 검토하는 프로세스에 맞추어 영업 담당과 세일즈 엔지니어가 몇 번이고 찾아가 면 대 면으로 관계를 쌓는 것이었다. 전자 부품 및 관련 제품을 개발·제조·판매하는 무라타(村田) 제작소(이하 무라타)도 마찬가지였다. 하지만 현재는 기존의 오프라인 활동과 더불어 온라인에서 가능한 시책을 조합해 고객과의 쌍방향 커뮤니케이션을 늘리는 데 주력하고 있다.

무라타의 웹 사이트에는 제품 정보와 설계 지원 툴 외에도 엔지니어를 위한 회원 등록제 포털 사이트 my Murata®가 있다. 이 사이트는 2013년 10월에 서비스를 개시했는데, 최종 완성품의 용도에 맞춰 적절한 무라타의 제품 정보로 유도하는 시스템을 갖추었고 동영상으로 그 제품을 소개한다. 또한 설계를 지원하기 위한 툴을 제공하는 등 사용자에게 유용한 콘텐츠를 풍성하게 마련했다.

my Murata®에 사용자 등록을 하면 제품 특징과 상품 선정 비결에 관한 질문을 올리고 다른 사용자와 의견을 나눌 수 있는 게시판, 부품 설치 후 문제가 일어나지 않게 하는 노하우 정보 모음 등을 이용할 수 있다. 2014년 11월에는 my Murata®에 무라타 솔루션 포털 사이트를 개설해 무라타 제품과 파트너 기업의 제품을 조립한 최종 제품 안 등을 공개했다. 사이트를 방문한 사용자가 자사 제품 개발에서 영감을 얻을 수 있고, 의견을 제시할 수도 있으며, 게시판을 이용해 정보 교환이나 개별 상담도 할 수 있다.

이처럼 기존의 영업 담당자, 세일즈 엔지니어, 대리점이 연계해 고객을 지원하고, 전시회 등을 이용해 각종 판촉 활동을 펼친다. 또한 웹 사이트 콘텐츠를 알차게 꾸미는 등 고객과의 커뮤니케이션을 촉진할 접점을 마련하기 위해 의욕적으로 노력 중이다. 쌍방향 커뮤니케이션을 통해 사용자의 제품 기획 단계부터 파고들면 자사 제품 도입으로 이어질 가능성도 커진다. 무라타는 사용자뿐 아니라 파트너까지

기하급수적으로 늘어나는 환경으로 키우겠다는 생각이다.

　한편 각종 판촉 활동의 효과를 알기 어렵다는 점과 웹 사이트에서 얻은 가망 고객의 정보가 영업으로 이어지지 않고 때로는 적절한 지원 없이 방치되는 등의 문제도 남아 있다. 파트너 기업과 공동으로 정보를 발신하는 행위는 이전부터 오프라인 전시회를 통해서 해 왔다. 이제는 온라인 고유의 성과가 필요한 것이다.

　2013년에 무라타는 마케팅 자동화Marketing Automation, MA 툴을 도입했다. 이를 통해 고객 정보를 가시화하여 안건으로 연결될 만한 고객 정보를 영업 지원으로 유도하기, 자사 제품에 대한 흥미·관심 키우기에 힘쓰고 있다. 무라타가 도입한 마케팅 자동화 툴은 미국에서 창업한 기업이 제공했다. 그 기업은 일본에서 2014년에 영업을 시작했는데 무라타는 그 일본 법인이 출범하기 전에 해외를 통해 서비스를 도입했다.

　한편 전자 부품을 포함한 전자 정보 산업의 세계 생산액 부문에서 일본계 기업의 시장 점유율이 서서히 낮아지고 있다. 하지만 이런 가운데 무라타는 2016년 3월에 2분기 연속 사상 최고액을 돌파하는 등 강력한 성장세를 이어가고 있다. 그 이유는 최근 세계적으로 불고 있는 스마트폰 열풍과 고기능화 바람이 순풍으로 작용한 덕이다. 데이터 고속 다운로드 등 필요한 기능이 향상되고, 각국의 서로 다른 주파수대에 대응하기 위해 스마트폰에 탑재되는 전자 부품이 늘어나면서 콘덴서와 통신 모듈 등 무라타의 전자 부품도 판매를 확대 중이다.

하지만 스마트폰이 견인하는 성장도 머지않아 성숙기를 맞는 날이 올 것이다. 스마트폰 수요의 증가세가 줄어드는 가운데 앞으로도 어떻게 고객의 안건을 지속해서 획득할지, 나아가 전자화가 두드러지고 있는 자동차 산업과 헬스 케어 산업 등 기존 비즈니스의 연장 선상이 아닌 새로운 시장과 고객을 개척할 수 있을지는 무라타가 안고 있는 과제다. 고객 접점 마련과 같은 관점에서 시스템을 구축, 진화시키는 무라타의 마케팅 활동이 기대된다.

### 이론 ////

11장까지 읽으면서 이런 의문이 든 사람도 있을 것이다. '우리 회사는 생산재를 취급하는데 대부분의 마케팅 교과서는 소비재, 즉 일반 소비자 고객을 염두에 두고 쓰여졌다. 소비자 상대와 기업 상대는 마케팅 방법도 크게 다를 것이 분명하다. 소비재를 전제로 한 틀을 우리 사업에도 그대로 적용할 수 있을까?'라고 말이다.

결론부터 말하면 일반 소비자를 고객으로 하는 BtoC 마케팅이나 법인을 고객으로 하는 BtoB 마케팅이나 기본 개념 및 시장 기회를 발견해서 4P에 이르는 마케팅 프로세스는 공통적이다. 둘의 차이는 주로 고객 특성이나 제품 특성이며, 그로 인해 각 프로세스에서 주력해야 할 점이 달라지는 것이다. 12장에서는 그러한 차이에 주목하면서 BtoB 마케팅의 특징에 관해 살펴보려 한다.

# 1. BtoC 마케팅과의 차이

BtoB 마케팅과 BtoC 마케팅의 근본적인 차이는 <u>고객 특성과 제품 특성</u>이다. 이것은 가격, 커뮤니케이션, 채널 등의 각 요소에 영향을 미친다. 따라서 우선 BtoB 마케팅 고유의 고객 특성과 제품 특성을 확실히 이해해야 적절한 마케팅 믹스를 구축할 수 있다(도표 12-1 참조).

## | BtoB 마케팅의 고객 특성

조직을 이루는 법인 고객을 상대로 한 마케팅은 일반 소비자를 상대로 할 때보다 복잡한 프로세스와 절차가 필요하다. 사례에서 살펴본 무라타 제작소가 고객과 쌍방향 커뮤니케이션을 하기 위해 지속적으로 다양한 시책에 주력하는 것은 최근 환경의 변화뿐 아니라 고객 특성을 강하게 의식했기 때문이기도 하다. 그렇다면 법인 고객에게는 어떤 특징이 있을까?

### ① 최종 소비자와 구매 의사 결정자가 다르다.

대부분 소비재는 구매 의사 결정자와 소비자가 동일하지만, 법인 고객은 최종 소비자와 구매 의사 결정자가 다른 경우가 많다. 고객의 조직 내에서 구매 의사 결정에 관여하는 관계자를 **DMU**Decision

Making Unit(의사 결정 단위)라고 부른다. 법인 고객에 대한 PC, 휴대폰 판매를 예로 들면, 실제 소비자는 일반 사원이지만 사양을 정하고 거래 업자를 선택하는 일은 그들이 하지 않는다. 대부분은 총무부가 IT 부문의 의견을 듣고(또는 IT 부문이 총무부의 의견을 듣고) 경리 부문이나 관련 부서장과 결정한 예산 범위 내에서 기종과 벤더를 정한다. 금액이 커지면 더 큰 권한을 가진 팀장 또는 경영자가 최종 의사 결정자가 되기도 한다.

업계나 제품에 따라서는 최종 소비자와는 별개의 조직에 소속된 사람이 의사 결정자가 된다. 예를 들어 신축 건물의 건축 자재(유리나 외벽 자재 등)의 경우, 최종 소비자는 공사 발주자(시공주)인데 그들이 직접 개별 건축 자재의 구매를 결정하는 일은 없다. 어떤 회사의 어떤 자재를 쓸지는 설계 사무소나 종합 건설사 또는 하청을 받은 현장 건설사가 결정한다. 시공주는 전체 차원에서 이용의 편의와 외관, 예산, 납기에 관한 주문을 내기만 한다. 이처럼 의사 결정자와 최종 소비자가 서로 다를 때는 누구에게 무엇을 커뮤니케이션해야 하는지, 전달할 상대와 내용을 잘 생각해야 한다.

같은 업계라고 해서 DMU가 반드시 같지는 않다. 기업에 따라, 사내 힘의 균형이 다르기 때문이다. 그래서 구매를 권할 때는 고객 기업의 특징을 잘 이해하고, DMU 구조를 제대로 파악해야 한다.

DMU는 역할이나 기능에 따라 주로 다섯 가지 유형으로 나눌 수 있다. 담당자 한 사람이 여러 역할과 기능을 수행하는 경우도 있다(도

표 12-2 참조).

도표 12-1  BtoB 마케팅의 특성(BtoC 마케팅과 비교)

| 고객 특성 | 제품 특성 |
|---|---|
| ①최종 소비자와 구매 의사 결정자가 다르다.<br>②제품·서비스가 고객 기업의 경쟁력에 기여하는지 여부가 KBF가 된다.<br>③조직 특유의 보수성, 경직성이 있다.<br>④고객이 적고 특정하기 쉽다.<br>⑤많은 소비자가 있기 때문에 관성이 작용하기 쉽다.<br>⑥고객 사업의 성패에 좌우된다. | ①전문품이 많다.<br>②고액인 경우가 많다.<br>③솔루션을 요구받는다. |

도표 12-2  DMU의 유형과 역할 예

| 유형 | 주요 역할과 기능 |
|---|---|
| 바이어 | 구매의 창구가 되며 계약 절차와 협상을 담당한다. 또한 벤더와의 정보 교환을 맡아 사내로 유익한 정보를 전달하는 창구가 되기도 한다. |
| 의사 결정자(디자이너) | 구매할 제품의 사양과 벤더의 결정에 최종적인 의사 결정 권한을 갖는다. |
| 최종 소비자 | 구매할 제품이나 서비스를 실제로 이용한다. |
| 인플루언서 | 구매 검토 및 의사 결정에 대해 직접적 또는 간접적으로 영향을 미친다. |
| 게이트키퍼 | 판매자와 DMU 각 관계자 사이를 중개한다. |

## ② KBF가 고객 기업의 경쟁력으로 직결된다.

일반 소비자의 경우, 제품의 KBF는 개인의 정신적인 만족과 일상 생활의 편리함이다. 반면 기업의 구매 목적은 최종적으로 '경쟁력 강화'와 나아가 '기업 가치 향상'이다. 판매자는 그러한 고객의 니즈에서 발생하는 KBF를 철저히 파악해야 한다.

예를 들어 무라타의 사례에 나온 전자 부품처럼 고객 기업이 자사 제품의 개발·제조에 이용하는 생산재라면 요구 사양 달성은 전제 조건이며 고객의 KBF는 '품질·비용' 등이 될 것이다. 또한 공작 기계처럼 고객 기업 제품의 품질에 큰 영향을 미치는 제품이라면 기계의 성능 및 커스터마이징 요청에 대한 유연성과 고객 기업에 대한 제안 능력 등이 중요할 것이다.

고객 기업이 속도를 중시할 때는 특히 판매자도 단순히 품질이나 기능 면의 장점뿐 아니라 개발 기간이나 납기 등과 관련된 속도를 올리는 데 주력해야 한다. 동시에 고객의 자잘한 요망을 어디까지 받아들일지에 관한 판단 등 사내 의사 결정의 속도도 올릴 필요가 있다. 예를 들어 파인 세라믹과 정보통신 기기 등을 취급하는 교세라 KYOCERA는 권한을 위임받은 소조직 운영 체제인 '아메바 조직'을 운영함으로써 경쟁 상대보다 의사 결정이나 행동의 속도감에서 우위를 점한다. 또한 무라타가 고객과 온라인 관계를 맺는 시스템도 정보 전달 시간의 단축을 노린 것이다.

### ③ 조직의 본질이 영향을 미친다.

법인 고객은 조직 특유의 보수성, 경직성이 나타나는 경우가 많다. 대기업일수록 그런 경향은 뚜렷하다. 그러한 조직의 특성은 고객 기업의 의사 결정 스타일에도 큰 영향을 미친다.

우선 고객 기업의 최종 의사 결정에 걸리는 시간이 길다는 것이 문제다. 특히 신제품의 경우 사내 관계자를 설득해 품의를 승인받기까지 엄청난 시간과 에너지가 필요하다. 기업에 따라서는 1년이라는 매니지먼트 사이클 안에서 기존 제품에 대한 재검토와 신제품 도입 검토 기간이 엄격히 정해져 있어서 그때를 놓치면 다음 해까지 다른 판매 기회가 없는 경우도 있다.

또한 전례 답습주의와 리스크 회피주의가 의사 결정에 미치는 영향도 문제다. DMU의 각 관계자도 대부분 '샐러리맨'인지라 자신의 인사 고과나 출세 가능성에 신경을 쓴다. 그래서 '전례를 뒤집고 싶지 않다.', '유명하지 않은 벤더를 굳이 쓰고 싶지 않다.'라는 생각을 한다는 것을 부인하기 어렵다.

예를 들어 대형 광고 회사를 오랫동안 이용 중인 기업에서는 아무리 좋은 제안을 받았더라도 무명의 작은 광고 회사로 변경하는 데 주저할 가능성이 크다. 실패할 경우나 관계자를 설득해야 하는 상황을 대비해 '업계에서 손꼽히는 A사에 맡겨서 나온 결과가 이렇다면 어쩔 수 없다는 변명이라도 할 수 있다.'라는 생각을 할 수도 있다. 법인 고객은 일반 소비자 이상으로 '브랜드를 따지는' 경향을 보이는 것이다.

그래서 BtoB 마케팅에서는 고객 기업의 경쟁 환경이나 담당자의 심리 상태 등을 충분히 고려해 구매 이유를 준비해야 한다.

### ④ 고객을 특정하기 쉽다.

소비재가 불특정 다수의 일반 소비자를 상대로 하는 데 반해 BtoB 마케팅의 고객은 특정 가능한 일정한 수다. 때로는 업계를 통틀어 잠재 고객을 보유한 기업이 두세 개밖에 되지 않을 때도 있다. 따라서 (최종적으로 수주에 이를지 여부는 제쳐 두고) 고객 발견과 니즈 파악 그리고 지원해야 할 대상을 특정하기 쉽다. 단, 이는 경쟁사도 마찬가지 상황이므로 소비재 이상으로 고객 유지와 고객 생애 가치Life Time Value, LTV의 최대화가 중요하다.

또한 제품·서비스에 따라서는 같은 회사라도 지역과 부문이 다르면 처음부터 공략법을 다시 생각해야 할 수도 있다. 그러므로 DMU 파악과 고객 기업의 세그먼트별 점유율에도 주의할 필요가 있다.

### ⑤ 소비자의 관성이 작용하기 쉽다.

조직에는 수많은 소비자가 있기 때문에 종종 막대한 전환 비용(교체 비용)이 발생한다. 중앙 구매 부문의 의사가 강하게 작용하는 회사에서도 현장에 대한 설득은 필수적이라 현장의 거부가 예상될 때는 굳이 새로운 시도를 하지 않는 경우가 많다. 다시 말해 얼마나 그 제품·서비스가 우수한지를 DMU가 이해했다 하더라도 최종 소비자의 마음을 사지 못하는 한 교체로 이어지지 않는다. 뒤집어 말하면, 초기에 최종 소비자를 학습시켜 자사 제품에 익숙하게 만들어 놓으면 교체 구매를 경쟁 타사에 빼앗길 우려를 줄일 수 있다는 의미다.

무라타의 사례에서 '엔지니어 대상'으로 my Murata®를 만들어 사이트를 방문하는 엔지니어들에게 무라타의 제품 정보를 손쉽게 접하도록 한 것은 이러한 특징을 생각할 때 효과적이었다.

### ⑥ 고객 사업의 성패에 좌우된다.

특히 범용성이 낮고 확대 판매가 어려운 제품일 때는 아무리 고객 니즈를 충족시키는 좋은 제품을 제공하더라도 고객 기업의 사업이 성장하지 않으면 자사 매출도 늘지 않는다. 반대로 타사 제품보다 다소 성능이 떨어지더라도 고객 기업의 사업이 성장하면 그에 따라 자사 매출도 확대되어 규모의 경제에 따른 비용 절감과 브랜드 확대로 이어질 수 있다.

따라서 (어렵기는 하지만) 성장 또는 시장 내 생존이 예상되는 기업, 기술, 표준을 간파하고 다른 용도로 전용할 수 있도록 범용성을 늘려 리스크를 분산할 대책이 필요하다.

## | BtoB 마케팅의 제품 특성

법인 고객에 제공하는 제품·서비스의 특징 중 몇몇 요소는 고객 특성의 차이에서 발생한다. 즉 제품·서비스의 특징과 고객 특성은 밀접한 관계에 있다.

### ① 전문품이 많다.

법인 고객은 편의품보다 전문품(기기나 업무 소프트웨어, 기업용 서비스)의 비율이 높은 경향이 있다.

전문성이 높을수록 제품·서비스의 특징을 고객이나 판매 채널에 설명하기 어려워지기 때문에 트레이닝의 중요성이 커진다. 따라서 제품의 고도화보다 최종 소비자용의 쉬운 조작 매뉴얼이나 교육 프로그램을 확충하는 것이 경쟁 시 강점이 되기도 한다. 특히 본체뿐 아니라 부수 소모품의 매출로 이익을 확보하는 제품·서비스는 지원 체제의 정비가 사용량 촉진에 도움이 되는 경우가 많다.

하지만 전문품 제조사는 때때로 제품을 차별화하기 위해 전문성을 더 강화하려고 한다. 물론 그것이 올바른 전략일 수도 있으나 기술자의 관심과 자부심 때문에 필요 이상으로 수준이 높아지는 사례가 적지 않다. 그런 기업은 다수의 고객이 최소한 필요로 하는 제품을 압도적인 저가로 제공하는 시장의 신규 진출자에게 자리를 뺏길 수도 있다. 전문성 강화가 대다수의 고객에게 정말 의미가 있는지 재차 되물을 필요가 있다.

또한 전문품은 커스터마이징이 필수적인 경우가 많은데 비용이 늘어나기 때문에 거래가 성립되어도 수익 면에서 적자가 나기도 한다. 따라서 범용품이나 그 조합으로 고객 니즈를 충족시킬 수는 없을지를 검토하는 등 커스터마이징의 필요성을 정확히 판단해야 한다.

### ② 고액인 경우가 많다.

수억 엔 규모의 설비 투자나 수천만 엔이 드는 컨설팅 프로젝트 등은 고객이 법인이기 때문에 가능한 고액의 제품·서비스다. 문구류나 택배 하나하나는 저렴한 일용품이라도 회사 전체를 생각하면 상당한 금액이 된다. 이런 경우는 고객 기업과 오랫동안 치열하게 가격 협상을 했을 것이고(특히 차별화하기 어려운 제품·서비스일 때) 가혹한 가격 경쟁이 기다리고 있을 가능성이 크다. 가격 경쟁에 휘말리지 않기 위해서는 새로운 차별화의 축을 찾고, 고객의 본질적 니즈를 꿰뚫어 본 솔루션(해결책)을 제공하는 등의 방책을 검토해야 한다.

### ③ 솔루션을 요구받는다.

앞에서도 언급했지만, 판매자는 단순한 '(물리적) 제품'의 판매가 아니라 '솔루션' 제공으로 진화할 것을 요구받는다. 즉 판매자 측은 제품만으로 차별화될 수 없어 더 포괄적인 솔루션을 제공하지 않으면 부가 가치를 낼 수 없고, 고객 측도 제품만으로는 만족할 수 없어 판매자로부터 가치 있는 제안이나 조언을 얻고 싶어 한다. 솔루션의 중요성에 관해서는 나중에 설명하기로 한다.

## 2. BtoB 마케팅의 과제

앞에서 BtoB 마케팅의 과제로서 고객의 구매 의사 결정이 복잡하다는 사실과 판매자가 솔루션을 요구받는 경향이 있다는 점을 언급했다. 이런 점들을 고려해 BtoB 마케팅 담당자의 세 가지 과제에 대해 살펴본다.

### | 전체를 내려다보고 사고하기

BtoB 마케팅을 할 때는 제품·서비스의 판매 프로세스를 '의사 결정자이자 최종 소비자인 고객'이 '구매해서 사용하면 끝'이라는 단순한 관점을 가져서는 안 된다. 특히 의사 결정이 조직 차원에서 이루어진다는 사실을 고려하면 모든 관계자를 전체적으로 내려다보는 자세가 필요하다. 즉 자사와 고객을 가치 사슬(기업 활동에서 부가 가치가 생성되는 과정) 안에 놓고 가치 사슬의 특징과 각 플레이어의 역학 관계를 보는 작업을 해야 한다. 그리고 고객 조직 내 관계자를 매핑하여 그들의 흥미와 발언력을 살피는 작업을 통해 전체적으로 파악하고 판단해야 한다.

### ① 가치 사슬 의식하기

우선 자사와 고객을 포함한 업계의 가치 사슬을 그려 업계 내 플레이어의 상대적인 위치 관계를 파악해야 한다. 이때는 자사 사업에 직접 관계없는 보완재 플레이어(뒤에서 설명)까지 포함해야 전체상이 더욱 부각된다.

도표 12-3은 어떤 전자 부품 제조사의 가치 사슬 예를 나타낸 것이다. 과거에는 고객 제조사의 개발자나 구매·조달 관계자가 DMU였다. 그리고 그들의 니즈를 세심하게 파악해 대응하는 것이 전자 부품 제조사나 유통업자의 마케팅에 있어 관건이었다. 그런데 모듈화가 특징인 전기 자동차 개발 등과 관련해서는 전자 부품 단품이 아니라 모듈로서 제안·납입할 필요가 커졌다. 그 결과 전자 부품 제조사의 DMU로 고객 제조사가 아니라 모듈 제조사가 중요해졌다. 하지만 때로는 전자 부품 제조사가 바로 모듈 제조사가 되기도 한다. 따라서 이러한 변화를 의식하면서 모듈 제조사, 유통업자, 고객 제조사, 나아가 소비자의 니즈·관심사까지 염두에 두면서 역학 관계를 정확하게 파악해 수익 극대화의 길을 찾아야 한다.

도표 12-3 전자 부품의 가치 사슬 분석 사례

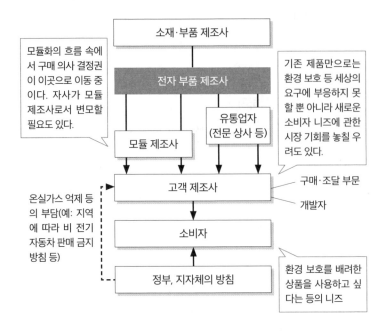

## ② 공급업자와 보완자 흡수하기

사람들은 흔히 '고객(또는 채널)을 어떻게 획득할 것인가'라는 관점에서 마케팅을 이야기한다. 하지만 '고객이 사게 하는 시스템 마련'이라는 원래 취지로 돌아가면 공급망의 상류에 해당하는 <u>공급업자</u>와 <u>보완자</u>(보완재를 다루는 플레이어)를 획득하는 활동도 넓은 의미의 마케팅 활동으로 생각할 수 있다.

공급업자 획득은 유통업자의 입장에서 생각하면 비교적 이해가 쉬울 것이다. 유통업자 입장에서 '팔리는 제품을 보유한' 제조사를 끌어당기는 일은 고객 획득과 맞먹을 정도로 중요하며 사업의 성패를 가르는 관건이 된다. 그래서 유통업자는 판매망을 확충해 힘 있는 제조사에 판매력이 있다는 사실을 호소한다. 그리하여 팔리는 제품을 받게 되면 '고객이 늘고→잘 팔리는 제품이 더 몰리고→다시 고객이 늘어나는' 선순환이 시작된다.

보완자를 확보하면, 최근에 늘어난 업계 표준(사실상의 표준)을 보유했는지가 KBF인 업계에서는 특히 위력을 발휘한다. 보완재란 블루레이 플레이어와 블루레이 소프트웨어처럼 직접 '판매자-구매자'의 관계는 아니지만, 상대가 보급·발전하면 자기 시장도 확대되는 제품을 말한다. 과거 블루레이는 비디오 규격의 사실상 표준을 놓고 HD DVD와 패권을 겨뤘다. 양쪽 모두 각각의 규격으로 이용할 수 있는 콘텐츠를 늘리기 위해 영화·영상 소프트웨어를 제작하는 기업·단체를 확보하려 애썼다. 그리고 최종적으로는 블루레이가 더 많은 영화·영상 소프트웨어 기업을 자기 진영으로 끌어들이는 데 성공해 경쟁에서 이겼다.

반면 최근 컨슈머 게임 세계에서는 하나의 소프트웨어를 서로 다른 제조원의 게임기로 이용할 수 있게 개발하는 멀티 플랫폼 전개가 유행하고 있다. 예를 들어 하나의 소프트웨어를 플레이스테이션4와 X박스원에서 동시에 즐길 수 있는 것이다. 이는 보완자(소프트웨어 제조사)로서 공급업자(하드웨어 제조사)에 흡수되는 것이 아니라 매출을 크게 올리기 위한 전략적 행보다. 공급업자는 이러한 움직임에 대해 어떻게 대처할지도 잘 생각해야 한다.

사업의 재정의

공급업자와 보완자에 관한 논의를 조금 더 발전시키면 기존의 가치 사슬에서 '무엇을 하면 자사의 존재 가치와 독자성이 높아질까?'라는 사업 정의에 관한 논의에 다다른다. 이는 누구에게 어떤 가치 묶음을 제공하는가 하는 기업의 가치 제안에 관한 논의라고 바꿔 말할 수 있다.

이러한 관점에서 극적으로 사업을 재정의해 수익성을 높인 회사의 예로는 미스미MISUMI를 들 수 있다. 미스미는 원래 금형 부품을 제조사에 판매하는 전형적인 전문 상사였는데, 1970년대에 사업 정의를 '판매 대리인'에서 '구매 대리인'으로 바꾸었다. 즉 '공급 측 제조사의 에이전트'가 아니라 소비자 니즈에 맞춰 최적의 부품을 조달하는 '고객 측 에이전트'로 사업을 재정의한 것이다. 이와 동시에 기존에 해 오던 영업 담당자 배치를 멈추고, 고객에게 카탈로그를 배포해 지정받은 부품을 정확히 조달, 배송하는 비즈니스 모델을 확립했다. 그리고 이로써 매출 영업 이익률 수십 퍼센트라는, 즉 상사로서는 보기 드문 엄청난 수익성을 실현했다.

### ③ 고객 조직 내 관계자 매핑하기

도표 12-4는 타깃으로 삼은 법인 고객의 사내 관계자를 살펴 그들의 관심과 역학 관계를 지도로 정리하여 다음 두 가지 목적을 이루려는 것이다.

- 특정 기업에 관해 더욱 구체적인 공략 방법을 검토

예를 들어 현재 영업 중인 기업의 창구는 담당자 A지만, 일정 금액 이상의 안건에 대해서는 A의 상사인 B 과장이 정보를 수집할 때, 처음부터 B 과장과 접촉할 수 있는 상태를 만들어 놓는 것이 중요하다. 또한 B 과장이 실질적으로 구매 방침을 결정한다고 하면 그가 누구와 상담하는지를 찾아야 한다. 그리고 상사인 C 부장, 관련 부서의 D 과장과 일상적으로 상담한다면 그들도 세일즈 이야기의 장으로 끌어낼 필요가 있을 것이다.

- 복수의 잠재 고객이 있을 때, 조직 내 역학 관계를 통해
  세그먼테이션하고 효율적으로 접근할 수 있게 만들기

예를 들어 어떤 자재를 구매할 때, 본사 자재부가 강한 회사가 있는가 하면 개별 현장의 의향이 강한 회사도 있다. 이들 회사의 성향을 나눔으로써 전자에는 협상을 잘하는 베테랑 판매 담당자를 배치하고, 후자에는 젊은 영업 담당자를 자주 보내 커뮤니케이션하게 하는 등의 대책을 세울 수 있다.

도표 12-4 고객 조직 내의 관계자 매핑 사례

사례) 어느 법인 고객에 대한 PC 소프트웨어 판매

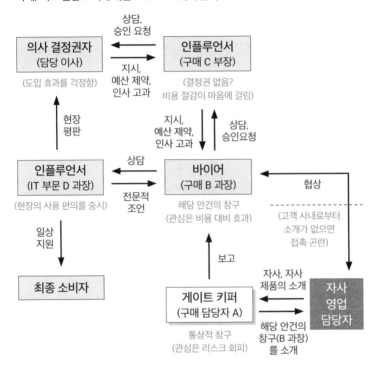

매핑을 할 때 중요 관계자를 포함하는 것은 물론 그들의 역학 관계와 관심(비용을 중시하는지 부가 가치를 중시하는지), 리스크에 대한 생각(리스크를 부담하는 타입인지 회피하는 타입인지) 등을 정확하게 파악해야 한다. 때에 따라 게이트 키퍼(최초의 접촉을 중개하는 사람)가 구매 담당자를 겸하거나 최종 의사 결정자인 임원의 비서가 갑자기 게이트 키퍼로 출현하는 등 각 역할은 조직 내 위치(직책)와 연동되지 않는다.

한 권으로 끝내는 마케팅

또한 복수의 역할을 한 사람이 겸임하는 경우도 있으므로 개별 회사, 개별 안건의 사정에 맞춰 파악해야 한다. 그런 다음 각 관계자가 어떤 순서와 절차로 구매를 검토하는지, 그 프로세스를 파악하는 것이 효과적인 접근이다.

## | 가치와 이익을 고려한 솔루션 제공하기

BtoB 마케팅에서 판매자의 입장은 이른바 '(납입) 업자'가 되는 경우가 많다. 일반적으로 제공할 수 있는 부가 가치와 차별화 정도가 작을수록 '업자' 취급을 벗어나지 못해 기업에서 가격을 후려치고, 수익성을 깎으려 들기 쉽다. 설사 지금은 높은 부가 가치를 제공하고 있어도 기술 진화 등으로 인해 여건이 바뀌고 차별화도 할 수 없게 되면 같은 문제가 발생한다.

이러한 상황이 생기지 않게 하고 수익성 있는 가격을 유지하려면 앞서 언급했다시피 그 기업 특유의 가치를 창출해 고객에게 정확하게 제공해야 한다. 이때의 키워드가 '솔루션'이다. 말 그대로 고객 니즈에 대한 해결책을 말한다. 솔루션 개념에 대해 깊이 이해하고 고객 접점인 영업 담당자를 포함해 조직 전체를 의식해야 한다.

## ① 솔루션 제공에 대한 의식 개혁

솔루션 제공으로 사업의 방향을 틀어 성공한 예가 1990년대 IBM 이다. IBM은 80년대 후반부터 90년대 전반에 일본의 대형 메인 프레임 제조사와 미국의 컴퓨터 벤처에 시장 점유율을 뺏기며 위기 상황에 빠져 있었다. 그러나 1992년 루이스 거스너Louis Gerstner가 CEO로 취임하면서 'PC와 메인 프레임(및 부수적인 소프트웨어와 보수 서비스)을 판다.'라는 발상에서 '비용 절감과 마케팅 강화라는 법인 고객의 니즈에 대해 IT를 축으로 한 솔루션을 제공한다.'라는 발상으로 전면 전환함으로써 위기를 극복했다.

이때 IBM은 철저히 솔루션을 추구하고자 조직 변경을 감행했다. 기존에는 지역별, 제품별 조직 구조였지만, 고객의 니즈에 한발 다가서기 위해 업계 섹터별로 재편한 것이다. 동시에 종업원, 특히 영업 담당자의 인사 고과와 보상 기준에 판매액뿐 아니라 '고객에게 솔루션을 제공했는가?'라는 요소를 가미했다. 당시 거스너 자신이 솔루션이라는 개념의 중요성을 사내외에 역설했음은 말할 것도 없다.

이 사례처럼 최고 경영자가 항상 커뮤니케이션하면서 인사 평가 및 보상 등의 제도와 조직 구조를 변경해야 비로소 조직 전체가 변할수 있다.

다만, 개혁을 시작하기는 쉬워도 지속하기는 어렵다. 초기에 마케팅과 솔루션에 관한 철학이 확고하더라도 사업이 오래 지속되고 인원이 늘며 제품·서비스가 복잡해지고 고도화되면 사업이 점차 제공자 측의 논리에 얽매이게 되기 때문이다. 영업 담당자 트레이닝만 해도 제품·서비스가 복잡해지면 문제 발견 능력 및 제안 능력을 익히기보다 제품 지식 습득이 트레이닝의 중심 내용이 되어 버린다. 그런 탓에 항상 솔루션을 철저히 추구하는지 감시하고, 궤도를 수정하는 시스템(고객에 대한 정기적 설문 조사 등)을 내재화할 필요가 있다.

그러나 솔루션 추구를 강조하다 보면 고객의 요청은 무엇이든 들어주는 안이한 커스터마이징이 될 리스크를 안게 된다. 그래서 열심히 커스터마이징한 고객 맞춤형 제품이 범용품보다 수익성이 나쁜 경우를 종종 볼 수 있다. 열심히 했다는 것은 비용을 들였다는 의미임을 인식하고 비용 이상의 가치로 이어질 솔루션을 제공해야 한다. 또한 고객에게 솔루션을 제공할 때는 본질적인 가치의 창출과 무관한 커스터마이징 요구는 수용하지 않는다는 강력한 의지도 필요하다.

## ② 솔루션의 관건은 고객 접점

솔루션을 제공할 때 관건은 고객 접점을 담당하는 사람들이다. 그중에서도 영업 담당자가 솔루션을 의식하면서 고객과 대화할 수 있게 하는 것은 지극히 중요하다. 하지만 고객 니즈를 수렴하는 작업을 영업 담당자에게만 일임한 기업은 서서히 경쟁력을 잃을 것이다.

요즘 같은 경영 환경에서는 기업 전체가 하나가 되어 고객의 의견을 수렴하고 그것을 제품·서비스에 반영하는 시스템을 만들어야 한다. 따라서 고객 접점이 될 수 있는 모든 사람(기술 지원 스태프, 전화 상담 창구 등)이 솔루션을 제공하겠다는 의지를 갖추고 고객으로부터 얻은 정보를 사내로 전달하기 위한 시스템(인센티브 부여, 트레이닝 실시 등)이 필요하다.

고객 접점의 질을 높임으로써 매출 영업 이익률 50퍼센트 이상이라는 경이로운 수익을 올린 기업으로는 제조사를 상대로 센서와 측정기를 제공하는 키엔스KEYENCE를 들 수 있다. 키엔스는 강력한 영업 팀이 고객 개척 및 기존 고객 지원에 나섬과 동시에 새로운 솔루션이 필요해 보이는 현상을 발견하면 즉시 제품 기획 담당자가 달려 나가도록 했다. 기획 담당자는 고객의 제조 프로세스에 깊이 들어가 '여기 이런 타입의 센서를 장착하면 제조 공정이 극적으로 단축되겠다.'라는 관점으로 제조 공정을 관찰하고, 개선점을 찾는다. 그런 다음 고객에게 제품을 제안하고 실제로 단시간에 개발·납입한다(키엔스는 생산 설비를 보유하지 않은 생산업체로 제조는 외부에 위탁한다). 철저히 이런 방식을 거치는 키엔스 제품은 대부분 고객 니즈를 먼저 파악한 제품으로 타사가 흉내도 내지 못하는 제안형 제품이다.

## | '가치'를 '가격'으로 전환하기

고객 니즈를 파악해 솔루션을 제공하고 고객에 대한 새로운 가치를 창출했다고 해도 그것을 적절한 가격으로 전환하지 못하면 기업

한 권으로 끝내는 마케팅

은 그 장점을 누릴 수 없다. 가격이 너무 낮으면 충분한 이익을 얻지 못하고, 너무 높으면 따낼 수 있는 거래 안건을 놓치게 된다.

BtoB 마케팅을 할 때는 고객 가치(179쪽 참조)를 고객의 사업 경제성에 따라 정량적으로 파악하기 쉽다. 그래서 단순히 비용만이 아닌 고객 가치를 간파해 가격을 설정하는 것이 중요하다. 특히 경쟁 제품이나 대체재를 그리 의식하지 않아도 되는 차별화된 제품·서비스는 고객 가치를 파악할 수 있는지 없는지에 따라 최종 이익이 크게 달라진다.

### ① 고객의 사업 경제성 파악

고객 가치와 관련해 앞서 언급한 키엔스의 예를 다시 살펴보자. 이 회사 제품은 언뜻 보기에는 경쟁 제품보다 비싸다는 인상을 준다. 가령 경쟁사의 센서는 수만 엔인데, 키엔스의 센서는 십수만 엔일 때도 있다. 하지만 키엔스의 제품을 사용함으로써 고객 제조사의 생산성이 올라가고 장기적으로 볼 때 경쟁 제품을 쓸 때보다 비용을 대폭 절감할 수 있다면 전체 비용은 비싼 게 아니다.

가격을 설정할 때 흔히 저지르는 실수는 특정 신제품에 대해 '신제품 A는 기존 제품보다 성능을 40퍼센트 올렸으니 (현재 가격이 100엔이니까) 140엔으로 잡자.'라고 안이하게 적용하는 것이다. 이럴 때는 '이 제품을 도입함으로써 고객의 사업 경제성이 얼마나 영향을 받는가?'라는 사고가 필요하다. 예를 들어 신제품 A를 다섯 세트 도입하면 기존에 일곱 명이 필요했던 파견 사원이 다섯 명만 있어도 된다고 하자(이런 의미에서 40퍼센트 성능 향상). 파견 사원의 인건비가 일인당 연간 450만 엔이라면 연간 900만 엔을 절감할 수 있다. 그 제품을 5년간 쓴다고 하면 4,500만 엔을 절감할 수 있다. 극단적으로 말하면 제품 한 세트당 900만 엔이라는 이론상 가격도 성립하는 셈이다.

또한 자사의 제품·서비스가 고객의 예산이나 제품·서비스의 신뢰성에서 어느 정도의 비중을 차지하는지를 따져 보는 것도 중요하다. 예를 들어 2008년에 생활용품 제조업체 헨켈Henkel에 매수된 내셔널 스타치National Starch의 접착제 사업은 항공기 본체와 날개를 잇기 위한 강력한 접착제를 제조, 판매하는 부문이었다. 접착제는 항공기 제조 전체에서 차지하는 비용은 미미하지만, 고객의 최종 제품인 항공기의 신뢰성(두말할 필요 없이 모든 공업 제품 중에서 가장 높은 신뢰성이 요구된다)에 중대한 영향을 미친다. 그 점을 충분히 이해한 헨켈은 제품에 상응하는 프리미엄 가격을 붙여 지극히 높은 이익을 얻었다.

이처럼 BtoB 마케팅에서는 고객의 사업 경제성을 정확히 파악함과 동시에 자사 제품이 어떤 경제적 영향을 끼치는지를 확실하게 평가해야 적절한 가격 설정으로 수익을 극대화할 수 있다.

## ② 고객 맞춤형 제품과 범용품을 적절히 구사

솔루션을 제공할 때 제품·서비스를 고객 맞춤형으로 커스터마이징하면 계약을 성사시키고 고객 만족도를 높이는 데 효과적이다. 단,

때로는 범용품 활용을 제안하는 등 전략적으로 구사해야 한다. 앞서 언급했다시피 고객 맞춤형 제품을 제공한다고 반드시 범용품보다 수익성이 크게 뛰어나지는 않다. 맞춤형 제품과 범용품 모두 장단점이 있으며, 고객 니즈에 부응하는 데 반드시 맞춤형 제품이 더 나은 결과를 얻는 것도 아니기 때문이다.

범용품은 '맞춤형이 아니기' 때문에 고객이 사용 방식을 고민해야 하는 측면은 있으나, 시장 실적이 있으므로 품질에 대한 신뢰도가 높다는 점, 납기 조정이 비교적 쉽다는 점이 장점이다.

고객 맞춤형 제품은 고객의 요망을 직접적으로 수용한다는 점에서 고객이 환영하겠지만, 범용품보다 공급·가격·납기 등의 측면에서 불안정하다는 사실도 부인할 수 없다. 또한 복잡한 커스터마이징 과정을 거칠 경우, 품질 면에서 불안정할 가능성이 있고 시장의 여건 변화에 대응하기 어려운 점 등이 고객과 자사 모두에게 단점으로 작용한다.

고객 맞춤형 제품은 제품·서비스의 사양 외에도 다음의 세 단계와 같이 고민해야 할 사항이 발생한다.

- 개발 단계: 제품·서비스에 따른 커스터마이징
- 생산 단계: JIT Just In Time 방식을 통한 수주 생산 등 생산에 관한 커스터마이징
- 제공 단계: 소량 단위로도 대응할 수 있는지 또는 재고 대응할 수

있는지 등 제공 방식에 관한 커스터마이징

## 커스터마이제이션

최근 커스터마이제이션customization에 힘을 쏟는 기업이 늘고 있다. 커스터마이제이션이란 고객 맞춤형 제품을 범용품 수준의 비용과 납기로 대량 생산해 다양한 고객 니즈에 부응하려는 생각, 시스템이다.

BtoC에서는 이미 다양한 사례를 볼 수 있다. 스포츠 브랜드 아디다스adidas를 예로 들어 보자. 운동화는 개인의 기호나 발 형태에 따라 개별 대응할 요소가 천차만별이라 기존에는 일반 소비자들이 범용품을 쓸 수밖에 없었다. 이제는 이런 제품에 대해서도 개별 대응 서비스가 등장하고 있다.

IoT 기술 및 인공 지능, 공장용 로봇과 3D 프린터 등 기술의 진보 덕에 제품에 대한 개별 요청이나 제조 공정에 관한 데이터를 관계자가 파악·공유하기 쉬워지는 등 제품 설계부터 제조 공정 동안 개별 대응의 장벽이 낮아졌기에 가능한 일이었다.

BtoB 영역에서도 마찬가지로 개별 대응의 장벽을 낮추려는 움직임이 일고 있다. 고객 맞춤형 제품과 범용품의 균형이 중요하다는 관점에는 변함이 없지만, 커스터마이제이션이라는 흐름을 염두에 두고 앞으로도 고민해야 할 것이다. 또한 서비스업에서도 제조업의 제조 공정과 마찬가지로 업무 프로세스·행동 규범 및 매뉴얼 설계 등에 변화가 일어나는 등 커스터마이제이션의 움직임은 제조업 이외의 분야에서도 나타나고 있다.

## 3. BtoB 마케팅에 기대하는 역할의 변화

BtoB 마케팅에서 리드Lead(가망 고객)를 획득하는 데 가장 큰 역할을 하는 부문은 '영업'이다. 일본 기업의 경우 적어도 지금까지는 그랬다. '영업'의 정의는 회사마다 다르지만, 영업 팀은 사내 연구 개발이나 제품 기획 또는 기술 지원 등 관계 부서·관계자를 아울러서 고객과의 거래를 성사시키는 데 중심 역할을 했다. 나아가 고객과 보조를 맞추어 제품·서비스의 품질을 높이며 노하우를 축적해 기업을 성장시켰다. 고객이 성장하는 동안 거액의 선진적 리드를 확보할 수 있어 기업도 함께 성장할 수 있었던 것이다. 하지만 지금은 지속적인 성장을 위해 마케팅도 새로운 역할을 해야 하는 상황이다. 앞서 사례에 언급한 무라타가 온라인에서 새로운 시도를 강화하고 고객과의 접점과 쌍방향 커뮤니케이션을 창출하며 기존의 영업 활동 강화를 넘어서는 틀을 모색했듯이 말이다. 그래서 2013년 후반부터는 일본에서도 마케팅 자동화가 등장해 주목받고 있다.

## | 리드를 더 효과적으로 획득하기

고객의 구매 행동이 변화하자 신규 리드를 획득하기가 어려워졌다. 타깃 고객에 더 효과적으로 접근하기 위해 마케팅에도 새로운 시도가 필요해졌으며 그 효과적인 수단으로 마케팅 자동화에 시선이 쏠리고 있다. 마케팅 자동화는 마케팅 활동을 기술을 이용해 자동화하는 툴로서 웹 사이트나 이메일, 디지털 광고나 전화 등 다양한 채널을 활용하여 리드에게 최적의 정보를 최적의 타이밍에 제공한다. 그 채널들을 통해 리드와 깊이 있는 커뮤니케이션을 하고 안건화의 가능성이 커진 시점에 실제 영업 활동이 이루어진다. 기존에도 기술을 활용한 영업 지원 방법으로 SFA<sub>Sales Force Automation</sub>(영업 인력 자동화)나 CRM<sub>customer relationship management</sub>(고객 관계 관리) 등이 있었지만, 마케팅 자동화는 신규 리드의 획득·육성을 목적으로 하는 점에서 차이가 있다.

### ① 고객의 구매 행동의 변화

국내 시장이 다양한 산업 분야에서 성숙기를 맞는 한편 글로벌화에 따라 해외 기업과의 경쟁까지 늘어나자 기업 여건은 갈수록 복잡하고 어려워졌다. 그로 인해 BtoB 거래에서도 고객 기업이 더 나은 조건의 공급자를 선정하려는 움직임이 거세지고 있다.

또한 웹 사이트나 SNS 등 디지털 정보 채널이 급속히 진화하고 알차게 꾸려지면서 고객의 구매 담당자가 직접 안건 검토에 필요한 정보를 수집하는 일도 일반화하고 있다. 예전에는 구체적인 검토에 들어가기 전에 담당자가 공급자를 불러 직접 정보를 얻었지만, 이제는 공급자가 접촉하는 시점에 이미 구매 제품을 결정해 놓은 상황도 늘고 있다. 이에 판매자 측은 리드의 연락을 기다리다가 그 요청에 잘 대응하는 것만으로는 거래를 지속하기 어려워졌다. 따라서 고객의 담당자, 구매 의사 결정자의 동향을 항상 의식하면서 누구에게 언제, 어떤 내용의 정보를 발신하면 좋을지 고민해야 한다.

### ② ROI 가시화를 실현하는 기술 진화

이러한 환경 변화에 따라 BtoB 마케팅 활동에 거는 기대는 점차 높아지고 있는데, 무턱대고 시책을 내놓으면 비용만 늘어나게 된다. 그래서 각 시책의 ROI(투자 자본 수익률)를 가시화해 효율화하기 위한 소프트웨어가 급속한 진보 추세를 보이고 있다. 예를 들어 다수의 리드와 커뮤니케이션하기 위해 이메일을 발신하려는 경우, 예전에는 IT 부문 등이 마케팅 담당의 의뢰에 따라 발신 및 효과 측정 시스템을 구축하는 사례가 많았다. 그런데 전문 엔지니어가 없어도 그러한 시스템을 쉽게 만들 수 있는 툴이 등장하자 이제는 마케터가 직접 시스템을 만들고 마케팅 시나리오의 PDCA 사이클을 고속으로 돌릴 수 있게 되었다.

## | 리드 창출의 장벽과 마케팅 자동화

BtoB 거래에서는 구매 검토에 고객 기업의 여러 관계자가 각각의 역할을 맡아 관여한다. 그래서 리드 창출의 정밀도를 높이는 데 다음과 같은 장벽이 발생하기 쉽다. 이런 점들이 장애로 작용하면 고객에 대한 영업 활동에 충분한 시간을 할애하기 어려워져 결과적으로 한정된 인원으로 운영하는 영업 활동의 효율이 떨어지게 된다.

- 리드의 연락처(메일 주소 등)를 확보해 관리할 것
- 자사 제품·서비스에 대한 리드의 흥미·관심을 키울 것
- 정말 리드라 할 수 있는지 여부, 안건화 가능 정도를 판별할 것

한편 마케팅 자동화를 이용하면 영업 담당자를 번거롭게 하지 않고도 이러한 장벽을 극복할 수 있다. 이 내용을 ①리드 제너레이션Lead Generation(리드 획득·관리), ②리드 너처링Lead Nurturing(리드 육성), ③리드 퀄리피케이션Lead Qualification(리드 선별), 단계로 정의하고 각 단계에서 리드의 상태를 관리한다. 마케터는 각 단계를 관리하면서 어떤 상태를 목표로 삼을지와 흐름에 관한 시나리오를 설계해야 한다(도표 12-5 참조).

### ① 리드 제너레이션(리드 획득·관리)

신규 영업을 확대하려면 우선 상대 연락처와 관련된 정보를 확보해야 한다. 이미 거래 중인 고객의 정보는 사내 데이터베이스에 축적되어 있겠지만, 비즈니스를 계속 성장시키기 위해서는 신규 고객 확보가 필수적이다. 마케터는 영업 팀을 번거롭게 하지 않고 리드와 커뮤니케이션할 경로를 많이 확보해 데이터베이스에 추가해야 한다.

예를 들어 웹 사이트를 경유한 문의가 늘도록 사이트 디자인을 고민한다거나 백서 다운로드나 메일 매거진 등록, 자료 청구 등의 기회를 잡고, 상대의 메일 주소와 연락처 정보를 입수하는 등이 있다. 그 외에도 관련 세미나를 개최해 고객이 모였을 때 명함을 확보하는 등 우선은 상대의 이름을 알아내기 위한 다양한 방법을 사용하고 얻은 데이터를 리드 정보로 관리해야 한다. 무라타의 my Murata®가 회원 등록제로 운영되는 것도 자사 제품과 관련된 제품군에 흥미·관심이 있는 고객 정보를 확보해 고객 행동의 가시화와 데이터베이스화를 목표로 삼았기 때문이다.

기업이 발행하는 백서 또는 보고서<sub>white paper</sub>는 기업이 특정 영역의 기술 동향 및 시장 동향 등에 관해 조사하고 자체적으로 정리한 제품 사양을 설명하는 카탈로그에 다 게재하지 못해서 발신하는 정보다. 마케팅에서는 다운로드할 때 사용자의 개인 정보 공개를 요청해 흥미·관심이 높은 리드에게 접근할 정보를 얻는 데 활용한다. 또한 리드에게 계속 정보를 제공해 자사의 제품·서비스에 대한 흥미·관심을 높이는 툴로서도 자리매김하고 있다.

### ② 리드 너처링(리드 육성)

리드 고객의 연락처를 알았다고 해서 전원에게 영업 담당자가 직접 접근하는 방법은 효율적이지 않다. 영업 담당자에게 리드로 넘겨주려면 고객의 흥미·관심을 환기하고 크게 육성할 필요가 있다. 단, DMU 관계자의 역할은 각기 다르고 역할에 따라 흥미·관심도 다르기 때문에 각자에게 최적의 정보를 제공하는 것이 바람직하다. 그러려면 고객의 흥미·관심을 파악하면서 쌍방향으로 커뮤니케이션할 수 있는 시책이 효과적이다.

가령 메일 매거진 기사에서 고객이 클릭한 내용에 관해 파악한 뒤, 흥미·관심을 더 높일 수 있도록 발송 내용에 관해 고민하는 것이다. 무라타의 웹 사이트를 보면 고객이 관심을 가진 제품에 관해 쌍방향으로 정보를 교환할 수 있게 하거나 설계와 관련한 각종 자료·정보를 얻을 수 있게 해서 양질의 콘텐츠를 운용한다. 그것은 최종적으로 구매하게 될 리드를 육성하겠다는 목적이 있기 때문이다.

### ③ 리드 퀄리피케이션(리드 선별)

'타깃의 흥미·관심은 커지고 있는가?', '그것은 어떤 영역에 관해서인가?', '어떤 정보를 언제 제공하면 효과적인가?', '자사의 리드라 할 수 있는가?' 등 단순히 리드를 많이 모으는 데 그치지 않고 타깃이 안건을 검토할 타이밍과 원하는 정보를 파악해 다음 단계로 나갈 수 있는지를 간파해야 한다. 예를 들어 자료를 다운로드만 하고 아직 흥미·관심은 약한 시기에 갑자기 영업 담당자가 면담을 타진하면 일상 업무에 바쁜 상대는 부담스럽게 느낄지도 모른다. 그러다가 자사와 거리를 두게 될 수도 있는 데다 상대와 접촉하려 한 영업 담당자의 시간도 낭비될 수 있다.

따라서 고객은 어떤 주제에 흥미·관심이 있는지, 그들을 지원하려면 언제가 적절한지, 애당초 그들을 지원하는 게 맞는지 리드의 구매 가능성을 항상 파악하면서 정보 제공의 내용과 접근 방법을 마케터가 고민한 뒤에 영업 담당에게 제안하는 것이 중요하다.

이럴 때는 메일 매거진을 열어서 읽고, 기사를 클릭하고, 백서를 다운로드하는 고객의 행동에 관해 각각 점수를 매겨 관리·파악하면 효과적이다. 고객의 행동이 일정 점수에 달하거나 특정 콘텐츠가 다운로드되는 등 사전에 마케터가 설정한 상태에 달했을 때 영업 담당자에게 넘겨주는 것이다. 사례에서 살펴본 무라타의 경우는 마케팅 자동화 툴을 활용할 때도 디지털 방식의 행동·속성 점수만으로 기계적으로 판단한 것이 아니라 사람의 경험적 주관을 고려해서 판단하는 등 마케터의 설계 의도를 반영한 바 있다.

## | 마케팅 자동화와 영업의 연계

마케팅 자동화가 성공하려면 영업 팀과의 연계가 필수적이다. 쌍방이 의도하는 바나 중요시하는 부분이 서로 다를 수도 있기 때문에 각각의 역할과 작업에 관한 상호 이해가 중요하다.

### ① 영업 팀과 마케팅 자동화의 연계는 어렵다.

마케팅 자동화를 이용해 리드의 흥미·관심이 커진 상태에서 리드에 관한 정보를 영업 팀에 넘겼다고 해도 그 뒤가 순조로울 거라 장담하기는 어렵다.

가령 '평가 기준으로 삼은 점수에 도달해서 영업 담당자에게 넘겼는데 방문하지 않았다.' 또는 '마케팅 팀에서 넘겨받은 고객에게 영업을 하러 갔지만, 우리 회사에 대한 흥미·관심이 그리 크지 않았다.'라는 등 마케팅 자동화를 전개하는 마케팅 팀과 영업 팀의 판단이 어긋나는 경우도 있다. 고객의 어떤 행동이 중요한지(리드라고 확신할 수 있는지), 고객이 어떤 행동을 하는지(어떤 매체로 접근해야 효과적인지) 등 쌍방이 함께 의견을 내서 시나리오를 설계할 필요가 있다.

### ② 인사이드 세일즈를 활용하라.

마케팅 자동화 실행상의 어려움까지 고려하며 리드가 될 가능성을 보다 섬세하게 판별하는 데는 인사이드 세일즈Inside Sales를 활용하는 것이 효과적일 수 있다. 인사이드 세일즈란 고객을 직접 방문하지는 않지만, 전화 등으로 고객과 접촉하는 내근형으로 영업 활동을 완결시키는 역할·기능을 말한다. 인사이드 세일즈는 실제 영업의 움직임과 상황을 가정한 상태에서 고객의 이야기를 듣기 때문에 가능하면 영업 경험자가 맡는 것이 좋다.

전에는 직접 접근하고 싶어도 못했던 기업의 중요 인물이라도 마케팅 자동화를 잘 활용하면 연락처를 직접 확보할 수 있다. 그렇게 해서 흥미·관심 및 구매에 관한 행동이 파악되면 접근 방식에도 선택지가 늘어난다. 점차 개별 리드의 데이터를 파악할 수 있는 상황이 갖춰지면 고객 기업의 상황에 맞추어 니즈나 과제를 분석·고찰해 한층 의도에 맞는 타기팅과 접근이 가능해질 것이다.

# | 집필자 소개

**【집필】**

## 고지마 가즈야(小島和也)

간사이 학원 대학 법학부를 졸업하고 글로비스 경영대학원 석사 과정 MBA을 졸업했다. 조직 개발 컨설팅에 종사하다가 Globis Executive School 강사와 오사카에 거점을 둔 법인을 상대로 세일즈 마케팅을 책임지고 있다. Globis Faculty의 본부 연구원이기도 하다.


## 다케이 료코(武井涼子)

도쿄 대학교를 졸업하고 컬럼비아 대학교Columbia University MBA를 졸업했다. 덴쓰(電通), 월트 디즈니의 마케팅 개발 등을 거쳐 현재는 글로비스 경영대학원 준교수로 재직 중이다. 성악가 단체 이기회(二期会) 회원으로 국내외 오페라 무대 등에서도 활약한다. 저서로 《지금부터 시작하는 마케팅 입문》이 있다.

### 하나자키 노리유키(花崎德之)

와세다(早稻田) 대학교 상학부를 졸업한 후, 생명보험회사를 거쳐 글로비스에 입사했고, 현재는 주식회사 글로비스의 비즈니스 디렉터로서 국내 법인 상대 비즈니스를 총괄한다. 또한 글로비스 경영대학원 교수로서 교단에 서면서 마케팅 영역 콘텐츠 개발 책임자로 근무 중이다.


### 히라노 요시타카(平野善隆)

게이오 의숙(慶応義塾) 대학 경제학부 졸업 후, 글로비스 경영대학원 석사 과정MBA을 졸업했다. 스미토모(住友) 상사를 거쳐 글로비스의 법인 세일즈 마케팅에 종사했다. 현재는 개인 자격으로 컨설팅 활동을 하면서 소년 축구 클럽에서 스포츠 마케팅에 힘쓰고 있다. 글로비스 경영대학원 준교수로 재직 중이다.


### 야마모토 도모코(山本知子)

영국 국립 웨일스 대학University of Wales 경영대학원 MBA 과정을 졸업했다. 일본 기업, 외국계 기업에서 브랜드 사업의 기획 입안부터 판매 정책까지 일련의 마케팅 업무에 종사. 현재는 글로비스 경영대학원에서 마케팅 영역의 교재 개발을 담당한다. Globis Faculty의 본부 연구원이기도 하다.


**【집필 협력】**

와카바야시 유코(若林裕子)

# 한 권으로 끝내는 마케팅
## 평생 써먹는 MBA식 마케팅 수업

**초판 발행일** 2021년 6월 25일
**1판 1쇄** 2021년 6월 30일
**펴낸곳** 유엑스리뷰
**발행인** 현호영
**지은이** 글로비스 경영대학원
**옮긴이** 정문주
**디자인** 오미인, 임지선
**편 집** 박수현
**마케팅** 이정원
**주 소** 서울시 마포구 월드컵로 1길 14 딜라이트스퀘어 114호
**팩 스** 070.8224.4322
**이메일** uxreviewkorea@gmail.com

ISBN 979-11-88314-77-5

[KAITEI 4PAN] GLOBIS MBA MARKETING
by Graduate School of Management, GLOBIS University

유엑스리뷰는 여러분의 소중한 원고를 기다리고 있습니다.
원고 투고는 유엑스리뷰 이메일을 이용해주세요.
여러분의 가치 있는 아이디어와 경험을 많은 사람과 나누기 바랍니다.
uxreviewkorea@gmail.com